LOS PINÁCULOS DEL CIELO

LA REUNION

Comenzaba a hacer frío a aquella hora en Londres. La luz desaparecía rápidamente, y la gente retornaba a sus hogares tras una agotadora jornada de trabajo, tomando los medios públicos de transporte, que se abarrotaban.

Alex Craxell, apoyado sobre la baranda de piedra del puente, dejaba que el aire frío de la tarde acariciara su rostro, revolviéndole el pelo. No hacía mucho que había recibido un correo electrónico de Klug Isengard, en el que le comunicaba su preocupación sobre los acontecimientos acaecidos en los últimos días en El Cairo.

El Big Ben como altivo centinela, se alzaba sobre el Támesis rozando el cielo. Y Alex de espaldas a el miraba con preocupación el ancho curso del río con sus ojos clavados en el horizonte. Parecía que todo iba a repetirse una vez más.

Levantó la mano, paró un taxi, y le dio una dirección al conductor. El automóvil dejó tras de si el parlamento, y se integró en el fluido tráfico londinense, atravesando la ciudad.

En Viena, Krastiva, recibía la visita de Klug, que como era habitual en él, temblaba perceptiblemente, con el terror pintado en su cara. Llevaba en sus manos unos papeles enrollados, que le entregó a la rusa, sin abrir la boca.

-Klug esto no será otro de tus líos, una de esas aventuras como...-dejó el resto de la frase sin concluir- tengo entre manos un reportaje de esos que hacen época y no me apetece nada abandonarlo para irme a recorrer no se que país ,corriendo riesgos incontrolables.

-Bueno… en realidad creo que no tendremos más remedio que volver a reunirnos y hablar de ello, si no queremos correr un riesgo mayor aún.

-Explícate no se que diablos te traes entre manos pero si no hablas claro no entenderé nada. Por cierto, ¿ya te has puesto en contacto con Alex?

-Le he enviado un correo electrónico a estas horas ya estará al corriente del asunto.

El sonido del teléfono móvil le confirmó a la periodista que Alex ya sabía de que se trataba. Le miró con desaprobación a Klug y respondió

-Dime de que se trata esta vez .Y no me asustes hoy tengo un día fatídico, no soportaría otra mala noticia

-Pues agárrate porque tenemos un serio problema. En Irán ha sido asesinado un arqueólogo, que al parecer había descubierto algo relacionado con la orden de Amón. Como ya supondrás una jauría de oportunis tas se ha lanzado a la captura de piezas de valor para venderlas en el mercado negro.
 Pero esto no es lo que más me preocupa, por lo que se ,estaban realizando unas excavaciones en la zona costera de Irán y debía haber descubierto algo de un gran valor dado que lo han silenciado. Lo sé porque era un viejo conocido mío, al que solo le interesaban las piezas susceptibles de ser sacadas subrepticiamente del país en el que estuviera excavando.

-Ya,pero ¿Qué tiene que ver esto con nosotros? cosas así suceden a menudo en todo el mundo, y lo damos por hecho, aunque no nos guste.-le interpeló Krastiva-

-Mucho, tiene mucho que ver, dado que por lo que

se los objetos hallados podrían haber pertenecido, al faraón Kemoh y su séquito. ¿Qué te parece?

-Pues que eso lo cambia todo. El problema es que tengo entre manos un reportaje que exige de mi toda la atención y no puedo dejarlo e ir contigo. Porque doy por hecho, que vas hacia la zona.

-Así es voy en el primer avión que salga para Irán. Llevo pasaporte diplomático por lo que no me pondrán obstáculo alguno a la hora de entrar en el país. Hagamos una cosa, termina tu trabajo, y te reúnes conmigo aquí. te remitiré un pasaporte a tu nombre. Diplomático of course.

-Ok quedamos en eso. Oye ¿Dónde te facilitan a ti esos pasaportes con tanta premura?¿no serán falsos?

-Auténticos. Digamos que me deben favores, y que esto es una especie de canje, trueque, llámalo como quieras.

En el despacho del líder de la iglesia católica, su máximo dirigente, el papa, Juan XXIV, tenía una conversación privada con el prefecto para la doctrina de la fe, Monseñor Balatti.

Frente a ellos se desplegaban cubriendo toda la mesa de grandes proporciones, mapas y papiros de evidente antigüedad. Algunos de ellos provenientes del desaparecido imperio Meroíta.

-Debemos apoderarnos de ese mapa cueste lo que cueste, es la única manera de adelantarnos a nuestros más que posibles competidores.-ordenaba más que sugería el pontífice.

-Me ocuparé personalmente santidad, tenga por seguro que tendrá en su poder esos documentos.-le aseguraba el máximo jerarca de la actual inquisición, mal llamada santo oficio.

-Solo usted y el menor número de personas escogidas por usted, deben estar al tanto de esta delicada operación tan importante para la Iglesia de nuestro Señor

-Monseñor Balatti, confío plenamente en usted, como bien puede ver,-le sonrió mirándole a los ojos con un brillo, que atemorizó a Monseñor Balatti. El aire parecía ahora más cargado, espeso, y un silencio ominoso, se hizo entre ambos hombres, creándose una atmósfera pesada.

Monseñor Balatti se inclinó, besó el anillo papal, y se retiró. Balatti, que no era un estúpido, se dirigió a los archivos vaticanos en busca de información privilegiada, cruzó el vestíbulo del archivo secreto vaticano al que solo acceden los más cercanos al santo Padre, y pisando con recelo las frías losas del embaldosado, procedente del palacio dorado del cruel Nerón, se introdujo en el dédalo de corredores que lo recorren. Llamó con dos golpes fuertes a una de las puertas, y ésta se abrió como la cueva de Alí Babá, al "ábrete sésamo". Un sacerdote enjuto y calvo, de ojos saltones le sonrió y le besó el anillo, para reverenciarle mientras le franqueaba el paso. Se trataba del padre Ramiro Oliveira, venido tras la guerra a Roma. Decían que era más viejo que la columnata de Bernini, pero en realidad tenía noventa y seis años. En el centro de la enorme sala que era el archivo, una vitrina de grueso cristal, conservaba en su interior, los manuscritos más codiciados por los eruditos de todo el mundo. Balatti, penetró dentro, tras colocarse una mascarilla, en la boca, y un par de guantes de vinilo, pues los de látex por tener polvos de talco estaban rigurosamente prohibidos allí.

En un costado de la gran mesa, bajo un montón de códices, se hallaba lo que buscaba. En la tapa, un crismón-que según se decía protegía del poder del libro a quiénes lo consultasen con el previo permiso papal,- marcaba la propiedad de quien actualmente lo poseía. Lo abrió con reverencia, y pasó de una en una las hojas, escrutando cada línea. Llegado a un punto, paró en seco, y leyó dos frases. Su tez de natural blanca, casi se transformó en transparente. Pero una mueca de mal disimulada sonrisa, le traicionó. Como una sombra pegada al libro, casi se dejó tragar por él, antes de incorporarse y salir con aire de superioridad de la vitrina en la que se guardaban los secretos vaticanos. Tiró los guantes y la mascarilla a un depósito ex profeso, y de nuevo salió a los corredores para subir al vestíbulo y pensativo, analizando cada palabra, dar a la calle por una puerta que solo conocen los que anidan en el corazón del vaticano, lista siempre para poder resultar discretos a pesar de los periodistas que creen sabérselas todas.

Cuando Juan XXIV se hubo quedado a solas, tecleó un número privado de su agenda, y una voz femenina contestó al otro lado. Scarelli, le dio precisas instrucciones, que la misteriosa desconocida fue anotando en una pequeña libreta de tapas rojas, con el escudo vaticano, grabado con letras doradas en su lomo. La escueta conversación concluyó, y Scarelli, llamó a su secretario que penetró en la estancia, presuroso para tomar nota del encargo de su santidad.

-Tóme nota Jowinski, es necesario que acudan a mi presencia, el señor Alex Craxell y su esposa, la bella e inteligente Krastiva. Creo que ella está ahora preparando un reportaje sobre la nueva Rusia, y su amado esposo, está libre de trabajo en este momento que yo sepa.

-Mándeles sendas invitaciones de tal forma que les

resulte atractiva la llamada,ya me entiende -hizo un gesto evidente con su mano-resulta imprescindible su presencia aquí. ¡Ah! y haga venir al capitán de la guardia suiza, necesitaré de sus servicios también.

De nuevo Scarelli se quedó solo, se acercó a la ventana y rememoró los sucesos pasados. No hacía mucho tiempo que habían vuelto a su mente aquellos momentos vividos en el desierto egipcio, tan desafortunados para sus sacros intereses. Tenía una nueva oportunidad en su poder para cambiar el resultado de la contienda, y la iba a aprovechar. Al parecer existían dos valiosísimos volúmenes con los conjuros de Amón, capaces de otorgar gran poder a su poseedor. Solo había un problema, descansaban en la tumba real del faraón Kemoh, que se hallaba en paradero desconocido. Ahí es donde entraban sus viejos adversarios, eran los mejores rastreadores, y pensaba utilizarlos a su favor.

Dicen los más antiguos papiros que el libro de los conjuros de Amón hecho de láminas de oro puro, contiene en su interior las fórmulas para poseer un poder casi ilimitado, recitando sus conjuros. Incluso se cree que es el libro que les concedió a los sacerdotes de Egipto, la realización de algunos milagros que hizo el propio Moisés y que se relatan en la Biblia.Y-le brillaron de nuevo los ojos de forma especial-junto a este, se encuentra el libro de Seth tan poderoso como el primero, más aún si cabe, y que da a quién lo posee poder sobre los hombres para gobernarlos a su antojo. Y este segundo es el que más me interesa, pero ¿por qué conformarme con uno si puedo tenerlos a ambos?

En ese preciso instante en que se hallaba disfrutando por anticipado de su éxito, sonaron dos golpes secos al otro lado de la puerta. Y recordó que había hecho llamar al capitán de la guardia. Se volvió y dio su permiso.El capitán entró en las dependencias privadas del santo padre, con el ruido característico de los arneses de su espada y el potente taconeo de sus botas al golpear el suelo.

-¿Me ha mandado llamar su santidad?-se arrodilló ante el sumiso.

-Si hijo mío "nos" te necesitamos, necesitamos de tus inestimables servicios para la santa madre iglesia. Los enemigos de la fe no descansan y es nuestro deber combatirlos, con todos los medios a nuestro alcance. -se alejó paseando con las manos a la espalda, cabizbajo. Se acercó a una estantería de caoba con incrustaciones de naranjo, y extrajo un sobre cerrado que le ofreció. El capitán se acercó a la regia figura papal, y lo tomó de sus manos.

-Ahí dentro están las órdenes. Huelga decir que es un asunto confidencial, de suma importancia para la iglesia. Cuando las haya leído deberá deshacerse de ellas ¿ha comprendido?

-Se hará como ordena Su Santidad. -Se inclinó para posteriormente cuadrarse ante el.

Le dio la espalda antes de despacharle, convencido de que su ciega lealtad jugaría un importante papel en sus planes.

-Puede retirarse capitán

El santo padre cerró su mano derecha hasta que casi se clavó las uñas y terminó jugueteando con el anillo de su mano izquierda, de curiosa factura.
Un búho sobre una estrella de seis puntas, en oro blanco, que poco o nada tenía que ver con las creencias oficiales de la Iglesia católica. Su oculto significado, solo conocido por los iniciados, hubiera aterrorizado a quién supiera de

que se trataba.

Monseñor Scarelli -el Papa Juan XXIV-, tenía plena conciencia de que debía neutralizar a sus más directos oponentes, antes de iniciar la búsqueda. De lo contrario, se arriesgaba a fracasar en su intento. Y no sabía si tendría una nueva oportunidad. Esta vez el llevaría la delantera, y obtendría el ansiado premio.

El capitán, Olaza, cruzó los lujosos corredores palatinos que en un intrincado laberinto, se ramificaban como una venenosa quimera. Alzó la mano y un par de guardias se acercaron para recibir órdenes de su superior.

-Hemos de partir. Su santidad necesita de nuestra discreción para efectuar una misión de trascendental importancia. Usaremos el Volvo, ustedes vendrán conmigo. -los dos militares conocedores del honor que les otorgaba, cumplieron sus órdenes al punto.

Se acomodó en la parte trasera, y rasgó el sobre. En su lectura, lenta y concentrada, puso toda su atención. Una sonrisa de satisfacción se dibujó en su rostro endurecido. Tenía claro a quienes elegir para llevar a cabo aquella operación. Delan y Jean Pierre, estarían deseosos de poder vengarse de pasadas humillaciones, infligidas por Alex Craxell y la rusa. Era una oportunidad única para reivindicarse ante Su Santidad. Claro que serían necesarios algunos más. Estimó que cuatro más serían suficientes. Siete hombres, para una misión en tierras de infieles. A la búsqueda de los libros de Amón, en la tumba de un faraón que reinó en tiempos del todopoderoso César Justiniano, señor de la Roma restaurada.

El auto salvó la escasa distancia que mediaba entre el palacio vaticano y el estado romano, y como un diplomático de un país extranjero, se integró en el alocado tráfico de la ciudad eterna.

En el sobre, encontró una docena de billetes de avión. Era el margen con el que se le permitía obrar, Además de las instrucciones, y un cheque en blanco, para gastos. Marcó un número de teléfono, y dio las órdenes correspondientes para que se reuniesen con él los hombres seleccionados previamente por el. Ordenó al conductor que se dirigiese a villa Borguesse, para comer algo, mientras diseñaba el plan de acción. Era su lugar favorito, a la hora de despedirse por un tiempo, de su amada Roma. Se deleitaba con las inmejorables vistas que desde allí se podían disfrutar. Le hacían sentir dueño de aquel mundo, en el que hombres como el resultaban imprescindibles. Sonrió satisfecho de sí mismo, yse acomodó retrepándose en el asiento.

Vestía un carísimo traje de Armani -su diseñador favorito-capricho que su santidad, poco dado a extravagancias de ese tipo, le concedía como un privilegio ciertamente, único. Era consciente de lo valiosos servicios que le prestaba en esas ocasiones en que no podía confiar el trabajo sucio a nadie más. El capitán Olaza, conocía los entresijos del estado más atacado, vigilado, y criticado del mundo.

Solía visitar un local que poseía una terraza de grandes dimensiones, con mesas desplegadas, desde las que observar Roma resultaba una experiencia especialmente agradable. Allí se reunían varios de sus contactos que prestaban sus servicios en distintas empresas relacionadas con el Estado Vaticano. Una de ellas el banco Crosio donde depositaba sus haberes el tesorero papal. Fransua de Lamont su director, solía aportarle información sobre distintos individuos susceptibles de ser "callados" por medio de amables cartas en las que se les informaba de los errores que podrían salir a la luz de persistir en su actitud desafiante para con la curia romana. Era habitual, que cejaran en su disposición belicosa para con la cúpula de la Iglesia. Lo que daba un respiro más que necesario, a la plana mayor del gobierno de su santidad.

Sus hombres una vez allí se dispersaron por el entorno, con los ojos bien abiertos, controlando, cada paso que su superior daba.

El sol acariciaba las nobles paredes de los palacios que rodeaban la gran plaza, aumentando la atmósfera de misterio que la envolvía. Numerosos turistas paseaban haciendo fotos de cada rincón, con sus flamantes cámaras, en un intento de captar la majestuosidad de cada, piedra de cada sillar que se alineaba para alzar las ancestrales fachadas. El color nacarado del cielo, iba dejando paso a un intenso rojo, que encendía el cielo pintando un mágico atardecer. Tres curas pasaron ante él en animada conversación, sin prestarle ninguna atención a su persona. Le agradó no ser reconocido por ellos, aunque no podía estar seguro de que alguna vez hubiesen estado en el palacio vaticano.

Releyó por tercera vez las instrucciones, y miró al frente.

-"Así que nos vamos a enfrentar de nuevo,-meditó en voz alta esta vez-vaya, vaya,-enarcó los labios en una mueca socarrona-en esta ocasión será diferente, estúpido mercachifle, será pero que muy diferente. Ahora conozco tus trucos, se como actúas y cuales son tus puntos débiles.

Levantó la mano, y uno de sus guardias se acercó para recibir sus órdenes. Al capitán Olaza, no le gustaba esperar y las consecuencias podían ser desastrosas para quién osara irritarlo.

-Tráigame un mapa de la ciudad del Cairo, y otro de Teherán, y rápido jugamos contra reloj.

El guardia se perdió en el dédalo de calles circundantes, mientras Olaza, diseñaba su esquema de trabajo, a partir de las órdenes recibidas. Ignoraba que esta vez su santidad el papa Juan XXIV jugaría con dos barajas para así garantizarse el éxito de la partida que daba comienzo. Una brisa suave acariciaba el afilado rostro del oficial de la guardia suiza, refrescándole.

La mesa virtualmente convertida en mesa de trabajo presentaba el aspecto de un despacho. Tenía que planificar hasta el más mínimo detalle, si quería triunfar sobre aquellos aventureros especializados en traficar con valiosas obras de arte."Marrulleros" les llamó para sus adentros, apretando los puños con fuerza. Había perdido a varios de sus mejores hombres bajo las arenas del desierto egipcio, y eso no debía volver a suceder jamás.

La oscuridad se iba adueñando del cielo romano, a medida que transcurría el tiempo, y las mesas se fueron desocupando hasta que solo quedaron él y sus hombres en la distancia.

Monseñor Balatti se había convertido en el brazo derecho del flamante Papa, tras algunas entrevistas con éste en sus aposentos privados. Descubrieron que tenían mucho en común, como sus irrefrenables ansias de poder. Ahora se le presentaba a Scarelli la oportunidad de ponerlo a prueba, y ver de su eficacia en el campo. Había desarrollado una técnica impecable, al tratar los asuntos relacionados con la fe. Mano de hierro, en guante de seda. Esa era su manera de actuar. No dejaba rastro de su "labor" y mantenía "limpia" la congregación vaticana, como nunca antes se había hecho.

UN MUNDO OSCURO

En la capital persa, Teherán, Alex Craxell y Klug atravesaban el patio de la biblioteca nacional, en una marasma de hombres con aspecto religioso circulando por él. Ni una mujer apareció ante sus ojos. Algo que le entristeció a Alex. Sin embargo a la entrada una multitud de ellas, recorría las calles, envueltas en sus negros sadores. Aquella ciudad que conociera los esplendores del mundo intelectual, y que tantos cerebros diera al mundo, pasaba ahora por una crisis que podía suponer, un punto de inflexión en el devenir de su historia.

Penetraron en el lado opuesto del edificio, y buscaron la sección de arqueología. En sus nutridas estanterías, hallaron documentos tales como papiros que hablaban de las dinastías Ptolomeas, anotaciones de diferentes arqueólogos, conservadores de renombre en Irán, así como obras de investigación al respecto. Se dividieron las que les parecieron más específicas,y se retiraron para examinarlas en sendas mesas.

La costa que se abría al golfo permitiéndole a Irán dominarlo, rara vez había proporcionado algún indicio de poseer tesoros dignos de ser considerados valiosos, por los arqueólogos internacionales, tales como piezas persas antiguas y mucho menos nada que ni remotamente recordara a Egipto, como era el caso.

-¿Crees que conseguiremos aclarar algo que nos lleve a un punto por el que comenzar a investigar?.En este país tan solo somos unos molestos infieles que vienen a llevarse sus reliquias en el mejor de los casos. Porque además no les gusta nada que desenterremos lo que para ellos no son más que ídolos de religiones paganas.

-Lo intentaremos, pero no será fácil eso seguro. -sonrió con sus gordezuelos labios Klug. Sus pequeñas y gruesas manos pasaban con reverencia las páginas de cada libro polvoriento, como si de un tesoro se tratara. Aquellos volúmenes no habían sido consultados en más tiempo del que pudiera parecer razonable.
En uno de ellos algo llamó la atención de Alex. Una nota breve, decía algo de un rey extranjero que llegó tarde a su lugar de retiro. Pero lo más llamativo de todo era que lo llamaba faraón Kemoh.

-Mira esto, Klug pero no demuestres sorpresa podrían estar controlándonos.

Klug con el corazón latiéndole a cien por hora, se situó cerca de Alex y centró su atención en el párrafo que este le indicaba. Elevó la vista hacia él y sonrió levemente.

-Parece que después de todo, hemos dado con algo.-se alegró el anticuario austríaco.

-Aquí dice que el rey Cosrroes, había dictado orden de dar cobijo al Señor de Egipto, el Faraón Kemoh, en las montañas del frío eterno. Allí donde sus cansados súbditos pudiesen al fin hallar el descanso anhelado. Describe un lugar digno de ser considerado un Sangrilá. Habla de nenúfares flotando sobre las tranquilas aguas de lagos anchos y profundos, rodeados de montes verde esmeralda, que los protegerán de posibles intrusos. Esto se parece a un Sangrilá

No conozco nada parecido en Irán. Se hubiese descubierto desde el aire. Es imposible ocultar algo así hoy día, con satélites controlando cada centímetro de suelo terrestre.

-Pues yo opino que después de todo, los antiguos sabían esconder lo que consideraban de valor a sus ojos. No olvidemos cuantos descubrimientos se continúan realizando, a pesar de esta opinión tan engreída que tenemos generalmente los occidentales-arguyó el anticuario

-Debo reconocer que no te falta razón amigo mío, es por eso que seguiremos investigando hasta llegar allí donde nuestro antecesor no pudo. Veamos-se concentró de nuevo en la lectura del párrafo-el trozo de costa que aquí señala es el que corresponde a... -marcó con una línea en un papel aparte donde había dibujado un precario mapa de Irán-

Era el momento en que los celadores cambiaban de turno en la sala de lectura Y los recién llegados se sentaron displicentemente en sendas sillas, con evidente desinterés. Repantingados, riendo y hablando entre ellos, no se apercibieron de que los dos occidentales abandonaban el lugar, por una de las puertas laterales. Discretamente. Ya en la calle, se mezclaron con el gentío que a esa hora volvía de sus empleos para descansar hasta la hora de la tarde en que reanudaban su labor.

Se dirigieron a su hotel, antes un Serathon, y ahora reconvertido en El Revolución Islámica, y se encerraron en sus habitaciones, dispuestos a desentrañar aquel enigma persa. Habían tomado notas, además del mapa rudimentario que dibujara Alex. Se sentaron en torno a la mesa con dos sillas que formaban parte del mobiliario de la habitación, y desplegaron el material de que disponían sobre ella.Situaron el mapa en el centro, y trazaron una línea imaginaria, desde Egipto hasta la costa de Irán, bordeando la Península Arábiga para después penetrar por el Golfo Pérsico y llegar a la costa. Justo en el punto donde se desenterraron los objetos.

-Tendremos que comenzar nuestra investigación por el principio, si queremos llegar a alguna conclusión clara del asunto. Aquí no sabríamos por donde proseguir. Las claves deben hallarse en Egipto. Nos obliga a salir de allí, para poder continuar ruta posteriormente, por este país. -Alex, recorría con su dedo la supuesta ruta seguida por el faraón Kemoh, seguro de que tomó sus precauciones al partir de su tierra.

-Me pregunto, -pensó en alto Klug -las razones que tendría el rey Cosrroes, para proporcionar amparo a un faraón perseguido por la emergente Roma de Justiniano. Tuvo que ser muy poderosa, en verdad.

-A mí también me intriga ese punto. Dos monarcas alejados entre sí, que solo poseen un denominador común, su lucha contra Roma.

-Ahí puede estar la conexión, -exclamó Klug,

alborozado-quizás mantuvieron contactos a causa de su resistencia a los romanos, incluso puede que firmaran un pacto de mutua defensa. De ser así, nos encontraríamos ante un hecho insólito, capaz por sí mismo de perturbar el mundo de la arqueología, y dar un vuelco a la historia de ese pedazo de planeta que es oriente medio y próximo.

-De momento, -se pasó la mano por la cabeza aplastándose el pelo, Alex-es mejor que nos ciñamos a lo que tenemos ante nosotros, y no adelantemos acontecimientos. Recojamos esto, y destruyámoslo. No quiero sorpresas de última hora, que nos amarguen el camino.

Alex y Klug, ignoraban lo cerca que tenían a sus más enconados enemigos. El cardenal Balatti, con su "equipo" de trabajo volaba en aquel instante rumbo a Egipto. Estaba previsto que llegase a El Cairo en veinte minutos. En la biblioteca vaticana, había escrutado, cada documento, cada dato concerniente a la etapa en que Justiniano había decidido arrasar el templo de Philae, para beneficiarse de sus tesoros, con la excusa de mantener pura la fe del cristianismo. Algo que nunca le importó en realidad. Lo cierto es que sus campañas de conquista consumían grandes cantidades de dinero, que no se podía permitir, y que aquellos tesoros de los adoradores de Isis, iban a cubrir con creces.

Por su parte, el capitán Olaza, había dictado las órdenes precisas para que se le proporcionase un pase especial a su sargento, Delan, experto en arqueología e historia, para que pudiese acceder a los contenidos celosamente guardados en el interior de los archivos vaticanos. Lugar de difícil acceso, al que solo unos pocos privilegiados podían acceder, con el beneplácito del mismo Papa. Allí se guardaban los escritos que se deseaban ocultar al público para no crear "controversias" perjudiciales para la Iglesia, entre otras cosas de no menor importancia.

-¿Y Krastiva?- preguntó Klug extrañado- hemos quedado aquí en Teherán con ella ¿no?

-Le enviaré un correo electrónico. Será para todos más seguro, que nos veamos en El Cairo. Allí tenemos amigos y contactos, que nos pueden ser muy útiles en caso de necesidad.

Cuando ya iban a salir, con la habitación bien revisada, y la documentación comprometedora, convertida en cenizas, camino de la cloaca, sonaron dos golpes secos al otro lado de la puerta.

-¡Policía abran la puerta!-sonó la voz potente y amenazadora.

Se miraron el uno al otro, y Klug comenzó a sudar copiosamente, ante la posibilidad de ser detenido en un país con leyes tan rígidas.

-Está bien, -posó su mano sobre el hombro de Klug, para intentar tranquilizarlo-, a pesar de tener tanto miedo como el- les abriremos y veremos que quieren, tranquilo.

En el umbral de la puerta, se recortaron las figuras de tres policías, con gesto adusto, y la mano en el arma el que parecía ser el jefe.

-¿Es que no pensaban abrirnos? -preguntó retador

-Estábamos preparándonos para marcharnos. ¿Qué se les ofrece?

-Ustedes no van a ninguna parte. Tienen que acompañarnos a la comisaría. Hemos de hacerles algunas preguntas.

-¿Estamos detenidos? -preguntó con voz queda Alex.

-De momento no. Necesitamos información sobre un caso de asesinato. Espero que cooperen de buena gana.

-Desde luego, así lo haremos. Hemos de comunicárselo a nuestra embajada, claro está.

-No será necesario, ya le he dicho que no les estamos deteniendo, es solo que necesitamos su colaboración.

Las oficinas, de la comisaría presentaban un aspecto pulcro y ordenado, si bien, sus instalaciones eran muy viejas, y carentes de medios tecnológicos avanzados, dando la impresión de haber retrocedido en el tiempo.

Entraron en el despacho de Mahoud, el comisario, cuyo mobiliario se reducía a una gran mesa, y una estantería, de baldas combadas por el peso de los libros. Estaban pintadas de un gris militar, y la mesa, se veía abarrotada de dossieres evidentemente, casos sin resolver.

-Siéntense -les ofreció dos sillas, arrastrándolas- dejen en el suelo sus equipajes, mis hombres los registrarán.

-Pero dijo…-se apresuró a protestar Alex

-Rutina, pura rutina, son las medidas de seguridad habituales-gesticuló con las manos, retándole importancia.

Alex se sentía hondamente preocupado porque no había tenido tiempo material para comunicarse con Krastiva, y si llegaba a Teherán podía tener serias dificultades, como de hecho les estaba ocurriendo a ellos. Miró al comisario, con aquel rostro de intransigente jefezuelo, acostumbrado, a hacer y deshacer a su antojo, y pensó cual sería su punto débil y como utilizarlo para librarse de su molesta interferencia. Tenían pasaportes diplomáticos y podían negarse a ser registrados, pero para no levantar sospechas decidió dejarles hacer de momento.

-Dígame, que hacen aquí dos…¿Cómo les puedo definir…? -apostilló con marcada ironía-¿traficantes de arte?¿entrometidos en asuntos nacionales?, díganme ¿Cómo se definen ustedes?

-Señor comisario, con todos los respetos, le diré que en estos momentos, somos dos turistas sin más. -le miró, con los ojos reflejando una ira mal contenida

-Ya, Ya… comprendo, pero no me trago ese cuento, ni por un momento. Les diré que solo necesito que cometan el más mínimo error, para encerrarles en una cárcel, y les garantizo, que no tendrán televisión… ja, ja, ja-rió de buena gana, consciente de que había logrado asustarles

-¿Podemos irnos entonces?-intentó escabullirse Alex-

-Despacio, despacio, -les frenó el comisario, gesticulando con sus manos de manera afectada. Antes como les he dicho, han de proporcionarme ciertas informaciones, como por ejemplo, que saben de las piezas halladas en la costa del golfo, y que relación les unía al arqueólogo asesinado. Han venido ustedes por él, eso es innegable, pero mi interés se centra especialmente, en quién se lo comunicó.

-Apena que no se proteja a quién llega a este país a desenterrar sus tesoros, para bien de la nación.

-No se pase, amigo, no se pase conmigo. Sé que usted y otros como usted vienen, tan solo a expoliar nuestro tesoro, y le aseguro que no saldrá de aquí ni una sola pieza, mientras sea yo quién se ocupe de esta comisaria, que les quede a los dos muy claro. -Les miró echando hacia delante el cuerpo, amenazador-

Alex no se atrevió a responder al enervado policía que se sabía seguro en su terreno, y optó por dar la callada por respuesta. El comisario no iba a renunciar a sacarles las respuestas que deseaba, así que sería mejor colaborar en lo posible.

-Mire comisario, -le dijo cambiando el tono- nosotros aun no hemos visto esas piezas, de las que nos habla, y somos los primeros, en desear saber de primera mano sus anotaciones. Ah y no nos lo comunicó nadie, sino que lo leímos en la prensa. Es toda la verdad, se lo aseguro.

El comisario, frunció el ceño, y se concentró en Alex, con gesto de decepción, y pensó en como podría entramparlos, pero desistió, consciente de que ellos eran maestros en aquel arte del engaño, en el que nadie es lo que parece, y todos juegan a ganar. Además, tenían pasaporte diplomático, razón por la que no podía presionarles más allá de lo que lo estaba haciendo. Así las cosas, no tenía otra opción que dejarlos marchar, tragándose la rabia, y perdiendo su única posibilidad real, de conseguir informaciones de cierta trascendencia.

-Ya, ya… comprendo, comprendo… sus pasaportes diplomáticos les van a librar esta vez, pero cuídense-les amenazó, con el gesto torcido-o la próxima vez se encontrarán con la horma de su zapato. El agente Mahad, les acompañará a la salida

Alex y Klug se sintieron aliviados por el cambio sufrido en su actitud,y se pusieron en pie casi de un salto, enfocando su atención en el agente que se dirigía a ellos para sacarlos del precinto. Ahora su máxima prioridad era contactar con Krastiva, y comenzar la búsqueda de las piezas y llegar antes que sus seguros contrincantes, al lugar que tales pistas les llevasen. En primer lugar escapar de Irán rumbo a Egipto, donde se hallaban los primeros indicios de la búsqueda.

-Síganme, por favor, por aquí… -les indicó con su recién estrenada amabilidad-les devolveré sus documentos en el mostrador de la entrada.

La luz del sol les pareció más intensa, más limpia, después del mal rato pasado en el interior de la comisaría, durante apenas media hora que les había parecido una eternidad. En la calle las gentes discurrían por las aceras de vida.

-Nos vamos de aquí en el acto. -Se juró a si mismo Alex en voz alta nada más alejarse unos metros-no podemos arriesgarnos a ser detenidos de nuevo. Esta vez no se detendrían ante un pasaporte expedido por la embajada.

-No discutiré contigo desde luego-le apoyó Klug -lo estoy deseando

Klug, levantó la mano y un taxi se paró ante ellos rebasando el reborde de la acera. El conductor asomó la cabeza y con un gesto les preguntó si iban a tomar el taxi.

Por toda respuesta, ambos abrieron las puertas traseras del coche y se acomodaron en su interior, a toda prisa. El taxista arrancó como si le hubiesen ordenado seguir a otro coche, como solía ocurrir en las películas, y se mezcló con el tráfico de la urbe, antes de preguntar la dirección a la que se dirigían.

-Llévenos al aeropuerto, por favor, -casi le suplicó Alex-tenemos mucha prisa.

El automóvil, aceleró serpenteando por entre las hileras de coches peligrosamente, en un intento evidente de ganarse una generosa propina. De vez en cuando dirigía miradas furtivas por el retrovisor, analizando el porqué de aquella prisa cuando apenas portaban equipaje, y no parecían turistas. No le dieron ninguna explicación al respecto, y esto agudizó su interés, hasta tal punto que se atrevió a preguntar:

-¿A qué hora cogen su avión señores?

-Eso dependerá de cual sea el primero en abandonar Irán-comentó imprudentemente Alex -nos esperan al otro lado del mundo-se rascó la cabeza con gesto nervioso

-En realidad. -trató de disculparse Klug-tenemos una urgencia y hemos de llegar cuanto antes a Libia. se le ocurrió mentir para no poner sobre la pista a sus posibles perseguidores. Le daremos diez dólares si nos lleva en el menor tiempo que le sea posible

La oferta llegó a los oídos del taxista como música celestial, y pisó el acelerador cuando parecía imposible que aquel cacharro corriera más. Aquella cantidad suponía la ganancia de una semana al volante de su taxi, y eso no le llegaba todos los días. Solo le preocupaba que los guardianes de la revolución les detuvieran y sus pasajeros resultaran ser espías o algo por el estilo. Arriesgarse en esas circunstancias le merecía la pena, así que sinuosamente, como una serpiente metálica, se deslizó por los carriles, hasta que llegó en tiempo récord al aeropuerto

En él se amontonaba una abigarrada masa de gentes provenientes de los más lejanos e inverosímiles países, conformando una heterogénea imagen salpicada de color. Se acercaron al mostrador de Egiptian air lines y solicitaron -mirando en derredor como si escapasen de alguien-dos billetes de ida al Cairo. El funcionario les miró para compararlos con las fotografías de sus respectivos pasaportes, con gesto adusto, y se los devolvió de mala gana, pronunciando unas palabras ininteligibles, que sonaron a sus oídos, como gruñidos guturales. Alex se retiró un poco del mostrador y efectuó una llamada con su teléfono móvil para intentar contactar con Krastiva lo antes posible. Al otro lado una voz suave que denotaba a la vez firmeza de carácter, le respondió:

-¿Si?

-Krastiva soy yo -se dirigió a ella sin querer decir su nombre por seguridad-estamos tomando un avión para El Cairo, nos vemos allí ¿ok?

-Pero…-fue a responder sin que se lo permitiese cerrando la comunicación, cosa que alarmó sobremanera a la periodista rusa de la revista Danger

-Siento tener que ser tan cortante pero estoy seguro de que nos espían hasta el punto de controlarnos las llamadas de que efectuamos con los teléfonos móviles.- Le dijo a Klug a manera de disculpa-esta gente está sometida a un régimen terrible, yo como occidental no lo soportaría eso seguro.

-Pues imagínate yo -le respondió Klug que se veía preso de una falta de libertad que no concebía de modo alguno-aquí me moriría de pena

-Sobre todo por la falta de pasteles ¿eh golosón?- rió con ganas quitándole hierro a la situación en la que se encontraban. Era consciente de que comentarios negativos de manera reiterada lo único que podrían hacer es preocuparlos más y esto es lo último que necesitaban en aquel momento. Aquí no saben lo que nos gusta en occidente sus costumbres son muy otras, lo que contribuye a enriquecer nuestro paladar ¿no estás de acuerdo?-le miró más para comprobar si mantenía el ánimo alto que si su opinión concordaba o no.

EL FARAON KEMOHANKAMON

Embarcaron por la puerta número treinta y se acomodaron en sus butacas esperando salir cuanto antes de aquel lugar que les olía a peligro. El avión recorrió varias veces la entera longitud de la pista antes de enfilar el morro hacia el cielo y alzarse del suelo, como un ave orgullosa.

Cuando se hallaron en el aire ambos respiraron tranquilos, y sus músculos se relajaron permitiéndoles dormir durante el trayecto. Las auxiliares de vuelo les ofrecieron bebidas muy solícitas y ellos aceptaron de buen grado. Tenían las gargantas secas a causa de la tensión sufrida. El agua resbaló por sus bocas desbordando sus labios por la premura con la que apuraban el líquido.

El trayecto transcurrió sin incidentes, y el desembarco en la ciudad de Marte,(El Cairo),se les antojó una liberación aspirando su aire contaminado y fuerte con fruición, como si del de una montaña de verdes y frondosas arboledas se tratase. Caminaron por sus desportillados corredores, y al fondo divisaron la grácil figura de Krastiva, que venía hacia ellos. Alex sonrió ampliamente al verla y a Klug le costó seguirle por entre la gente, que se agolpaba saliendo de los vuelos que de continuo llegaban de los confines más apartados del mundo, arrastrando sus pesados equipajes con ellos.

-¡Krastiva!-exclamó con entusiasmo abrazándola en contra de lo que era su costumbre- tenemos que hablar de lo que está sucediendo, es increíble creo que…-miró a su alrededor con aprehensión ,cortando la frase-bueno será mejor que lo comentemos en otro sitio menos concurrido que este. No quiero que las paredes se enteren de mis impresiones, -ironizó- vámonos de aquí cuanto antes necesito tomar algo fuerte que me devuelva va las fuerzas si no se me doblarán las rodillas.

A Krastiva le sonó a algo que no iba como debía y Alex no solía expresarse así, más bien era Klug quién lo solía hacer. Sus ojos grandes y almendrados brillaron recorriendo sus órbitas para abarcar su entorno en busca de un posible adversario que estuviese tras su pista, o la de Alex y Klug. No encontró nada que le alertase, pero se mantuvo avizor por si se le había escapado algún detalle.

Colocaron sus equipajes en sendos carritos y se apresuraron a salir de la Terminal rumbo al hotel Ankhisira, para darse un respiro antes de proseguir con la extraña búsqueda. Cual no sería su sorpresa al descubrir que el taxista no era otro que, Salah -un viejo conocido que ya era un clásico para sus correrías en Egipto. - No podían dar un paso sin que les encontrase él. Les alegró más que nunca, dadas las circunstancias, ya que en sus manos se sentían seguros y podían hablar con franqueza sin que supusiera un peligro para ellos.

El taxi rodó por las calles de El Cairo, con la soltura que da la experiencia de conocer el terreno como la palma de la mano. Serpenteando como una anguila escurridiza y brillante, que sorteó sin dificultad más de un obstáculo imposible. El abigarrado tráfico de la caótica ciudad, les absorbió como a un pequeño pez en su denso elemento, dejando que se deslizasen por sus arterias, y se mimetizaron, con el ambiente de la urbe.

El hotel Ankhisira se presentó ante ellos como un gigante que se alzaba orgulloso de ser el guardián del dios Nilo. Su cilíndrica y estilizada silueta, les pareció un refugio inexpugnable donde sentirse seguros. Al penetrar por sus puertas de grandes cristaleras, el aire acondicionado les envolvió gratificante, y benévolo. Un botones se hizo cargo de su escaso equipaje, y con una sonrisa que les enseñó sus dientes blancos y perfectos,les dio una tácita bienvenida.

-Al fin me siento como en casa, -dijo Krastiva, que deseaba romper aquel hielo que parecía haber formado el miedo a no se sabía muy bien que. Su sexto sentido le decía que el peligro aún allí les acechaba, y que esta vez se jugaban el pellejo de verdad, como aquella vez que casi mueren cuando… -el sonido de una voz familiar le sacó de su abstracción devolviéndole a la realidad. Era el director del hotel Abdel Hassan Ben Addel que al verles llegar se había acercado a recibirles con gran placer por su parte. Vestido a la europea, impecablemente, y con gesto exagerado, al modo de los egipcios que manifiestan sus sentimientos exteriorizándolos, les besó a los dos varones y se inclinó ante Krastiva respetuosamente. Quizás era esto lo que hacía que ella se sintiese segura en aquel hotel, que no era ya ni con mucho el más lujoso de El Cairo.

Un ambiente cordial, se apoderó de ellos borrando de su mente la sensación de peligro que les perseguía desde el Irán. Era como estar en casa, con la diferencia de que les mimaban en cada detalle.

El siroco barría el desierto, trasladando las enormes dunas de un lugar a otro, sin ninguna dificultad. Amontonaba, como siguiendo una orden secreta, dada hacía miles de años, por algún poderoso sacerdote del dios Amón-Ra. Los muros de la ciudad de Amón, se negaban a morir en el olvido, como si nunca hubiesen existido. Pero inexorablemente, trozo a trozo, se iba apoderando del interior, cubriendo sus misterios con un manto protector que los mantendría ocultos por casi otros dos mil. En el interior del palacio–templo, el faraón Kemohankamón, conversaba en tono de resignación con su anciano consejero el sacerdote Nebej, entristecido por el cariz que iban tomando los acontecimientos.

-Mi señor hemos edificado un templo al dios Amón, y una ciudad para el pueblo, que abnegado, te ha seguido hasta los confines del mundo, donde reinan los descendientes del conquistador de Egipto. Hemos luchado en vano contra el destino, y ahora hemos de pagar el precio estipulado, para quienes desafían a los dioses. –las palabras del sacerdote, ponían al descubierto la necesidad de abandonar cuanto antes la amada ciudad, alzada de entre las arenas con gran esfuerzo, y levantada sobre el dolor y el sufrimiento de un pueblo, que ya estaba exhausto.

-¡Ay mi fiel consejero!¡si tan solo, yo pudiera poseer la décima parte del poder que tu retienes!, diría a los vientos que cesasen en su devastación, y expulsaría a las arenas como quien echa afuera, a los enemigos vencidos.

-No digas eso mi señor que no se enojen aun más los dioses y castiguen nuestra osadía, con la muerte eterna. También yo si poseyera ese poder lo intentaría al menos. –Kemohankamón, le miró sorprendido, como quién ve por vez primera a un hombre, a pesar de haber pasado con el toda una vida. No podía imaginar que aquel poderoso sacerdote que les salvase de los sebanos, en el mismo mar, no pudiera realizar algo tan aparentemente sencillo, como expulsar a las arenas de desierto de la ciudad,lo que para él solo debía ser como barrerlas.

-No te extrañes mi señor, yo solo puedo llevar a cabo, lo que los dioses han designado que se realice, y nada más. –Bajó la cabeza, avergonzado, por no poder pronunciar las palabras que tanto anhelaba oír su rey.

-Entonces ¿Qué haremos? ¿A dónde llevaremos a este pueblo agotado? ya no tiene fuerzas, como yo tampoco, -extendió los brazos en señal de rendición- ya no hay donde ir…

-Hay un lugar en el que podremos descansar para siempre. –El faraón alzó la cabeza, temeroso de que su consejero estuviera hablando de la misma muerte, y no de sobrevivir en otro lugar, lejos de la peste que se abatía sobre ellos.

-Cuando dices eso…

-No mi señor, -le tranquilizó apoyando su mano sobre su hombro-no es de ese destino inexorable del que estoy hablando, si no de aquel sitio que el rey Cosrroes preparó para nosotros en un país lejano, en el que cesarían las persecuciones del tirano de Roma, ese maldito Justiniano, y su nueva religión guerrera, que arrasa los dominios de Amón-Ra.

-Pero ese rey ya no se acordará de nuestro pacto ni está obligado a cumplirlo… no, no creo que sea viable ese proceder, si le digo a nuestro pueblo que hemos de irnos a una tierra en la que no domina su dios, se negará, y en todo caso, aun si Aceptara, ¿Cuántos llegarían de todos ellos? la enfermedad les diezma, por días…

-Han confiado en ti en todo momento, ¿por qué entonces no habrían de hacerlo ahora? quedarse aquí es morir con toda seguridad, irse es una posibilidad de salvación para los que resistan el éxodo hasta allí.

El ulular del viento, parecía querer hablar a favor del sacerdote, y la arena, se filtraba por cada rincón del palacio, amenazando invadirlo en poco tiempo. Justo en ese instante, uno de los muros se derrumbó con gran estrépito, y aplastó a dos servidores del faraón, los rostros de ambos palidecieron, y un estremecimiento, les recorrió el cuerpo, como un aviso del cielo. En torno a los muertos se arremolinaron más de una docena de personas que alarmadas por el ruido, acudían a ver que había sucedido. Los lamentos desgarradores, llegaron como una súplica a los oídos de Kemohankamón, que miró al sacerdote, y asintió, dando tácitamente su consentimiento para el éxodo. Se cubrió la cara con sus manos, y dejó que sus lágrimas fluyeran de sus ojos, entre sonoros sollozos.

Nebej, se inclinó ante el faraón, y sin darle la espalda, en ningún momento, salió del salón del trono. Apoyado en su báculo, caminó entre los hombres y mujeres que iban y venían por las calles de la ciudad de Amón-Ra, se preguntaba cuanto tiempo sobreviviría el pueblo egipcio, y cuantos quedarían para relatar la historia del éxodo a…-no quiso nombrar la tierra que les acogería lejos de Egipto.

El padre tiempo, había trabajado sin descanso, enviando a sus agentes, para lograr quebrar la poderosa fuerza que mantenía en pie los edificios. Así, el viento y el sol abrasador, ayudados por la insistente arena, comenzaban a ganar la batalla. La población había sido diezmada por la peste que la asolaba, y nadie ni tan siquiera Nebej, sabía como atajarla. Todo comenzó cuando llegó un mensajero, diciendo que la Candace de Meroe, había muerto, tenía ciento treinta y cinco años, y parecía que fuera a durar para siempre. Una profecía advertía que con la muerte de la última Candace, llegaría a su fin la existencia d quien morara en Meroe. Como todas las profecías nadie creyó que sucedería hasta que la peste se presentó en Meroe, y luego en la ciudad de Amón-Ra, aniquilando las poblaciones de ambas ciudades estado. Ahora ya nadie dudaba que se estaba cumpliendo una maldición inexorable, que daría fin de continuar a aquel ritmo, a dos de las más grandes civilizaciones de Africa.

Así comenzó un nuevo y definitivo éxodo, que llevaría al pueblo egipcio, fuera de su tierra amada, para así poder vivir algún tiempo, antes de desaparecer por completo de la faz de la tierra. Las gentes de la ciudad de Amón-Ra, empezaron a preparar sus equipajes, y a amontonar sus escasos bienes en los carros que se iban alineando listos para partir.

Dos días después de hablar con Kemohankamón, el sacerdote Nebej, se dirigió al pueblo congregado en la explanada que se abría frente al templo del dios Amón, para informarles de la decisión tomada por el faraón y sus principales. Los rostros de los allí reunidos, se entristecieron para dejar paso a una resignación a la que empezaban a acostumbrarse. Tan solo treinta años habían transcurrido desde que se acomodaran en las tierras cedidas por la candase de Meroe, y ya debían marcharse de aquel lugar al que apenas se habían hecho.

AVENTURA PARALELA

-Tenemos disponible la habitación que suele ocupar señorita Ivanov-se dirigió a ella en tono cordial pero manteniendo las distancias-si le parece bien Ahmed les subirá las maletas…-dejó la frase en suspenso en espera de una respuesta de Krastiva

-Claro amigo mío, es perfecto, ¿te parece bien?-le interpeló a Alex-cosa que agradó sobremanera al director del hotel poco acostumbrado a que sus clientes fuesen algo más que "amigos". Como buen árabe veía con malos ojos el tipo de relaciones que mantenían los occidentales entre sí, aunque tuviese que sonreírles como parte de su trabajo.

-¡Ahmed!-le gritó a uno de los botones-lleva las maletas de los señores a la habitación….y la del señor-se refirió a Klug-a la contigua. Espero que todo sea de su agrado, de no ser así les ruego, que no dejen de comunicármelo, por favor.-se inclinó con reverencia, aquella mujer le fascinaba, y ahora incluso comenzaba a sentir cierto grado de admiración por ella.

Le dieron una generosa propina a Ahmed, y lo despidieron. Tiraron su equipaje sobre la cama, y se sentaron en torno a la mesa que completaba el mobiliario, junto a la cómoda y el armario .Toda la habitación había sido reformada, y sus paredes aparecían forradas de una suave y cara tela de seda azul oscuro, así como un baño enorme, en el que reinaba una bañera que iba a hacer las delicias de Krastiva.

-Si queremos hacer las cosas bien tenemos que empezar por recopilar toda la información que tenemos sobre este caso, y los contactos con los que contamos.-

Dijo Alex, que navegaba en medio de su propia mente sin rumbo fijo-Ameneb podría ayudarnos creo yo, nadie mejor que el para seguir el rastro del faraón Kemohankamón, y de los que con él se fueron a…no se sabe bien donde. Porque doy por hecho, que los restos arqueológicos hallados en el Irán son de este faraón…

-No tendría mucho sentido que fuesen de otro, pero tratándose de Egipto todo es posible…-le respondió Krastiva que deshacía la maleta y colgaba la ropa en el armario, mientras trataba de aclarar sus ideas.

-Ya, pero esta vez creo que es lo que pensamos…sería el primer faraón que saliese de su amada tierra, en la que deberían reposar sus restos a fin de resucitar en el futuro. Era sagrada para ellos la tierra egipcia.

-Vayamos a ver a Ameneb-propuso sin pensarlo dos veces Klug Isengard, que se veía inmerso de nuevo en el rastro que dejaban sus antepasados.

Eso no es tan fácil, y además no podemos comprometer la seguridad de Ameneb, por nimiedades. No tenemos derecho a eso.-Le atajó serio Alex Craxell-Antes de decidir que hacer tenemos que examinar de cerca los acontecimientos. Quedaremos dentro de una hora en el vestíbulo, para centrarnos en nuestro próximo paso a dar. Lo primero es buscar un sitio donde nos sintamos seguros a la hora de hablar de este tema. No creo que se nos permita meter la cabeza en este caso sin estorbo.

-Os recuerdo a ambos que la historia de Nebej y la de Ameneb también, provenían de la zona del mar rojo, desde donde parece ser que se produjo el éxodo hacia el territorio que hoy día ocupa el Irán. Por lo que nos explicó Nebej en sus escritos, es en el Sudán donde deberíamos buscar, lo que sea que estemos interesados en hallar.

-De acuerdo, instalémonos en nuestras respectivas habitaciones, y dentro de una hora en el vestíbulo.- insistió Alex, que deseaba más que nada, darse una larga ducha, y cambiarse

En el lujoso vestíbulo del hotel Ankhisira, Klug se paseaba como un león enjaulado, de un lado a otro, esperando que bajasen de una vez sus compañeros. Las altísimas columnas que lo rodeaban, con una hermosa fuente de aguas cantarinas en su centro, y la gente yendo y viniendo, con sus equipajes en dorados carritos aumentaban la sensación de que habitaba en el interior de un gigante lleno de vida.

Monseñor Balatti, acompañado de su peculiar corte, de servidores, hacía su entrada en el hotel Hamtta dispuesto a apoderarse de aquel mapa que contenía el secreto mejor guardado de la antiquísima civilización egipcia. Comenzó a dar las órdenes pertinentes, para no perder tiempo.

-Os quiero aquí a todos dentro de media hora. ¿Entendido? Haced los preparativos para dos días de marcha.¡¡Ya!!

Los guardias suizos que le acompañaban, así como las tres monjas que se hallaban asignadas a su servicio, se pusieron   ello en el acto. Conocían muy bien el temperamento de monseñor, y sabían lo poco que le agradaban los retrasos.

Las tres monjas se ocuparon de coger las llaves de las habitaciones y repartirlas, así como de llevar el equipaje a la suite que le correspondía a Monseñor Balatti. Sendos botones se encargaron de transportar las maletas quitándoselas de las manos, casi ofendidos.

El trabajo frenético de los guardias suizos, y las tres monjas, consiguió en un tiempo récord, tener las habitaciones, dispuestas, y estar ellos mismos, listos para recibir las órdenes de su superior. Vestidos con ropas ligeras, al modo de los turistas, con cámaras colgando de sus cuellos, y pantalones cortos y gorras de béisbol, los guardias de la guardia vaticana, se transforman en algo muy distinto a lo que habitualmente son. Las monjas cambian sus hábitos por cómodos vestidos, y dejan que sus cabellos revoloteen al sol del país del Nilo. Nadie hubiera dicho que aquel grupo de turistas no eran otra cosa que lo que aparentaban.

Reunidos en la amplia suite de Monseñor Balatti, en torno a la mesa de caoba que reina en medio de la misma, se dispusieron a planificar lo que serían sus acciones inmediatas.

-Es menester que coordinemos a los diferentes grupos que actuarán en los distintos puntos desde donde darán inicio a la búsqueda. Tenemos ante nosotros, un extenso territorio que habremos de abarcar, si queremos seguir manteniendo el control de la operación.-Arengaba el funcionario vaticano.

-Monseñor,-se dirigió a él una de las monjas, especialista en comunicaciones, elegida por Balatti, por su templanza, ya probada en anteriores operaciones sensibles para el Vaticano.-necesitaré dos personas que me ayuden con el traslado del material para efectuar las comunicaciones, y que sepan manejar ordenadores vía satélite, en las condiciones más duras. Que cuando parezca imposible algo sean capaces de realizarlo, como si de un milagro se tratara.-sentenció sor Elissa.

-De eso ya me he ocupado. He traído con nosotros, a Juliano, y a Bettino -señaló a los dos guardias que se pusieron en pié como robots a los que se activase pulsándoles un botón. Además de lo citado por sor Elissa, he de comunicarles que tendremos que competir con dos elementos de cuidado, como son Alex Craxell y su esposa Krastiva. ¡Ah! Y también con el taimado Klug Isengard. Viajarán juntos seguramente, pero todo esto habremos de confirmarlo. En una ocasión anterior, fueron capaces de estorbar una operación de gran calibre de Su Santidad, hasta el punto de arruinarla, por lo que no se les debe menospreciar. Esta misión es de crucial importancia para la Iglesia. Muchos de sus compañeros-se refirió a los guardias que prestaban atención a sus palabras-murieron en aquella ocasión.

Un silencio pesado y ominoso, cayó sobre los allí presentes y una llama de odio se encendió en algunos de ellos. Sor Eulalia, procedió entonces a levantarse para sacar de dos de los maletines que permanecían sobre una silla, tres abultados tochos de folios, mapas y documentos, que fue repartiendo entre los reunidos, como si supiese de memoria que debía entregar a quién. Así era de hecho.

-Como ven hemos de abarcar el territorio de varios países, razón por la que somos un número tan grande, solo en apariencia. El sargento Jean Pierre, elegirá a dos de ustedes para que colaboren con él y se encargarán de controlar los pasos de este trío que puede causarnos graves dificultades. También deberán investigar en lo posible, donde se encuentran las pistas que serán necesarias para desarrollar la búsqueda. El resto, vendrán conmigo, y con el capitán Olaza. Recibirán instrucciones cuando estemos en camino al punto al que nos dirigimos.

Como si de una operación de espionaje realizada en medio de la época en que el mundo permanecía en tensión a causa de la guerra fría, el plan de acción del cardenal de la Iglesia Católica, se ponía en marcha, para rastrear Egipto, peinándolo de norte a sur, para bajar después hasta la frontera con Sudán, penetrando profundamente en aquel país.

Krastiva, se hallaba bajo el chorro de agua de la ducha, dejando que el agua resbalase por su piel, llevándose el cansancio y el sudor del viaje, junto con la tensión. Su piel brillaba como aceitada, y su cerebro se relajaba con el sonido del entrechocar de ésta. Tras concluir el reportaje para su revista, que le había mantenido bajo un estrés que no le había permitido descansar un instante, aquella propuesta de Klug de retornar a Egipto en compañía de su ahora marido, y de el mismo, le supuso un paréntesis entre uno y otro trabajo.

Alex Craxell desnudo, paseaba por la habitación, como si desease mostrar su musculado cuerpo a su hembra, para alardear de su buena forma, libre de ataduras. La esperaba con el deseo pintado en su rostro, de rasgos masculinos, y mentón cuadrado. Sonrió para sus adentros, pensando en como se conocieron, y en que Egipto parecía despertar en ellos el deseo de amarse, de unirse como si el sol y el calor les ayudasen a ser uno solo de nuevo.

Krastiva salió del baño cubierta con una toalla,

sujeta a la espalda, y al verle sonrió, sabedora de que despertaba en él un deseo irreprimible. Ella también estaba hambrienta de oler su piel, de sentirse presa de sus poderosos brazos, para poder entregarse a el. Le extrañaba cada vez que se metía entre las sábanas sola, sin su calor de hombre que le hacía sentirse protegida desde el día en que le conoció.

-¿Sabes que estás para comerte, cuando sales de la ducha?

-Creía que lo estaba siempre, vaya tendré que hacer algo al respecto.-se lamentó la rusa.

Por toda respuesta, Alex se acercó a ella, y la tomó por la cintura atrayéndola hacia sí, para besarla cerrando de esta manera su boca. Se besaron largamente, con la intensidad de quien tiene entre sus brazos a la persona que desea. Deambularon juntos por la habitación hasta que cayeron en la cama, para dar rienda suelta a sus instintos, en una debacle amorosa.

Klug, miraba hacia afuera sin ver nada pues su mente estaba lejos de Egipto. Viajaba a una tierra, que si bien le perteneció en tiempos ya perdidos en el devenir de la historia, siempre fue un misterio para él. Su pensamiento se hallaba preso de la fascinación que ejercía sobre el el imperio de Meroe. Todos los datos que poseía le indicaban que el camino a tomar era el de aquel imperio que derrotó a Roma, y que logró sobrevivir a las guerras que esta sostuvo en la zona, e incluso comerciar posteriormente con ella. Allí se encontraba el objeto de su deseo, el libro sagrado de Amón-Ra, el libro que hablaba de los terribles poderes de los dioses que rigieron Egipto, y que el anhelaba más que nada en el mundo, algo que le situaría muy por encima del propio Ameneb. El descendía de una larga estirpe de sacerdotes de Amón, que habían legado a sus hijos el conocimiento de las artes de los antiguos, y que ahora se transformaba en el, en una posibilidad de adquirir el poder a través del libro del dios de Egipto.

El cardenal Balatti, a bordo de uno de los cuatro todoterrenos que se alineaban en fila india, a través de la monótona y recta carretera que salía de El Cairo, elucubraba, en su privilegiado cerebro, como apoderarse del libro de Amón, para entregárselo a Su Santidad, como prueba de su lealtad.

Sor Elissa, le había proporcionado abundante información sobre aquel libro, así como de su relación con Egipto, y Meroe. No se le escapaba al cardenal de la iglesia católica, que el peligro anidaba enfrente de ellos, y que un solo paso en falso podría extinguir todas sus esperanzas de alcanzar el éxito en su misión, que el consideraba sagrada. Extrajo de una gruesa carpeta, unos documentos que leyó con detenida atención, para ponerse al día. Allí se hablaba de cómo este ejemplar único en su especie, desapareció cuando murió la última Candace de Meroe, algo que le traía preocupado. No lograba separar el hecho de que muriese la gobernante más sabia de Africa, de la desaparición del libro. Los símbolos grabados en las ruinas de los templos, no le habían ayudado en absoluto. Ni los de los templos de Amón en Egipto, ni los que aparecían en el único que aun se tenía en pie en el territorio de lo que fuera anteriormente Meroe. El si creía en las más que posibles maldiciones que se cernían sobre aquellos que osaban profanar las construcciones religiosas de los egipcios. Y no porque fuera supersticioso, no, sino más bien, porque conocía muy de primera mano, lo que eran capaces de hacer para proteger sus centros de adoración, y sus tumbas los ingenieros del antiguo Egipto.

El viento soplaba cada vez con más fuerza, y las ruedas levantaban gravilla mezclada con arena, con el característico crujido, que hacían al saltar fuera, violentamente expulsada. A lo lejos se divisaban pequeñas áreas de hammadas, que aliviaban el monótono paisaje. Un silencio ominoso reinaba en el interior de los automóviles, y cada uno de sus ocupantes trataba de centrarse en lo que se le había asignado como tarea.

Balatti, se imbuía del espíritu de aquellos que dominaban en aquella parte del mundo, y que al parecer, guardaron celosamente, sus secretos, en espera de alguien capaz de hallarlos, y devolver el esplendor perdido, la poderosa nación egipcia. Balatti, sonreía, ante la ingenuidad de los sacerdotes de los dioses de Egipto, cuyos huesos se revolverían en sus lujosas tumbas si llegasen a saber, quien iba a poseer su libro sagrado, porque Balatti, no dudaba de su éxito. Pasaba cada hoja, como si de estuviesen hechas de pan de oro. Reconocía los signos escritos con exquisita caligrafía, por uno de los escribas de algún templo, por encargo de…¿de quien?. Si supiera el nombre de ese sacerdote, sabría también cuales fueron sus poderes, su forma de actuar, pero el meticuloso escriba, tuvo especial cuidado en ocultar ese detalle que podría resultar tan revelador. El traqueteo del todoterreno, al salirse de la carretera, le devolvió a la realidad, una rueda acababa de reventar a causa de la alta temperatura, obligando al conductor a abandonar la calzada, frenando bruscamente.

-¿Qué sucede?-se quejó Balatti, que casi se estrella contra el cristal delantero-

-Ha explotado una rueda, no lo comprendo,-se lamentó Olaza-revisé personalmente cada parte de los todoterrenos, las ruedas son nuevas…-se bajó del coche agachándose para contemplar el resultado del desastre.

-Supongo que disponemos de ruedas de repuesto.

-Desde luego eminencia, la cambiaremos en unos minutos y retomaremos el rumbo previsto. Ganaremos este tiempo sin apenas darnos cuenta.-Le aseguró consciente de su negligencia.

Los acompañantes de Su Eminencia, aprovecharon para refrescarse echándose agua por la cabeza, y reponiendo sus reservas de agua.

Balatti, se sentó en una de las rocas que salpicaban el árido paisaje, algo alejado de sus colaboradores, para revisar una vez más los folios que le entregaran en la biblioteca vaticana. Solo con una orden expresa de Su Santidad Juan XXIV pudo acceder a aquella información reservada a los más cercanos.

El calor seco del desierto, le hacía verlo todo borroso, como a través de una cortina que se arrugara por efecto de una brisa inexistente. El capitán Olaza, le alargó un pañuelo, como el de los beduinos, para que se cubriera la cabeza. El cardenal, le miró con expresión seria, y lo tomó de sus manos, para anudárselo con la ayuda del guardia suizo. Balatti, que vestía pantalones largos de pinzas, y una camisa blanca de manga corta, se le antojó a Olaza, como un extraño Lawrence de Arabia, en medio de aquel paraje desolado.

LAS ARENAS DEL DESIERTO

En el vestíbulo del hotel, Klug bufaba al ver al fin que bajaban sus compañeros de viaje, con los que nunca había conseguido conectar a modo personal. Tales eran sus diferencias de personalidad. Por su parte Alex, y Krastiva, desplegaban una amplia sonrisa en sus caras, y se miraban con especial complicidad.

-Tenemos que reunir información, y medios de transporte, para salir en busca de esos objetos que despiertan tanto interés en el Irán. En cuanto a los jeeps que usaremos, los alquilaremos a buen precio en el centro. Pero además quiero acercarme al barrio copto, tengo una cuente pendiente que es hora de saldar.

Krastiva, conocedora como era de la mente humana, desistió d hacer comentario alguno al respecto. Siempre que se acomodaban en El Cairo, visitaban el barrio copto, así que se resignó.

De recepción, llegó corriendo un muchacho, que no tendría más de quince años, y que seguramente, ya era mantenedor de su familia, a tan corta edad. Se le veía jadeante, y con una mano alargó un pequeño papel, que parecía ser el objeto de su alteración.

-Señor. Este mensaje, acaba de llegar para usted,-le miró con respeto-es urgente, ¿debo esperar respuesta?

-No lo creo, a ver que es esto tan repentino.-

Desdobló el papel, para darle atención prioritaria-. Hummm… esto no me lo esperaba, el lobo nos pide que le visitemos en su guarida.

-¿Qué estás diciendo, Alex?, ¿qué murmuras por lo bajo?, ¿qué es eso?-la ansiedad se reflejaba en los rasgos de la rusa.

-Es…-tartamudeó-es…un requerimiento del mismísimo Papa de Roma. De su Santidad Juan XXIV. Nos pide muy educado y con muchos halagos que acudamos a verle en Roma, para consultarnos no se qué.

-Esto sí que es nuevo…el cardenal Scarelli, nos cita en su palacio vaticano. ¿No iremos verdad? de allí sí que no saldríamos vivos…

-Todo lo contrario, pospondremos nuestra visita al barrio copto, para el regreso, y volaremos a Roma. Allí se halla la clave de todo este asunto en el comienza a oler a muerto. Klug,-se dirigió al austríaco-encárgate de los pasajes de avión, y de los equipajes. Yo tengo que hacerme cargo de algunas precauciones que nos serán de mucha utilidad para este peligroso viaje, a la boca del lobo. Klug y Krastiva, se miraron y encogieron de hombros, nada se podía hacer cuando Alex se decidía a hacer algo.

Los tres embarcaron en el vuelo 735, con destino a Roma, donde estaban seguros que les saldrían a "recibir" con todos los honores. En sus asientos, Klug y Krastiva dormitaron a ratos, mientras Alex ojeaba con interés, una gruesa carpeta, llena de folios, subrayados con distintos colores. Bajo sus pies, el mundo pasaba como una maqueta en la que el morador no tiene ninguna importancia. Los objetos hallados en la costa iraní, demostraban a las claras, que la historia de Kemohankamón, aun iba a dar mucho de qué hablar.

¿Qué sucedió con el faraón tras instalarse en el territorio de la Candace Amanikende?. Esa era una incógnita con la que se había peleado, desde hacía demasiado tiempo. Encontrar una tumba egipcia, era su sueño infantil, pero que esta fuera, la de aquel faraón, que logró escurrírsele a la propia Roma, suponía el clímax en el mundo de la arqueología. Estaba seguro de poder descubrir la ubicación de la tumba, y de aportar lo que en ella se ocultaba. Por cierto, ¿Qué era lo que buscaba la sabandija de Scarelli, para que se rebajase a arrastrarse ante sus juramentados enemigos?

El palacio del Vaticano se alzaba en medio de la plaza de San Pedro, como el orgullo de la cristiandad. Las viejas piedras guardaban sus secretos más escabrosos, bajo su fría protección, como un guardián ciego. A Alex, se le asemejó a la guarida de uno de aquellos ogros con los que asustaban los mayores a sus hijos, para mantenerlos dóciles a sus deseos.

Un cuadro de guardias suizos, se dirigieron hacia ellos, precedidos de un oficial que con paso firme, abarcaba las losas del pétreo suelo que se abría en torno a la columnata de Bernini.

-¿Son ustedes los invitados de Su Santidad Juan XXIV?-le interpeló con voz varonil, y grave-

-No lo sé. Creo que así es. –Le respondió con cierto grado de cinismo, Alex Craxell-¿Debo mostrarle nuestras credenciales?

-¡Síganme!, les conduciré al despacho de Su santidad. –Fue la escueta respuesta, del oficial-

El vestíbulo en el que se hallaban, tenía un suelo de mármol blanco en cuadros pequeños que brillaba, limpio, como si el también deseara demostrar algo a quien se atrevía a pisarlo. Unas sillas Luis XV. Sobre las cuales colgaban espejos venecianos de marcos dorados bordeando las paredes, le conferían un aire versallesco, que en nada encajaba con la persona que esperaban les recibiese. Un sacerdote de larga sotana negra, salió del despacho contiguo, y se perdió en el dédalo de corredores que serpenteaban como anguilas en su hábitat natural.

Habían subido escaleras, torcido a derecha e izquierda, y vuelto a subir, hasta llegar a aquella lujosa antesala, que daba al corazón del palacio Vaticano. Allí, tras las gruesas paredes, aguardaba su rival en la búsqueda que habían iniciado, después de la extraña muerte de aquel arqueólogo en las costas del Irán. No les llegaban voces, ni tan siquiera murmullos, y sus nervios comenzaban a tensarse como cuerdas de arco.

En el interior del camarín, el rey de Roma, se frotaba las manos, a sabiendas de que si ellos aceptaban colaborar con él, la consecución de los dos libros, estaría asegurada. Su Santidad Juan XXIV, sonreía cínicamente, mientras paseaba de un lado a otro. Tiró de un cordón que colgaba de un extremo de los cortinajes, ribeteado con flecos de oro, y por una puerta lateral, apareció un solícito sacerdote enteramente vestido de negro, con las manos juntas en permanente rezo, y se inclinó reverente.

-Padre Lozinsky, ahí afuera, esperan los que serán nuestros mejores y más eficaces agentes, si consigo que colaboren conmigo en este delicado asunto.

-Santidad ¿Qué desea que haga este humilde sacerdote?

-Tráigame los documentos que le encargué traducir, los necesito para convencer a mis "invitados", sin ellos no accederán a servirme.-le ordenó con un gesto lento y amanerado.

-Como ordene Su Santidad, en unos instantes los

tendrá a su disposición.-le dijo retirándose por el intrincado dédalo de corredores, que se retorcían sinuosos por las entrañas del palacio Vaticano.

-Como esto se alargue, me voy,-gruñó Klug, que no comprendía la razón de la espera, ni de porqué tenían que prestarle ninguna atención a aquel miserable, que aun a sabiendas de que era el Papa de los más de mil millones de nominales católicos, no le inspiraba la más mínima confianza.

-Calma Klug ignoramos que se trae entre manos, y que es lo que busca con tanto empeño. De no ser así no estaríamos en este edificio. Ni tan siquiera uno de nuestros contactos ha sabido decirnos que puede ser lo que busca este taimado señor de la oscuridad revestido de dignidad papal.

El padre Lozinsky, llamó a las puertas que comunicaban con el despacho papal, y esperó pacientemente. Una voz dura sonó al otro lado, concediendo su permiso, y abrió de par en par las dos hojas de madera, blancas ricamente adornadas.

-Santidad, le traigo los documentos que me pidió-le entregó un rollo de pergaminos que desprendían un olor a cuero en descomposición lenta, y a tinta vieja.

-Gracias padre Lozinsky, puede regresar a sus obligaciones, no deseo retrasarle. —le despidió con un gesto displicente. "estos pergaminos me darán la oportunidad de alcanzar lo que tan ladinamente me robasteis". —Sonrió satisfecho de su astucia. Salió de su despacho, consciente de que ellos no esperaban sino que un secretario les condujese hasta el. Así la sorpresa sería mayor, tenía que llevar siempre la delantera.

Alex y Krastiva, así como Klug, se giraron para

ver, y la silueta recortándose en medio de la luz que penetraba desde el exterior, les resultó familiar. Alto y espigado, con la cabeza tan erguida que parecía que miraba siempre al cielo, Scarelli, el nuevo papa Juan XXIV, extendía los brazos como quien recibe a unos viejos amigos a los que no ve desde hace tiempo.

-Amigos míos, sed bienvenidos a mi casa, no sabía si aceptaríais mi invitación, veo que el resultado ha sido positivo. —Se acercó a ellos para sentarse en una de las incómodas sillas que se diluían en el enorme vestíbulo, pegadas a sus paredes.

-Ha sido una sorpresa inesperada también para nosotros recibir su invitación,-se negó a concederle el título que ostentaba como líder de la Iglesia-y de no ser necesario, comprenderá las escasas ganas que tenemos de entrevistarnos con usted.

-Vamos, vamos, no sean rencorosos, eso es agua pasada. Además ustedes consiguieron lo que querían. ¿No es así?, dejemos atrás el pasado, y colaboremos juntos en esta búsqueda, que nos reportará a todos beneficios inestimables. ¿Saben que es lo que tengo aquí? —les mostró el rollo de pergaminos-es nada menos que la confirmación de la existencia de unos…pero antes debo estar seguro de que colaborarán conmigo.-Miró a todos lados como si fuese un ladrón en casa ajena

-Vengan a mi despacho, allí estaremos a salvo de oídos indiscretos.

Alex miró a sus compañeros y tras encogerse de hombros, le siguió hasta el interior. Cada vez estaba más intrigado con aquella búsqueda, en la que solo su peor enemigo conocía el objetivo final.

Scarelli, cerró las puertas, y se acomodó detrás de la mesa de caoba que ocupaba el centro de la estancia de reducidas proporciones. Les indicó que se sentasen frente a él, y extendió los pergaminos que sujetó con cuatro pisapapeles de cristal tallado.

-¿Puedo contar entonces con ustedes?-insistió ante el silencio de sus "invitados"-solo tendrán que hallar lo que aquí se relata que guardan los dioses de la antigüedad en…¿cuento con vosotros?-les tuteó, retando su curiosidad, en una estudiada estratagema, que creía estaba dando los resultados apetecidos.

-Antes de aceptar necesitamos saber en que condiciones colaboraríamos con usted.-respondió prudente Alex-solo entonces estaremos dispuestos a trabajar juntos, en bien de un objetivo que deberá ser común.

-Veo que nos vamos entendiendo señores… yo… bueno La Iglesia de nuestro Señor, sufragaría naturalmente, el total de los gastos que requiera esta búsqueda, y nos repartiríamos los dos objetos que son el objeto de esta investigación. Solo me interesa uno de ellos. Se trata de dos volúmenes que contienen los conjuros de los sacerdotes de Amó-Ra, y de Seth. Miren lo que dice aquí, en esta línea, yo no sé leerlo, pero mis traductores ya lo han descifrado, y estoy seguro de que ustedes saben leerlo tan bien como ellos.

Los ojos de Alex se agrandaron como platos al leer lo que allí decía del contenido de los dos libros. Ahora, comenzaba a darse cuenta del porqué de la muerte del arqueólogo en el Irán. Aquello podría revolucionar el mundo en que se movían, elevando el descubrimiento al mayor realizado desde que lord Carnavon y Howard Carter descubriesen al mundo los tesoros que ocultaban las arenas del desierto egipcio, en la sepultura de Tutankamón.

Metió la cabeza en los signos del pergamino, absorto, hasta que el pontífice se lo arrancó bruscamente de debajo de su vista.

-¡Basta!, si desean saber más, y espero que así sea, deben garantizarme su fidelidad, y su colaboración en esta búsqueda. De no ser así…-dejó en el aire la frase, a modo de amenaza.

-Ya comprendo, no tiene nadie de confianza en quien depositar este documento, ni su contenido, y mucho menos, esperar que se lo traigan para aprovecharse de ello.

-Van comprendiendo. Dispongo de miles de colaboradores, pero desgraciadamente, en el entorno en que me desenvuelvo, son demasiado comunes las conspiraciones, a causa del deseo natural de ascender en el escalafón, ya me entienden.

-Sí, que no se pude fiar ni de quien le sirve la comida, como los antiguos césares de la Roma clásica.-Ironizó Klug, desplegando su cinismo , para sorpresa del encolerizado papa, que hubo de contenerse a causa de lo necesario que le resultaban los servicios de aquellos tres profanos. Ya se encargaría de ellos después de que le trajesen lo que necesitaba para sus fines.

-Entonces ¿debo deducir que estamos de acuerdo?, naturalmente aceptaré las condiciones que decidan imponer, soy plenamente consciente de que no será gratis su servicio en este caso. ¿Cuánto quieren por realizar digamos esta tarea, para mí?.

-Nos dejará libertad de movimientos por el palacio Vaticano, incluyendo los archivos vaticanos, en los que bucearemos para encontrar algo que nos ayude en esta” misión”-puntualizó la palabra, confiriéndole un segundo significado.-además se nos proporcionará material para el traslado por el desierto, y una cantidad que correrá por su cuenta, para gastos iniciales. ¡Ah! Y también se nos otorgará inmunidad respecto a cualquier cosa que pueda surgir y que se halle en conflicto con la iglesia católica.

Scarelli, que esperaba algo por el estilo, accedió a todos los puntos que además no le parecieron excesivos. Les despidió con un gesto de su mano, sin dársela para que le besaran el anillo. Ya tenía a tres equipos en el campo, alguno conseguiría el éxito, y le traería el libro de Amón, con el que…bueno, esta vez, el poder de cambiar las cosas estaba de su parte, y no iba a renunciar a él. Necesitaba tener de su lado a los que consideraba los más peligrosos contrincantes.

ABUL EL COPTO

Afuera, tras ser escoltados por dos guardias suizos, que les entregaron un documento, con el que poder traspasar las puertas de los archivos vaticanos, y algunas de las dependencias que no se hallaban abiertas al gran público, respiraron el aire de la ciudad eterna con fruición.

-Hemos de andarnos con cuidado, este Scarelli no me parece de fiar, a la menor ocasión que tenga se libra de nosotros de mala manera.-Receló Alex Craxell

-¿Y no os parece extraño todo esto de que nos mande llamar con tanta premura, y nos contrate, cuando siempre, desde que nos conocimos, hemos sido enemigos?

-En este negocio, los amigos de hoy son los enemigos de mañana, y viceversa, estoy acostumbrado a que sea así. –reconoció Alex, resignado a los vaivenes de los caprichosos clientes.

-Pues yo concuerdo con Klug en eso de que me escama que sea tan condescendiente con nosotros. – Apoyó Krastiva, al anticuario austríaco.

Caminaron por el centro de la gran plaza que se abre entre las columnatas de Bernini, en forma de herradura, como si de dos hormigas se tratara. Los numerosos turistas que pululaban por el enorme espacio, con sus cámaras de fotos, les sirvieron de camuflaje natural. Habían salido por la puerta principal, de la fachada que da a la plaza, y el sol de medio día les calentó la sangre, reconfortándoles. Se sentaron en una terraza junto a una de las escaleras que descienden por intrincadas callejuelas, que forman el laberinto de casas que se alzan por encima de lo que la vista puede llegar a ver, y a la sombra de ellas, comenzaron a hacer planes para de nuevo marchar a Egipto, reanudando la búsqueda donde la dejaron para visitar a Scarelli.

-Parece que Scarelli, busca dos libros de los que solo le interesan uno de éstos. Me pregunto porque ese interés desmesurado en uno, y la razón por la que desprecia el otro.-Analizó Alex, receloso de los manejos del clérigo. Un joven camarero, les sirvió los aperitivos, y Klug con la cabeza baja, como hacía siempre que meditaba en algo de cierta relevancia, levantó la mirada, y les dijo.

-Nebej, dejó como legado dos libros, que eran las recopilaciones de los conjuros de los sacerdotes de

Amón, que servían para realizar los prodigios que más de una vez salvaron al pueblo egipcio, de una extinción segura.

-Ya, pero ¿y ese segundo libro, el que no parece interesarle a Scarelli?-preguntó Krastiva, que no acertaba a ver en que residía el valor de aquellos libros.

-Ese es un… bueno…-se entrecortaba al intentar explicarse, sin dar demasiada información- creo que realmente es el que le interesa más aunque no lo diga, dado que ofrece la posibilidad de ejercer…un control sobre los que rodean a quien lo posee. Se trata de una recopilación de fórmulas grabadas en placas de un metal que fue extraído de un trozo de meteorito que cayó hace miles de años en el desierto. Es de un negro que resalta por su brillo siniestro. Los dos libros no pueden estar juntos, existe una poderosa fuerza que los obliga a separarse, algo semejante a la fuerza de gravedad, como un imán…

Alex y Krastiva se miraron, empezaban a comprender el juego del papa Juan XXIV, que les enviaba en busca de una reliquia que era solo parte de la búsqueda.

-Esto me huele a trampa cada vez más, pero de esta manera, tendremos un margen de acción que vamos a necesitar para movernos con cierto grado de libertad. Mañana estaremos en El Cairo, y visitaremos a mis amigos del bario copto. –Extrajo de su bolsillo el teléfono móvil y marcó el número de Sandro, que le podría proporcionar información segura de primera mano.

Al otro lado tras una corta espera, Sandro le saludó como a un viejo amigo. Tomó los datos necesarios para investigar, y se despidió de Alex con un saludo cordial.

-Bueno dentro de poco sabremos quien o quienes

están tras esta descabellada búsqueda, que tanto le interesa a nuestro común adversario. La luz hacía resplandecer la ciudad que gobernase el mundo conocido de la época im perial, y la calles que serpenteaban sinuosas por entre los monumentos creados por los maestros de diferentes siglos, rebosaban de gentes venidas de todos los rincones del mundo.

Al día siguiente, se encaminaron al los archivos vaticanos con la intención de comprobar si tenían libre acceso, o solo había sido un conceder lo que se pide para no darlo a posteriori. Entraron por una puerta lateral que les condujo hasta otra que se abría a un hermoso jardín que cruzaron con los nervios tensos. No sabía a donde se dirigían pero les extrañaba aun más, que nadie los detuviera. Un sacerdote que semejaba rezar a orillas de un parterre de gerveras de varios colores, se les acercó y con una sonrisa les indicó la dirección correcta. Ellos no habían preguntado nada, y les pareció que allí todo el mundo sabía de su encargo. Bajaron unos escalones que les parecieron más viejos que el tiempo, y atravesaron una puerta que les introdujo en el corredor principal que se bifurcaba en varias direcciones. Abrieron una a una todas hasta llegar a la que consideraron que era la que encerraba dentro los manuscritos y papiros que harían el deleite de los investigadores del orbe.

Una vitrina de enormes proporciones reinaba en el centro mismo de la gran sala. Unos sacerdote ataviados con sus sotanas negras, les colocaron unas mascarillas, y les dieron guantes para podes acceder al interior. Una vez dentro, manosearon varios tomos de vitelas que desprendían ese olor característico a piel en descomposición lenta, y cuero repujado que los suele recubrir para protegerlos del aire. Símbolos a de la antigua Roma se combinaban con crismones y cruces, a la vez que con símbolos paganos que pertenecieron a religiones que adoraban a la tierra madre.

-Busca por ese lado, yo lo haré por este, y tu...- señaló a Krastiva,- por allí. Con el amor que se le debe a la historia, pasaron cada hoja, revisaron cada papiro, y abrieron a la luz del conocimiento, palabras olvidadas largo tiempo. Cuando ya habían pasado tres horas, de infructuoso trabajo, Krastiva gritó de gozo.

-¡¡Aquí, lo tengo, lo tengo!!es esto estoy segura. Mirad-les pidió que se acercasen.

Alex leyó y releyó cada línea, con gesto grave, y asintiendo.

-Así que ese astuto Papa no nos ha mentido despúes de todo, me preocupa esa actitud, más que si fuese al revés.

Klug con sus lentes redondos se acercó al papel de tal modo que semejaba querer comérselo, y le miró aprensivo. No dijo nada de lo que allí estaba escrito. Solo les pidió que se fuesen rápido del lugar. Cuando hubieron salido del palacio vaticano, en el centro de la moderna Roma, sentados en una cafetería, Alex le preguntó intrigado. Necesitaba saber si estaba en el buen camino, o tendría que cambiar de rumbo.

-¿Qué te asustó? Creo saberlo pero quiero que me lo confirmes.

- Se trata del libro de la muerte de Seth, es muy peligroso, de hecho nadie que lo haya poseído ha vivido para contarlo. Si se sabe interpretar, concede un poder tal a quien es su dueño, que...prefiero ni pensarlo.

El avión que les llevaba de regreso a la capital egipcia, sobrevolaba ya el territorio del país del Nilo, y Alex observaba el aterrizaje del aparato con la mirada puesta en los altos edificios de color arena que apretados y que robándole protagonismo al desierto, retaba al tiempo con sus orgulloso bullicio. Con el viento arrastrando la arena que luchaba por invadir el terreno que le robara la ciudad, llegando desde el desierto, los tres compañeros tomaron un taxi y le pidieron que les llevase hasta el hotel Ankishira, donde descansarían para reiniciar su camino hacia el sur.

Con su ordenador enfrente de si, Alex conectó con algunos de sus "colegas", recabando toda la información que necesitaba, para poder traducir los textos que se iba a encontrar en las paredes de los edificios en ruinas que dejaron como muestra de sus misterios los antiguos egipcios.

Sandro no tardó en responderle, esta vez con cinco sms, que contenían los nombres y direcciones a los que podía acudir en caso de necesidad, así como el nombre de Monseñor Balatti y sor Elissa y los completamente desconocidos para Alex, Juliano, y Bettino como más que posibles competidores, seguidos de otros diez que saturaron su bandeja de entrada, con una lista de signos que le ayudarían en su interpretación de los jeroglíficos egipcios que había de hallar en las paredes de los templos que forzosamente debería visitar. Signos olvidados que le darían las claves para saber si estaba sobre la pista correcta, y si el libro que buscaba era o no el auténtico.

Guardó los mensajes en su ordenador de reducidas dimensiones, y lo metió entre dos libros que llevaba en su bolsa. Ya tenía la información necesaria para iniciar la ruta que le llevaría más lejos de lo que en un principio él pensaba, más allá de los confines del mundo egipcio, en los que sin embargo, se habría desarrollado un submundo, capaz de dejar en nada a la archiconocida civilización que creció a las orillas del Nilo.

Ahora era el momento de visitar a sus amigos del bario copto. Bajaron al vestíbulo del hotel y una vez allí, tomaron un taxi que los dejó en las estribaciones del barrio copto.se perdieron por sus estrechas callejuelas de edificios ruinosos y jardines olvidados, para provocar la salida a la superficie de algún enviado de Mehmet, que les condujera hasta el. Como surgido de la nada, un mozalbete de unos doce años, les hizo un gesto para que les siguiese. Los tres como niños buenos fueron tras de el muchacho, que se introdujo cn un agujero que se abría bajo una pesada losa, que le dijo a las claras que alguien lo había ayudado a levantarla.

Descendieron por el oscuro túnel que pronto se convirtió en un corredor ancho y de elevada altura, con sus paredes alicatadas de hermosos azulejos azules. A los lados, como si hubieran traspasado un portal en el tiempo, antorchas lo iluminaban profusamente. El jovencito, miraba continuamente hacia atrás para ver si le seguían de cerca. Ascendieron una suave pendiente hasta llegar a ver una potente luz que parecía provenir de la superficie. Una vez arriba, contemplaron a un Mehmet, con la sonrisa pintada en su boca, y cara de satisfacción. Le rodeaban tres de sus personas de confianza, vestidos como él con túnicas blancas ribeteadas en azules flecos.

-Bienvenido a nuestra humilde morada, Alex Craxell, no creímos verte por aquí tan pronto, es un verdadero placer.

-Gracias Mehmet, para mí también lo es. De nuevo necesito de vuestro consejo y protección para iniciar este viaje que promete ser más peligroso si cabe, que el anterior.

-Tu dirás que necesitas. Si esta en nuestra mano el darlo ten seguro que será tuyo.

-En un principio, tengo que solicitar de ti y del consejo de ancianos la autorización para llevarme a Abul conmigo.¿crees que esto será posible'

-Le darás una enorme sorpresa a Abul, yo no creo que haya ningún impedimento, -miró a sus compañeros- Le haré llamar para darle la buena nueva.

Al poco tiempo, tras recorrer los intrincados corredores y túneles que serpenteaban por el subsuelo, llegó el muchacho a la presencia de Mehmet. Alex Craxell en pie junto a él, le miró guiñándole un ojo. La cara de Abul se encendió como un cirio enrojeciendo. Pensó que quizás había llegado el día, es más ,quizás hubiera llegado incluso la hora.

-Alex Craxell, nos ha pedido que te permitamos partir con él, eso es lo que anhelabas con tanta pasión, ¿no?

-Señor Craell-pronunció mal su nombre una vez más, esta a causa de la excitación-¿es eso verdad?, ¿puedo irme con usted?-,miró a los cuatro ancianos que estaban presentes.

-Bueno habrá de decidirlo el consejo, y habrá condiciones, -le señaló con un dedo acusador-pero sí, creo que podrás irte con él.

-Con dos condiciones por mi parte, una que me tutees, y otra, que te aprendas mi nombre…-le sonrió mientras Abul se lanzaba a los brazos de Alex.

La reunión con los ancianos resultó un acto lúdico, en el que todos disfrutaron de una copiosa comida, y de abundantes zumos de frutas con sabores exóticos. La fiesta se prolongó hasta que los reunidos se fueron marchando como un goteo incesante, cada uno a sus obligaciones, ya tarde.

El día amaneció sin que ellos nada acostumbrados a dormir bajo tierra, lo advirtiesen. Un Abul nervioso, se encargó de recordarles que debían partir.

Mehmet se encargó de llamar a un taxi de confianza, cuyo conductor resultó ser un viejo conocido.

Salah, que parecía estar en todos los sitios a la vez, o bien poseer el don de la ubicuidad, se encargó de llevarlos en el todoterreno que su primo Halaj, le había prestado, bajo promesa de pingües beneficios. Los tres aventureros contratados por el Papa de Roma, recorrían ya la carretera que salía de El Cairo, con destino a Assuán, donde realmente comenzaría la búsqueda del libro de Amón.

Klug que en cuanto se refería al panteón de los dioses de Egipto, llevaba la delantera, les fue refiriendo por el camino, lo que se esperaba de ellos en aquella profanación de la paz de los muertos.

-Si queremos salir indemnes de esta aventura, que supone descubrir lo que los dioses desean esconder- aventuró confiriéndole un punto de misterio-debemos ser cautos y seguir los dictados de, los tres dioses que protegen la tierra, el aire y la humedad, o el agua. Ellos nos guiarán si les ofrecemos nuestra ayuda en su mundo.

-¿Y que podemos hacer nosotros pobres mortales, si somos precisamente los que necesitamos su protección?-respondió Alex incrédulo.

-se trata en realidad de una simbiosis, ellos nos protegen y a cambio les ayudamos en sus necesidades en el otro mundo. Geb dios de la tierra, nos dará su apoyo, impidiendo que nadie nos arranque de ella, mientras las plantas de nuestros pies estén pegados a ella. Si nos elevamos en el aire, entonces el dios Shu, dios del aire, nos atacará, y con la ayuda de Tefnut nos quitará la humedad del cuerpo.. Pero si es más alto de los dominios de Shu, que nos alzamos, será la diosa Nut la que se encargará de que nuestros cuerpos no mueran antes de cumplir con el cometido que nos permitirá ayudarlo en su deseo de unirse al dios Geb.

-Bueno por lo que yo entiendo, en cada caso uno de los dioses de la tierra, del aire o de la humedad, nos protegerá y a cambio les pagaremos con ayudarlos en su deseo de…¿de qué…?

-Ellos nos lo dirán en el momento preciso, quizás cuando estemos en su territorio, donde sus poderes aumentan considerablemente.

El todoterreno, raudo como una flecha bien dirigida, se deslizaba por la fina línea que era la carretera que comunicaba El Cairo con el resto de poblaciones del Nilo. A su derecha, las dunas, como una amenaza, se erguían en pirámides de arena, que se mantenían alejadas de las aguas del Nilo, que fecundaba sus riberas con el limo, y le daba vida renovada, a lo largo de su recorrido. Al otro lado el verdor contrastaba con la naturaleza muerta de las arenas, creando una zona en la que reinaba el dios Shu, por excelencia.

El viaje, transcurrió en medio de una calma que se les antojaba artificial, de no ser porque conocían de sobra la sensación que producía el desierto en quien lo atravesaba.

-Yo he descubierto un dios que nos interesa más que esos. Al menos es más poderoso, creo. –Le contradijo Krastiva–es el dios Atum, el único, el que se creó a sí mismo, y que es Re, cuando comienza a regir todo lo por el creado.

Un grito de rabia, miedo desgarrador, salió de la garganta de klug.

-¡¡¡Noooo!!!ese es el enemigo de Geb y de Nut, quien por celos colocó a Shu entre Geb y Nut, pues ellos se amaban, y los maldijo con ser estériles todo mes y año. Y se aseguró de ello, colocando a Shu entre ellos.

-Así que no tuvieron hijos…

-Nada de eso, le pidieron ayuda al dios Thot, dios de la magia, quien en una apuesta con la luna, consiguió la decimoséptima parte de su luz,, con la que creó cinco días epagómenos, en los que Nut, dio a luz a sus cinco hijos, Osiris, Horus, Seth y Neftis. Ampararse bajo la protección de quien el considerase mejor.

Vaya con los dioses, tienen recursos para solucionarlo todo… -se admiró Krastiva, que veía como era superada en sus conocimientos sobre egiptología por su compañero austríaco.

-Nos encomendaremos a los dos dioses que rigen la tierra, y el cielo, y veremos que nos ofrecen, y que nos piden a cambio.

Ni Alex, ni Krastiva, se atrevieron ya a contradecir al descendiente del más poderoso sacerdote de Amón-Re, en su decisión de ampararse bajo la protección de quien mejor creyera. Abul, nada acostumbrado a las disquisiciones de aquellos tres estrambóticos aventureros, miraba ora uno, ora otro, con los ojos abiertos de par en par, sin comprender nada, pero feliz de poder estar con ellos.

Como un presagio de lo que había de acaecer, el cielo pareció oscurecerse, y ante ellos un espejismo, les hizo comprender, que el sol, Re, les estaba siendo hostil, desde que iniciaban la ruta. Una línea de rocas imposibles, se dibujaron ante ellos, y el asfalto semejó estar encharcado y húmedo, como si los dioses hubieran escuchado sus palabras, y se sintieran ofendidos, al ser rechazados.

-No prestéis atención a lo que vuestros ojos creen ver, cerradlos, y pensad en esa tierra que amáis tanto, y que hace crecer la hierba debajo de vuestros pies, llenando de colores en primavera el campo, fertilizándolo con su poder. Al abrirlos de nuevo, el espejismo había desaparecido, y la carretera, monótona como una línea marcada en el papel por el tiralíneas de un viejo delineante, volvió a ser la protagonista del trayecto. El aire caliente penetraba por las ventanillas abiertas, quemando la piel de sus brazos. La arena les escocía como miles de minúsculos animalillos que herían sus cuerpos al rozarles. Solo el revoloteo de los pañuelos que cubrían sus cabezas luchando contra el viento que producía la velocidad, resonaba en el interior a ratos.

Klug dormitaba en la parte trasera del todoterreno, con la cabeza de Abul descansando en su hombro, rendido a causa de la excitación que le producía el ansia de aventuras. y Krastiva, conversaba con Alex, en un intento de evitar que le sucediera otro tanto, mientras Salah conducía atento a la carretera que apenas se curvaba

CARRERA CONTRA LOS DIOSES

Monseñor Balatti, Plantado junto a la orilla del Nilo contemplaba el otro lado, donde apenas se dibujaba la frágil silueta de unos pilonos, que se alzaban pretenciosos por encima de las palmeras, desafiando al tiempo y a la historia. Era el templo de Dendera, que miraba por medio de sus capiteles antropomorfos, en todas direcciones, para vigilar que las arenas no acallasen su voz, que ascendía de lo más profundo, para decir a los infieles de hoy, que fue la diosa de los de ayer. Pues Dendera es el templo de la diosa Isis.

Unos muchachitos, metían una almadía, su medio de vida, en el agua, para trasladar a Monseñor Balatti, y su séquito a la otra orilla, donde la diosa les esperaba.los guardias ayudaban en la labor, más por la prisa que el cardenal tenía que por otra cosa, y el sol, que se hacía fuerte en su cénit, alumbraba sus pasos, como si los llevase a…

Balatti, recorrió la distancia que los separaba del templo, y penetró en el, sabiendo que dentro se ocultaban los secretos que muchos quisieron conocer, y ninguno supo desentrañar. Se adentró en el santísimo, y recorrió el sagrario de granito que a modo de hornacina, debió contener en otros tiempos el ídolo de Isis. Las paredes, altas como dos hombres, pues los dioses, duplican el poder del ser humano, estaban recubiertas de pinturas que conservaban los colores originales, llenándolas de color y vida. Pasó la mano sobre algunas sin tocarlas, y se admiró de los conocimientos que poseyeron los egipcios de aquellos tiempos, en que gobernaban desde Libia a Palestina, pasando por Etiopía, dejando su impronta en cada lugar por el que pasaban.

Buscó algún indicio de que estuviesen allí los libros, aunque no esperaba que resultase tan fácil. No halló nada que no conociese ya por las fotografías, y por los papiros que se guardaban en la biblioteca vaticana, y torció el gesto con desagrado.

Con la mano sosteniendo la barbilla, pensó en donde guardaría él un secreto de manera que no fuera hallado jamás. Sonrió y miró en torno suyo, con igual resultado. Tiene que resultar tan evidente que no se pueda ver. Algo que se vea siempre, y sin embargo, no se identifique…-miró una vez más alrededor, y esta vez, alzó la vista al techo. Allí vio la copia del horóscopo que originalmente mostraba el cielo de los astros en que creían, y recorrió con la vista cada uno. Unas líneas casi invisibles, negras y rojas, iban de una casa a otra, sin que apenas se notase su presencia. El copista había reproducido sin saberlo, cada pista dejada por los sacerdotes egipcios, para que se pudiera descifrar el enigma que allí se dibujaba.

-Pasadme algo con lo que alumbrar el techo, un mechero si tenéis.

Los guardias suizos, espartanos como eran, carecían de vicios como el tabaco, y se encogieron de hombros. Buscaron y rebuscaron en sus bolsillos, hasta dar con una cajita de cerillas del hotel en que se hospedaban. Uno de ellos, coleccionaba ese tipo de objetos, y le entregó la cajita a Balatti.

-Que dos de vosotros me ayuden a subir hasta el techo, y el reto que vigile que no entre nadie hasta que haya concluido mi inspección.

Olaza, y Delan lo auparon, y lo mantuvieron en alto, para que encendiendo cerilla tras cerilla, pudiera leer aquellos acertijos que eran los jeroglíficos egipcios. Fue pasándolas por la escritura con sumo cuidado, y se asombró de lo que le decían los dibujos milenarios. Pasó más de quince minutos que se les antojaron siglos a sus sostenedores, y que respiraron cuando dio la orden de bajarle.

-Así que era eso…dos libros, no uno, no, dos. Guardados en el interior de el Duat, o sea, el paraíso de los antiguos egipcios…bajo los pináculos del cielo…susurró a media voz. Yo los hallaré y no será otro quien lo haga. Esto me hará ganar la confianza de Su Santidad para siempre. Nos vamos-anunció conjugando gesto y voz.

Sor Eloíssa, y sor Eulalia, muy juntas, se miraban con una extraña sonrisa en sus pálidas caras. Juliano y Bettino, por su parte nerviosos, se echaban virtualmente encima del cardenal deseosos de ver que había descubierto. Su profundo sentimiento de arqueólogos frustrados se desarrollaba en aquel lugar olvidado por dioses y hombres en medio de las arenas, como una flor en medio de un jardín.

La arena del desierto penetraba ocultándose en los numerosos rincones del templo, como un ectoplasma que se deslizase por entre sus piedras. Y los colores de las caras que decoraban los capiteles, asomaban su sonrisa al exterior, como guardianas de la diosa. Atrás quedaba su silueta que se recortaba contra las nubes del cielo en calma. Con sus pilonos alzándose orgullosos al cielo donde moraban sus ancestros.

Los dos todoterrenos, se dispararon como misiles

en busca de un objetivo prefijado, y dejaron tras de sí un rastro que las arenas del desierto borraron discretas. Camino de la muerte o la eternidad, el cardenal se dirigía en busca de un misterio que los hombres anhelaban desde la creación, sin haberlo podido conseguir. La dualidad entre el bien y el mal, que tanto marcase la vida de la humanidad estaba ahora al alcance de su mano, como si de una simple fruta se tratase.

A su lado el capitán Olaza, le miraba sin atreverse a preguntar, hasta que la curiosidad superó su miedo, y le miró

-Entonces sabemos lo que buscamos ¿verdad Monseñor? Quiero decir que ahora lo tiene más claro…

-Todo este tiempo he estado equivocado amigo mío…no me cuesta admitirlo, creí que se trataba de un libro especial, pero no, no es un libro, sino dos. Uno el que desea Su santidad es el de Amón, de oro puro, conteniendo los conjuros del dios que gobernó Egipto…pero… pero el otro es el mejor, es el del dios Seth, que sirve… bueno no le aburriré con estas cosas capitán . –le observó con cierto desprecio a causa de su escasa inteligencia.

El cardenal se relamía pensando en como disfrutaría del poder que le otorgaría el libro de Seth, capaz de concederle si lo interpretaba correctamente, cada uno de sus deseos. Como poseído por un irrefrenable deseo de poder, sonrió de tal manera que asustó a los curtidos guardias, acostumbrados a todo tipo de "misiones".

-No es el mapa en sí lo que desea Su Santidad, no, es el libro de Amón. Y quizás el libro de Seth, pero ese será para mí, eso seguro,-pensó el cardenal, Que empezaba a ver claro el objetivo de aquella búsqueda, y a independizarse de los deseos de su superior jerárquico.

-Tenemos un largo camino capitán Olaza, hemos de llegar a Assuán antes de que pasen treinta horas. De lo contrario perderemos una maravillosa oportunidad de tener en nuestras manos un tesoro. Nos dirigimos a territorio de Sudán. A la antigua Meroe. Donde sin duda se hallan los…el libro. –se corrigió a destiempo.

El capitán Olaza, se preguntaba que era lo que había hecho ver la luz de aquella manera al cardenal, solo con mirar el techo con el zodíaco desplegándose en toda su extensión, para que le guiase con exactitud, en su enigmático camino rumbo a…pero ya se encargaría el de sonsacar a las minjas que les acompañaban en algún momento sin despertar las sospechas del cardenal. Ellas de seguro comprendían bien sus elucubraciones.

En su ruta hacia Assuán dejaron tras de sí el templo de Komombo, donde se adoró al dios cocodrilo cuando Egipto aun tenía en sus venas la vida que le concedía el Nilo. Pero se adentraron en el desierto, para acampar lejos de ojos indiscretos, enviando a la ciudad a dos de sus acólitos con el capitán, para aprovisionarse e informarse de posibles rutas que les facilitasen la llegada a su destino final. Ataviados a la egipcia, deambularon por las callejuelas repletas de tiendas para turistas, y semiobstruidas por las calesas que transportaban a quienes deseaban ver la ciudad desde la altura que estas concedían al viajero.

El trayecto que tenían ante sí, era una etapa más larga y dura que las anteriores, y necesitaban reponer sus fuerzas a fin de hallarse en plenas condiciones físicas para afrontarla.

El lago Nasser, se adueñó del paisaje con su inmensa extensión acuosa, llenando los ojos, y desafiando al desierto nubio en un duelo que la naturaleza rechazaba. El templo de Abu Simbel con sus imponentes estatuas de más de trece metros de altas, se erguía a la orilla del lago sin miedo a ser devorado por las aguas que lo protegían de la inexistencia. Los todoterrenos frenaron ante el mercadillo que se alinea en torno al templo, ensuciando su estética y creando un estrambótico contraste con la historia. Desembarcaron, y se mezclaron con las escasas personas que en aquel momento compraban o vendían frente al templo. Balatti, se adentró en el interior del santuario, y escrutó sus paredes, sus techos, y sus suelos, desgraciadamente cubiertos por un maderámen que afeaba el conjunto. No halló nada que llamase su atención y salió d mal humor, con el gesto torcido, y caminando deprisa hacia los coches.

Arrancaron tras una corta espera, para que llegasen los que deambulaban por entre la gente nativa del lugar, y que no aportaron nada nuevo, que les fuese de interés. Pasaron dos horas antes de que divisasen el templo de Amón en Wadi Seboua, allí se bajaron y penetraron dentro con las linternas en ristre, y dispuestos a descubrir cuanto les estuviese dispuesto a dar al destartalado templo. A pesar de su estado, y de sus reducidas proporciones, una de las paredes les indicó que se halaban tras la pista de lo que buscaban sin duda alguna.

-Ahora sí que estamos cerca capitán-se dirigió a Olaza con el rostro iluminado-aquí dice que las estrellas de La casa de Acuario guardan el poder de Amón-pasó la mano por los jeroglíficos con reverencia-aun no se que quiere decir, pero la idea, se encuadra en la línea de lo que mostraba el templo de Dendera en su techo. Sí, ahora sé que seguimos el rastro adecuado. Nos vamos, de orden de proseguir la ruta prefijada-ordenó a Olaza con alegría-.

El Nilo que serpenteaba como una culebra a su derecha, les marcó el rumbo que debían seguir, sin que se desviasen un kilómetro. El atardecer con sus colores nacarados encendía el cielo, como si lo quemase en un intento de reducirlo a cenizas. Así pensaban los antiguos egipcios que sucedía con Osiris que era vencido por la oscuridad de la noche, para resurgir de nuevo al alba como vencedor de Apofis, dueña del inframundo. Las siluetas negras de los pescadores y agricultores que regresaban al hogar, jugaban al escondite en la penumbra, creando una atmósfera acogedora a la vez que siniestra. Los dos todoterrenos surcaban el mar de arena, dejando tras de sí una indeleble huella. Las marcas profanas de los neumáticos.

El faraón Kemohankamón, en pie en la terraza de su palacio, observaba a su pueblo, que de nuevo se veía obligado a huir esta vez de una terrible maldición que asolaba la tierra de la Candace, en la que ella les había permitido generosamente vivir, durante su vida. Ahora, la enfermedad plagaba a sus súbditos, y era preciso que se marchasen de aquel lugar que se les tragaba sin piedad.

Las arenas del desierto, como presintiendo su marcha, llegaban con más furia que de costumbre, o al menos eso le pareció al Faraón de Egipto. Los muros cuidados del templo, veían como arañaba sus pinturas delicadas y vistosas, y su propio palacio, era ahora una tumba vacía, que se iba quedando sin vida a medida que sus moradores, lo abandonaban. Afuera, los carros se alineaban en tres hileras, para mejor combatir al desierto que les enviaba su aliento en forma de tormenta, rasgando sus pieles cruelmente. Cincuenta mil hombres y mujeres formaban en perfecto orden junto a ellos, con sus enseres y propiedades.

Nebej, que se había marchado antes del éxodo, camino de su descanso eterno en la ciudad Amón, no pudo ver los rostros de resignación y tristeza, que se pintaban en las caras de los egipcios que representaban a los últimos de su raza. El que fuera sacerdote auxiliar de Nebej, Ramaj, se hacía cargo de las ofrendas a sus dioses que poco o nada les habían ayudado. Algunos comenzaban a pensar que habían muerto y que ya nada les quedaba por hacer en Egipto, su tierra. Su poder no se podía comparar con el del anciano Nebej, y este dato le alarmaba a Kemohankamón, que sabía de l.o duro de la travesía. Emigrar a otra tierra es terrible para un egipcio, pero aun lo es más si se trata de irse para no regresar jamás.

Kemohankamón, puso sus manos sobre los hombros de Nebej en un gesto de amistad, y afecto que demostraba sus sentimientos por quien prácticamente lo había aupado al trono de Egipto. Sus ojos húmedos evidenciaban lo que el último señor de las tierras del Nilo quería trasmitirle a su sacerdote. Se despedía de él para siempre, y eso le causaba un hondo pesar que le ataba las palabras en la garganta.

-Ve con Amón hijo suyo, que él te de la paz que mereces cuando debas iniciar el gran viaje por el reino de Apofis.

-Te dejo mi señor convertido en un auténtico faraón de Egipto, y ahora se que este pueblo tuyo, será llevado sano y salvo a la tierra que Amón a dispuesto para que sobreviva a l tiempo y la guerra.

Las lágrimas asomaron por el rostro del que creía ser la encarnación de Re, y Nebej sin darle la espalda, se inclinó por última vez ante su faraón, 'ra marchar en busca de su propio destino en la secreta ciudad de Amón-Re.

Kemoh, recordó sus navíos preparados en la gruta de los acantilados, esperando la desgracia de su pueblo para retomar sus tablas como última salvación. Muchas lunas y muchos soles habían pasado por el cielo en calma de Meroe, antes de que la muerte rondase de nuevo a su pueblo. El emperador Justiniano, ya poseía toda su tierra, y se había olvidado del faraón destronado que huyera a no se sabía bien donde, tiempo atrás. El rey Cosrroes, tenía un mundo artificial preparado para él y sus súbditos desde tiempos que creyó no tener que rememorar, nunca más. Persia quedaba tan lejana, tan desconocida para ellos… y ahora se perfilaba como su única salida, ante la maldición que se abatía como plaga de langosta contra su pueblo.

Bajó los escalones de su palacio, cruzando los dos pilonos que se alzaban como señales de un poder que abandonaba su posición para refugiarse en otra tierra que cubriría otro cielo, protegidos por otros dioses que no habían conocido. Salió a la plaza que se abría frente al palacio, y miró una vez atrás. Su vida, su esperanza y su poder sobre un territorio, se cuestionaban de nuevo, por un poder más allá de lo que él o cualquiera que fuese parte de la humanidad, podía entender. Se subió a su palanquín y echó las cortinillas de lino blanco, como un adiós implícito. La caravana se puso en marcha, y una línea de industriosos egipcios tiraron de 'los bocados de los bueyes y de las bridas de los caballos, para iniciar el éxodo final.

La arena, del desierto se comenzó a acumular en aquel mismo instante, como si hubiera recibido permiso de la real figura del faraón, para invadir su posesión. Un viento cálido que levantaba cortinas de arena de las dunas cercanas, se desplazaba de un lado a otro. Y desde el sur el calor llegó como un enemigo que luchaba contra el ritmo de la caravana. El cielo aparecía limpio, de un intenso color turquesa, que anunciaba una dura travesía a, lo largo del desierto y la sabana para poder llegar a la rivera del mar rojo. Tras de él cabalgaba el sacerdote de Amón, y junto a éste, una nutrida guardia de honor. Le seguían los guerreros que le proporcionase la Candace Amanikende, con sus lanzas brillantes y sus cuerpos aun esbeltos a pesar de los años transcurridos al servicio del faraón. Su pelo ensortijado y su tez oscura, combatían con facilidad las altas temperaturas. Cargaban en los lomos de los bueyes, los objetos de oro y plata, que los orfebres tallaban con sus hábiles manos, además de los utensilios del templo de Amón, y los del palacio del faraón Kemoh.

Como una cobra real, que se cimbreaba en el desierto, en busca de caza, la larga hilera de hombres y mujeres que la conformaban, se acercaban a la ciudad de la Candace.

Otrora era una populosa ciudad en la que la Candace ostentaba un poder basado en su profunda sabiduría, que ordenaba cada sector de la pétrea ciudadela. Las murallas de la ciudad se veían desiertas y los arbustos crecían en torno a los muros, amenazando subir por ellos y apoderarse de ella en un descuido de sus moradores. Las puertas estaban abiertas y las hojas de madera reforzadas con adornos de bronce, aparecían descuidadas, sin vigilancia, y entrar bajo su dintel supuso despertar recuerdos que habitaban en lo más profundo del ser del faraón Kemohankamón.

Avanzaron por las desiertas calzadas de piedra, mirando las casas vacías de gentes, y las fuentes resecas, de las que ya no brotaban alegres los chorrillos de aguas cristalinas que daban vida a la ciudad. El palacio de la Candace se elevaba entre las cúpulas y los tejados de las barriadas que se hacinaban apretándose en estrechas callejuelas, que conducían hasta él. La gran plaza que se abría ante el palacio, apareció llena de arbustos que la suave brisa arrastraba despejándola para los forasteros que llegaban hasta ella.

Dejaron en el suelo el palanquín del faraón, y dio la orden de descabalgar. Todos se quedaron allí como fascinados ante el esplendor del palacio de la Candace. Las puertas estaban cerradas, y las arenas del desierto semejaban respetar su soledad, sin invadir sus salones.

Echaron hacia adentro las dos hojas de gran altura, y éstas como agradecidas de que alguien les prestase atención se dejaron apartar hasta que tocaron la fría piedra de sus muros, haciendo tope. Las salas hipóstilas parecían recién construidas, como si aun no se hubiesen utilizado, y los pebeteros limpios de restos, estaban listos para su uso. Caminaron a lo largo de los corredores que se sucedían hasta que dos escaleras, una a derecha, y otra a izquierda, se bifurcaron en distintas direcciones.

-Yo subiré por la de la derecha, y vosotros dos, -señaló a dos de sus guardias-lo haréis por la de la izquierda. Vamos, el que encuentre a alguien que de aviso. Esto parece abandonado desde hace mucho…salvo el templo.

El sonido de los pasos de los egipcios, que rebotaban confiriéndole un aire de misterio a cada estancia y cámara que hollaban, era lo único que se podía escuchar en aquel lugar de poder. Faraón Kemoh encendió un par de pebeteros, y las llamas alegraron el ambiente siniestro del templo. Las cimbreantes llamas crepitaron y crearon sombras que jugaron con la mente de los "invitados" que recibía el recinto sagrado. En el santísimo del templo, faraón tembló ante el espectáculo que contemplaba. El sacerdote de Amón yacía muerto, tendido sobre el frío mármol ante la estatua de Amón-Re, que le miraba sin verlo. Le dio la vuelta, y su rostro le miró con los ojos muy abiertos. En ellos se reflejaba el terror.

Este hombre no hace mucho que ha muerto, y ha sido asesinado. Su cuerpo aun está caliente. Registrad el recinto en busca del asesino.

Los incensarios ardían ante el ídolo, y la cámara se veía cálida y agradable después de lo frío y oscuro de los pasillos que conducían hasta el. En la hornacina del sagrario, estaba la estatua de Amón-Re, de oro puro, y faraón se preguntó si el asesino la había dejado por superstición o bien le habían espantado al llegar.

Ni un solo ser vivo, les había salido a recibir, y eso le asombraba a Kemoh, que tampoco había visto un solo cadáver en las calles, ni esqueletos, ni nada que les hiciese pensar en una peste, o epidemia que hubiera caído sobre los hombres de cara quemada. En las habitaciones de la Candace, hallaron su cuerpo momificado, y cubierto por un delicado tejido de oro y plata, tan ligero que solo el abrir la puerta, lo hinchaba de aire, amenazando llevárselo. Se acercó a su rostro, y le besó en la frente. Era la despedida de un rey para con una reina.

En los días que siguieron a la pacífica invasión del palacio de la Candace, faraón Kemoh dispuso el funeral de la emperatriz con los honores que se deben a una reina mítica. Una máscara de oro cubrió su faz, y un collar de lapislázuli y turquesas, adornó su pecho. Depositaron su cuerpo en un sarcófago de plata que hallaron a tal efecto en una de las cámaras adyacentes, y lo cerraron tras recitar oraciones a Amón –Re, y a Apedemak el dios león. La comitiva fúnebre, avanzó por las calles de la ciudadela, seguida de los hombres de armas del faraón, y del sacerdote de Amón, que oficiaba las exequias.

En una hilera de trescientos soldados, el faraón dirigió la larga fila hacia la necrópolis de Meroe, donde encerraron su cuerpo en una pequeña pirámide de piedra, entre los reyes y Candaces de Meroe, uno de los más grandes imperios de Africa. Los pilonos del diminuto templo exterior parecieron elevarse al cielo, al contener el cuerpo de la reina. Las arenas se levantaron raspando la piel curtida de los guerreros egipcios y meroitas, que rezaron a sus dioses porque la Candace se reuniera con sus ancestros en las estrellas, brillando con un fulgor que nunca se apagase.

El retorno a la ciudad de los meroitas, fue triste y lo realizaron en un completo silencio, solo alterado por el sonido de los arneses y las armas al entrechocar.

De regreso en la ciudadela, y tras comprobar que no existía morador alguno, revisaron los registros de los sacerdotes, donde hallaron las respuestas a sus preguntas.

En uno de ellos, un sacerdote, parece ser que el último en morir, relataba su experiencia en los instantes finales. Con agria escritura, que evidenciaba su nerviosismo y desesperación, narraba como los hombres habían ido muriendo a docenas en los meses siguientes a la muerte de la Candace, sin que nadie supiera la razón, ni se pudiese hacer nada por ellos. Los que aun vivían enterraban a sus seres queridos y a los que sin conocerlos se habían convertido en compañeros de sufrimientos. Cada día quedaban menos habitantes, y se hacía más difícil deshacerse de los cadáveres, por lo que todo el que podía moverse, colaboraba en aquella desagradable tarea. Las calles quedaron vacías y él se refugió en el templo, para no salir ya dé él. Rogó a los dioses de sus antepasados perdón por sus errores, y se dispuso a seguirles a las estrellas. Cerró las puertas del templo, y adecentó las cámaras para después proceder a la momificación de la Candace, cuyo cuerpo descansaba en la cámara real. Dejó de comer, de beber, y se entregó a la meditación y al conocimiento de lo sobrenatural, en un intento de regenerar su interior, y prepararse para su viaje al reino de Apofis.

Su letra con un estilo seguro y firme, en nada denunciaba su inminente muerte, y los dibujos que realizaba eran como hijos que paría de su propia mente, con el dolor de un parto que le llevaría a la morada final. Rememoró en su cerebro lo que pudo ser la vida del sacerdote los últimos días en aquel reducido espacio que era la cámara sagrada del ídolo. Entre las llamas de los pebeteros que ardían consumiendo el incienso, llenándola de humo que difícilmente salía por los tragaluces cuadrangulares, hechos a tal efecto.

Kemohankamón, paseo entre las ruinas aun en pie del palacio en el que conociese a la Candace años atrás, y se lamentó de no haber podido conversar de nuevo con ella. Los hombres que habían partido con el aquellos días, lloraron sobre las tumbas de sus familiares, de sus amigos y conocidos, y se llenaron de su esencia, para proseguir su ruta a un nuevo país donde morar con sus nuevos señores.

Los animales aun no se atrevían a invadir el interior de la ciudad, pero el faraón estaba seguro de que en cuanto partiesen de allí ellos, lo harían sin que nada les retuviese. Las torres que antaño ascendían al cielo orgullosas de ser las señales de la Candace Amanikende, estaban ahora coronadas por aves de rapiña, que emitían sus graznidos al viento.

Se aprovisionaron de cuanto hallaron de comer, de cereales que se conservaban en los almacenes de palacio, y salieron de la ciudadela con el alma encogida, al darse cuenta de que nunca más volverían a ver aquella majestuosa urbe. Dejaban atrás un trozo de la historia de Africa, que se diluiría en el devenir de los tiempos.

Una larga fila de carros hombres y caballos, se perfiló en la sabana, con una meta fija, el mar rojo. El sol quemaba la piel, y las lanzas brillaban creando una muralla de metal. Kemoh, echaba de menos en aquellos momentos a su fiel Nebej, que sin duda le hubiera aconsejado lo que debería hacer en la situación que les tocaba vivir. Despachó a tres mensajeros que cabalgaban con destino a Persia. El rey Cosrroes, les daría asilo en su territorio, a salvo de la rapaz Roma.

Las batallas libradas por los persas contra Roma, en la que ésta había sido vencida, garantizaban la estabilidad de la zona, y la supervivencia del pueblo egipcio. El nuevo rey de reyes, expandía su influencia hacia el indo, recuperando los territorios perdidos de los que fueron reyes bajo su cetro.

La verde sabana, fue dejando paso a las arenas del

desierto que circundaban las riberas del mar rojo, anunciando su proximidad. Un jinete abandonó la fila y cabalgó hasta la cabeza de la columna, para susurrar algo a oídos de uno de los oficiales. Después retornó a su sitio en la hilera de soldados, y el oficial pasó la información al sacerdote, que a su vez hizo otro tanto al comunicárselo a Kemohankamón.

El rostro de faraón se alargó desorbitando los ojos. No había reparado en lo que después de todo era evidente. Los navíos podrían estar en malas condiciones, y no servirles para emigrar a Persia. Además necesitarían más barcos, y eso era una tarea que llevaría su tiempo, por no hablar de recursos como la madera, que no abundaba precisamente en aquellos parajes.

El faraón en persona cabalgó con cinco de sus oficiales recorriendo la larga hilera de hombres mujeres y niños que caminaban pesadamente sin pronunciar una sola palabra de queja con sus labios.

-¿Dónde podemos encontrar madera? Nos será imprescindible, si queremos reparar los daños que los años hayan causado en sus cascos. Enviad exploradores en distintas direcciones para localizar todos los árboles que sean susceptibles de ser talados a tal efecto.

Las órdenes del faraón se cumplieron en el acto, y doce exploradores salieron raudos en seis direcciones en busca de la preciada materia prima. Faraón entretanto, se encargó de arengar a su pueblo, cansado de aquel largo camino hacia una tierra lejana, que aun distaba mucho de ser su hogar. Dio orden de acampar y celebrar su primera noche en camino a la libertad y la seguridad, con bailes y danzas, con cantos que se elevaran a los cielos en acción de gracias. Era necesario que la moral de los que le seguían subiera, y se mantuviera, o de lo contrario, todos comenzarían a flaquear.

Poco a poco se fue formando un círculo de tiendas que crearon la imagen de un hogar temporal que les permitió descansar de su etapa más dura. Pronto los más jóvenes bailaron en torno al fuego de las hogueras, y cantaron canciones de guerra que les habían transmitido sus ancestros, con antorchas en las manos, y espadas al cinto. Las mujeres aplaudían a sus hombres, y cantaban con ellos sentadas alrededor de los fuegos. Las llamas desprendían chispas al aire, crepitando alegres.

Faraon Kemoh, se unió a sus soldados y danzó para ellos, como un guerrero más, demostrando su amor por su pueblo. Incluso el sacerdote de Amón,Ramaj, elevó su canto levantando su cerviz, para emitir un chorro de voz potente que creció en volumen a cada nota. La noche se alegró de tenerlos bajo su manto protector, y sus estrellas brillaron agradecidas. Faraon Kemoh, recordó otra ocasión en que acampó casi en el mismo lugar, aquella vez creyendo ir a una tierra, que cedida por la generosa Candace, les concedería la paz que tanto anhelaban. Pero años después allí estaban, acampados de nuevo en medio de la nada.

CITA EN MEROE

Abul extasiado con su primer viaje en compañía de Alex Craxell, observaba el entorno que le rodeaba, como si la tierra, hubiese sido hecha nueva solo para él. El desierto, a pesar de su monotonía, le producía una sensación de bienestar, que lo relajaba. Y la visión del lago Nasser, junto al templo de Philae, le produjo tal fascinación que ni tan siquiera exclamó o gritó, no fue capaz de articular palabra.

Salah, sonreía al ver como disfrutaba el muchacho saboreando Egipto, y le hacía gestos a Alex, para que le mirase. Era realmente agradable ver como un joven como él absorbía la cultura de un país que era el suyo, y que sin embargo le resultaba completamente extraño.

-Tenemos que encontrar la ciudad de la Candace Amanikende, explorarla, solo allí hallaremos las pistas de lo que buscamos. Si somos capaces de descifrar los signos que encontremos, sabremos donde se refugiaron los que salieron de Egipto.

Krastiva pensativa, escrutaba el mapa extendido sobre su regazo, arrugado, y en el que unas ruinas apenas distinguibles estaban marcadas con una cruz roja. Era el punto donde Ameneb les había dicho que estuvo la ciudad de los egipcios, que se instalaron en tierras de la Candace de Meroe.

-Tiene que ser muy cerca donde se halle la ciudad de Amanikende, allí hallaremos el secreto mejor guardado de la emperatriz. La ubicación de los libros de Amón.

-Que también tienen que estar donde huyó faraón Kemoh…-dedujo hábilmente Klug.

-¡¡En Irán!!, por eso se encontraron allí restos de la cultura egipcia. Ahora voy comprendiendo…llegaron a Persia, para cobijarse bajo la protección del rey Cosrroes…que derrotó a Roma…-fue desmigando el enigma Alex.

-Pero de haber una civilización como la que desarrollaron los egipcios, se hubiera encontrado hace muchos años. Con la tecnología que se posee, es imposible ocultar algo así.-le replicó Krastiva.

-Si pero estoy seguro de que eso mismo o algo parecido lo pensaron los sabios de aquel tiempo. Ha permanecido oculta de alguna manera, a los ojos de quien podría descubrirla.

-¿Quieres decir que existe una ciudad en el Irán que nadie ha descubierto jamás?

-Algo por el estilo, si.

Klug permanecía en silencio, escuchando cada palabra de lo que decían. Y Salah, y Abul, sin saber que buscaban, o que era lo que tanto les interesaba, se encogían de hombros en un gesto de complicidad.

Un misterio acababa de picar la curiosidad de Alex Craxell, y de Krastiva, que veían en aquella búsqueda, un objetivo emocionante en el que emplear sus conocimientos.

TRES DIAS DESPUES

La frontera con el Sudán, estaba vigilada desde una choza de adobe y ladrillo, que se caía a trozos. En el garito despatarrados, bebían dos guardias que en cuanto oyeron el ruido del motor de los todoterrenos, se pusieron en pie, sabedores de que quienquiera que fuesen sus ocupantes, llenarían sus bolsillos si realmente querían pasar la frontera.

Los dos todoterrenos, frenaron a diez metros, y el capitán Olaza, se bajó de uno de ellos, dispuesto a negociar el pase de frontera. Tras de él, fueron dos de los guardias suizos, vestidos de camuflaje militar. Aparentemente, no iban armados.

-Tenemos que cruzar la frontera para visitar las ruinas de Meroe-le explicó Olaza-tenemos prisa, ¿Cuánto tenemos que pagar para pasar?

El que parecía llevar la voz cantante, se encaró con él, quedándose casi pegado a su cara.

-No tan deprisa, señor…aquí las cosas se hacen de otra manera. Tendrá que decirme que buscan en esas ruinas. Que por cierto están cerradas al público. ¿Son buscadores reliquias? de aquí no se pueden sacar estatuillas ni cosas por el estilo, ¿comprenden?.

-Bien entendido…ahora abranos paso. Tenemos prisa.

-No me ha entendido señor…tiene que pagar…serán mil dólares americanos.

-¿Queeee?, eso es un disparate, le daré cien y no se hable más.

El sudanés extrajo de su cartuchera una pistola y le situó el cañón en la cara.

-He dicho mil…yanqui…mil.

Olaza sacó en un movimiento rápido su arma y le disparó en el vientre tres tiros a bocajarro. El oficial sorprendido por el repentino ataque, desorbitó los ojos, y cayó a plomo. El otro se reunió con él al ser apuñalado de frente en el corazón por uno de los guardias suizos. Limpió la sangre en el uniforme del oficial, y con un gesto de su mano, le indicó al resto que el camino estaba franco. Sudán estaba abierto para ellos. Los todoterrenos arrancaron sus motores, y enfilaron sus morros rumbo a las ruinas de Meroe. Los arbustos salpicaban las arenas del desierto que les rodeaba, creando su propia personalidad, diferenciándose del desierto egipcio, con una identidad propia.

La arena milla a milla, iba dejando paso al verde de la sabana con el que se alternaba. Acampar en aquellos parajes, resultaba un alivio respecto a las duras jornadas pasadas en las dunas de arena nacarada de Egipto. El fuego a que les sometía el día, y el frío gélido que les helaba la sangre en las venas, se les había metido en el cuerpo, como una espina de hielo.

Entre las dunas jaspeadas de arbustos, tendieron unas mantas y echaron unos igloos al suelo, que se hincharon automáticamente. Pronto un campamento perfectamente camuflado estuvo montado. Balatti, tecleaba en su ordenador portátil conectando con el satélite que el Vaticano tenía alquilado a los norteamericanos. Recibía en tiempo real, la información que le requería, enviándole imágenes de la zona, y mapas de las ruinas que se concentraban en la necrópolis real de Meroe.

La luz azulada del ordenador reverberaba en el interior de la precaria tienda, convertida en centro de operaciones. Los todoterrenos, cubiertos por redes de camuflaje, servían de muro protector entre la tienda, y las dunas.

-Tenemos las coordenadas, de las ruinas, y las posibles ubicaciones de la ciudad de la Candace. Nada nos detendrá ahora, -sonrió con satisfacción Balatti-.

Alex, Krastiva, y Klug, acompañados de Abul y Salah, se dividían en dos grupos, para comprar alimentos y mapas del estado del norte de Sudán cuya frontera esperaban traspasar en pocos días. Dogola era el más grande de los numerosos estados que componían la república del Sudán, y que era el que limitaba con Egipto, dividiendo en dos al pueblo nubio, descendiente de la tribu Noba, de donde le venía el nombre, y que pobló el sur de Egipto, y el norte de la actual Sudán llegando del interior de Africa y que perteneció a la Etiopía de los tiempos faraónicos. A las gentes de Assuán no les alarmó en absoluto que llegasen tan seguidos, primero los todoterrenos de Balatti, y el de Alex, haciendo prácticamente las mismas preguntas a las mismas personas. Era algo común en los que llegaban a Assuán el someterles al tercer grado para extraer lo que ellos consideraban una información valiosa. Una vez en el auto, dejaron a su derecha, a penas visibles los lagos de Toshka, que salpicaban con su frescor el árido desierto, adentrándose en el territorio nubio propiamente.

Recorrieron la distancia que les separaba de la frontera, descosos de hallarse en las cercanías del templo de Napata, para empaparse de su olor, y de su atmósfera. A lo lejos divisaron tras horas de pesado viaje sin más compañía que las arenas y la sequedad que les producían, un puesto que supusieron sería el garito fronterizo donde deberían dar explicaciones y dinero para acceder al suelo sudanés.

El todoterreno de Alex, llegaba a la frontera con Sudán, y se encontraba con los cadáveres de los dos soldados tendidos en el suelo, medio cubiertos por las arenas, con la choza desierta, y el paso franco.

-Esto pinta mal, esos que han pasado la frontera antes que nosotros, están dispuestos a todo, a lo que se ve. —se escandalizó Alex arrodillado ante el cadáver del oficial. La sangre se perdía reseca ya en la arena, por lo que la visión de los dos muertos no impresionaba tanto, por la escena, como por la muerte despiadada en sí misma.

-Tenemos que alejarnos todo lo que podamos, en cuanto vean que no responden a sus llamadas, vendrán a ver qué pasa, y se encontrarán con esto. Cualquiera que sea el que esté aquí cargará con el muerto, mejor dicho con los muertos. ¡Vamonos!-dijo Krastiva que conmocionada por lo que veía, necesitaba poner tierra de por medio.

Salah, y Abul, encogidos en el automóvil, esperaban que ellos tres supieran solucionar el problema creado por Balatti. La aventura era emocionante, pero aquello no estaba previsto en el viaje, al menos eso era lo que ellos creían. Salieron despedidos dejando una estela de arena que se elevó en el aire semienterrando a los dos difuntos. La carrera por los libros de Amón acababa de comenzar, entre Balatti, y Alex Craxell.

-Esos salvajes sean quienes sean han asesinado a los guardias de la frontera, para conseguir su propósito y poder proseguir su ruta. Creo que esta aventura se está complicando de tal manera, que estaremos en peligro desde ahora, y deberemos permanecer alerta, con los ojos bien abiertos.

-¿Crees que "Su Santidad está jugando a dos barajas' eso sería muy propio del muy…-aseguró Krastiva

-No se me había ocurrido, pero es más que `posible desde luego. Si eso fuese cierto, la carrera por conseguir los libros de Amón supondría enfrentarse a asesinos como el capitán Olaza, ¿le recordáis verdad'

-¿Cómo no recordarlo?, era el que llevaba la voz de mando de aquellos desgraciados guardias suizos, que seguían a todas partes a Monseñor Scarelli.-dijo con gesto de disgusto Krastiva.

-Mirad allí al fondo de aquellas dunas podemos acampar por esta noche, ¿Qué os parece? Necesitamos descanso.

El todoterreno, con su chapa ardiendo, agradeció que lo cubrieran con una tela de color ocre que también dio refugio y sombra a los cinco pasajeros del auto. Las dunas formaban un cerco junto a unas rocas de escasa altura, creando el lugar idóneo para descansar del trayecto. Se hallaban cerca de donde comenzaba la sabana que cambiaría el paisaje de forma drástica, refrescando sus chamuscados cuerpos, y anunciándoles la proximidad de las ruinas de Meroe. Habían ido más rápidos que sus contrincantes, al no detenerse en el templo de Dendera, como ellos. Sabían donde se hallaban las pistas que conducían a la ciudad de la Candace, y como desentrañarlas.

Abul entre asustado y emocionado, permanecía callado y se limitaba a mirar a Salah, que se daba cuenta de en lo que se estaba convirtiendo el viaje que comenzasen en el Cairo. Cada vez se asemejaba más al anterior donde parece ser que corrieron peligros reales, que a punto estuvieron de dar al traste con los planes de los dos "aventureros".

Klug meditabundo, paseaba nervioso como era su costumbre cuando algo no le cuadraba, envuelto en un turbante que le daba un extraño aspecto. El descendía de Nebej el gran sacerdote de Amón que sirvió bajo el reinado de Kemohankamón, el último faraón de Egipto, y eso le daba una autoridad que se hallaba implícita a su modo de ver. Si de verdad existían los libros, cosa que él no dudaba en absoluto, el libro negro de Seth era el que más interés despertaba en él, dado que su posesión cambiaría su vida, así como la de cualquiera en cuyas manos cayese. Se decía que estaba hecho de un material incombustible, y que por esa razón duraría para siempre, aunque lo enterrasen en lo más profundo del desierto egipcio.

El ruido de dos rotores les alarmaron, e hicieron salir al capitán Olaza al exterior, agazapado entre las dunas, para no ser detectado. El conocía muy bien la procedencia de aquel ruido, que no era otro que de sendos helicópteros que volaban tan bajo, que casi se podían distinguir los rasgos del piloto. Dieron varias vueltas, y como no viesen nada, ascendieron como para irse, pero descendieron en picado, para escrutar el árido desierto en el que se ocultaban los asesinos de sus compañeros de la frontera. Habían hallado sus cuerpos semienterrados en la arena, con la sangre empapando sus uniformes.

-Si nos detectan estamos perdidos-miró a Olaza ,Balatti,-¿Qué hacemos?

-Deshacernos de ellos como hicimos con los suyos. Déjenme a mí, ¡Uhleman, Michael! acompañadme, coged las ametralladoras portátiles.

Se arrastraron por las arenas con sus trajes de camuflaje, y permanecieron juntos hasta que Olaza, les indicó que salieran a descubierto. Para entonces, los dos helicópteros, se acercaban peligrosamente, como presintiendo su presencia en aquel lugar. Cuando estuvieron a tiro, Olaza dio orden de disparar, y los dos guardias hicieron fuego a discreción. Ametrallaron a los dos aparatos, cribando las cabina de ambos, que reventaron como melones que dispersaron sus restos por el aire rasgando las redes que camuflaban los jeeps. Los pilotos murieron antes de que supieran que les estaba sucediendo, y apenas unos restos de chapa humeantes ocupaban el lugar donde poco antes se hallaban los dos helicópteros. Como un aliado imprevisto, la arena del desierto fue cubriendo la metralla en que se habían convertido, borrando las huellas del ataque.

Sus restos se dispersaron en un enorme radio, y se hizo necesario abandonar el sitio, antes de que les descubrieran o echasen de menos a sus compañeros. Los todoterrenos arrancaron motores, y salieron de la zona de peligro, como alma que lleva el diablo. Atrás quedaban la tranquilidad y la base de operaciones que habían montado con tanto esmero, en pro de la seguridad.

Siguieron adentrándose en el interior de Sudán cabalgando la verde sabana, que hacía brincar los autos, como caballos desbocados. El destino era Napata, donde se ubicaba el templo del dios Apedemak, el dios león de los súbditos de la Candace. Saltaban como cabras por encima de las pedregosa y arenosas superficies, que comenzaban a ser irregulares, batiéndoles como no lo haría el peor de sus enemigos. El sol sin embargo era clemente con sus almas, y brillaba en su cénit con la mesura de quien comparte el cielo con otros dioses. Re, era el co-dios del imperio meroíta, y Apedemak le reclamaba su porción de adeptos, y ofrendas para sus templos. La hilera de todoterrenos se alineo en fila de a uno, y vigilantes desde dentro, con las armas listas, asomando por las ventanillas, los guardias suizos, controlaban el entorno hostil en que se movían.

Conscientes de que la caza de los intrusos en territorio sudanés no había hecho más que comenzar, tensaban sus músculos y abrían sus ojos para no caer en una emboscada, o ser atacados desde el aire. El traqueteo a que les sometía el terreno, sin embargo, les preocupaba, no había manera de apuntar y acertar cuando se disparaba desde aquella posición tan incómoda. Olaza había montado en la parte trasera de uno de los autos una ametralladora, que cubrió con telas de camuflaje, en prevención de ser atacados desde arriba. Pero pasaron las horas y no aparecieron nuevos helicópteros ni jeeps, que les pudiesen preocupar en absoluto. La monotonía se fue apoderando, de ellos, y relajaron la guardia. Balatti, extendió unos mapas en su regazo, y marcó los que consideraba importantes, para rastrearlos en primer lugar.

En una ilustración cuyos bordes amarilleaban, aparecía el libro de oro de Amón-Re, en el que se detallaba como controlar los elementos necesarios para hacerse obedecer por los vientos, las aguas, e incluso por los hombres. El dios Thot señor de la magia, con su vara alta, signo de su poder intemporal señalaba una dirección, algo que le había pasado desapercibido antes de ahora. "De modo que tiene que ver con las estrellas…"-pensó al darse cuenta del error que en su mente le desorientaba.

-Está en Napata, la pista está en Napata, en el templo de Apedemak, el dios león, el rival de Amón-Re. Allí hemos de buscar el camino que nos llevará hasta la ciudad de Amón en la superficie, la que sin duda construyó Kemohankamón, en las arenas del desierto.

-Eso no está muy lejos de aquí, a unas cincuenta millas, más o menos…-dijo Olaza- podemos llegar en dos jornadas.

-¿No antes?, vamos contra reloj, ya sabes que nos persigue todo el ejército del Sudán. –exageró para meterle prisa al capitán.

-Ja,Ja,Ja,-rió abiertamente, el suizo, burlándose de los militares sudaneses, que en nada podían compararse a ellos, bien entrenados y equipados-. Nosotros no tememos a esos gorilas negros que ni saben seguir la pista a unos intrusos en su propio territorio. Les dejaremos atrás en poco tiempo de manera segura.

-Bien confío en su buen hacer capitán Olaza…nos jugamos la vida todos los presentes, eso huelga decirlo.

Sin responder casi ofendido por la duda, el oficial suizo, señaló un roquedal que se recortaba entre las nubes oscuras que se cernían sobre la sabana, tras el estallido de color que era el atardecer en aquella parte de Africa.

-Allí entre esas rocas montaremos nuestro campamento por esta noche, repondremos fuerzas, y trazaremos las líneas maestras de nuestro plan de acción. Mañana al alba, encenderemos motores, y nos pondremos en camino a Napata, a ese templo pagano del dios Apedemak. Llegaremos según mis cálculos a medio día.

Balatti, asintió satisfecho de la eficacia del capitán Olaza, y dejó que montasen el campamento para iniciar el descanso por turnos y fijar el plan de acción del día siguiente. Los cables y los generadores de energía cubrieron el suelo de la improvisada tienda, creando la sensación de estar en un ,lugar muy diferente al que se hallaban.

Las conexiones con el satélite Vaticano, se hicieron con precisión suiza, y pronto estuvieron en contacto con Su Santidad Juan XXIV, que desde su despacho en el palacio de Roma, pedía cuentas a sus enviados dándoles cuenta de que otros iban tras sus pasos contratados por él. A Monseñor Balatti, le sonó a competencia desleal, y torció el gesto sin poder disimular su disgusto. Solo cuando el taimado Papa de Roma le expuso su plan, se distendieron sus músculos faciales. Eso era otra cosa, así ellos podían salir indemnes de aquella misión casi suicida, dejando que los estúpidos aventureros se llevasen lo que se habían ganado desde hacía tanto tiempo. No obstante, y dada la personalidad astuta del cardenal Balatti, no desechó del todo la posibilidad de que su superior estuviese jugando a dos barajas.

Los datos bajaron a los ordenadores de los empleados vaticanos, llenando carpetas en las pantallas. El templo de Napata en honor al dios Apedemak, ocupó por completo la pantalla de Olaza, que llamó a sí al cardenal para que le echase una ojeada. Balatti, satisfecho recorrió cada detalle de la imagen, apuntando en una libreta de tapas verdes, con canto de pan de oro, datos de interés para él. Su sonrisa, alumbrada por el reverberar de la pantalla del ordenador, le confería una aureola de santidad que estaba muy lejos de poseer.

-Esto es lo que no cuadraba…ya te tengo Kemohankamón, ya te tengo encuadrado. Ahora solo falta que me digas donde escondiste los libros de Amón-.Re. Pronto lo sabré no podrás ocultarlos por mucho más tiempo, de eso estate seguro. Las estrellas son el camino, ¿Cómo no me di cuenta de ello? Los egipcios creían con fe ciega en su poder, y en que en ellas estaba escrito su destino. Quién sabe si al final no van a tener razón…serán después de todo ellas quienes nos llevan hasta los libros secretos de Amón-Re.

Los guardias suizos que le escuchaban hablar solo en voz alta se miraban sin osar decir nada que contradijera su vehemente deseo de hallar unos libros, que al parecer poseían no se sabía que poderes sobrenaturales. Habían visto como reaccionaba cuando se le llevaba la contraria, y francamente era mejor que estuviese de buen humor.

La noche se hizo señora del desierto y la temperatura bajó hasta llegar a los dos grados bajo cero.

La luna rodeada de estrellas junto a la vía láctea, hizo su aparición en lo alto de los cielos, desplegando todo un alarde de color y brillo que impresionó a quienes pudieron observarlo. Balatti, contó las estrellas, del cinturón de Orión, y situó en el mapa las que no se materializaban en pirámides en Egipto. Cinco en total. Con rotulador rojo, unió los puntos que simbolizaban las estrellas, y le entregó un dibujo. Que le hizo dar un ridículo salto en la arena ahora fría como el hielo.

-Ya tengo lo que quería, mañana iremos directamente al punto donde si mis cálculos no fallan se encuentra el tesoro que buscamos.

Las tiendas temblaron con el gélido viento que de noche barría el desierto de Sudán a ras de suelo, disparando las piedrecillas a largas distancias, chocando con las telas de naylon del campamento de Monseñor Balatti.A pesar de lo cual, pronto los que no tenían guardia se durmieron en brazos de Jonsu, que gobierna los sueños de quienes en la noche buscan su protección. El es el guardián del territorio en que se convierte la noche, el que envía la luna para expulsar a los que osan hollar sus dominios.

No muy lejos de allí ajenos al peligro en que les había puesto el Papa de Roma, Alex, y su pequeño grupo acampaba también entre unos arbustos de espeso follaje, que les daba alguna protección del frío nocturno.

Abul se empapaba de cuanto para él por nuevo suponía aquel viaje al fin del mundo, acompañando a sus mejores amigos. Le embargaba un sentimiento de agradecimiento y tenso miedo que subía su nivel de adrenalina. En la seguridad del barrio copto, él no necesitaba correr por el desierto en busca de nada, tenía cuanto era imprescindible para vivir entre sus muros de viejas paredes llenas de los desconchones que deja la historia. Pero la sensación de estar vivo, eso era lo mejor de todo lo que estaba viviendo en los últimos momentos cuando el peligro acechaba en cada arbusto, y en cada roquedal que atravesaban sin saber si tras ellos algún enemigo les haría frente.

El alba les sorprendió en medio de la nada, como si fuesen diminutas hormigas salidas de su hábitat habitual, perdidas en la sabana que sustituía al desierto sin por ello alterar la llanura que se perdía a lo lejos donde se unía con el cielo en un horizonte azul intenso. Se pusieron en marcha y con la mirada fija en uno de los mapas, Klug, le indicó la ruta a seguir para llegar a Napata. Aun quedaba mucho camino por recorrer, pero cada vez estaban más cerca, no solo del templo, si no de sus contrincantes que se habían adueñado de todo lo que circundaba el lugar sagrado, sin dejar de analizar nada que supuestamente tuviese algo que ver con su misión.

Los capiteles antropomorfos que coronaban las gruesas columnas que aun sostenían el arquitrabe del templo, engañaban a quienes por vez primera llegaban a él. Egipto había tenido tal in fluencia en la cultura meroíta que casi era una copia de cualquier templo de Karnak o de Menfis, que se alzase en tiempos faraónicos. Carente casi de techumbre, y con su sancta sanctórum al aire libre, presentaba una imagen imponente, bajo la cual, aun guardaba un tesoro, la pista a seguir para hallar la ciudad de la Candace. Y eso era precisamente lo que buscaba Balatti, dentro de sus milenarios muros. Lo halló en la base de una de las columnas que conformaban la sala hipóstila que precedía a la zona restringida donde oficiaban los sacerdotes menores, algo poco usual si se conoce la estricta jerarquía egipcia.

-Aquí está, sí, esto es…la ruta que seguían los camelleros para vender sus mercancías en…está borrado el nombre, pero la ruta está perfectamente trazada. ¡Olaza!-gritó a voz en cuello-copie la ruta y después de orden de partir. Tenemos lo que necesitamos, y ya no pararemos hasta que penetremos en la ciudad de la Candace.

Sor Eloísa y sor Eulalia que habían hecho amistad con Juliano y Bettino, conversaban en voz baja y ellas les traducían los gestos del cardenal en palabras asimilables, dándole significado a cada acción de él. Conformaban un grupúsculo heterogéneo que se iba fusionando a medida que el cardenal les excluía a propósito de sus decisiones, al desconfiar de su lealtad.

Entre los arbustos y rastrojos que el viento suave desplazaba, el templo de Napata, quedaba atrás. La caravana vaticana, como una serpiente de metal recalentada, se dirigía a un lugar que el hombre no había hollado desde que la última Candace había muerto en extrañas circunstancias. Un imperio el segundo en importancia de Africa se había disuelto como un azucarillo en un café, tras haber derrotado a la todopoderosa Roma, y sobrevivir a la erosión del tiempo, y a unos belicosos vecinos que nunca pudieron subyugarle. ¿Qué pudo suceder para que desapareciese sin dejar el menor rastro? Una masa de gente tan grande no se disipa en el aire así como así…algo tremendo hubo de acaecer para dar con el pueblo entero de Meroe en el polvo de la muerte.

Olaza intentaba conectarse al satélite vaticano, sin conseguirlo, y juraba por lo bajo furioso por no poder acceder instantáneamente. Había servido al cardenal Scarelli, antes que al cardenal Balatti, y conocía bien todos los entresijos de aquellos dos hombres astutos como ninguno, y ambiciosos que ansiaban aumentar su cuota de poder hasta ser los dueños ¿de qué?. No tenía claro que aquellos libros que de nada les habían servido a los anteriores propietarios, fuesen de alguna utilidad para ellos hoy en día. Se había llevado consigo al sargento Delan porque le recordaba a sí mismo cuando principiaba en la guardia suiza, y su deseo era tan solo servir lealmente al Papa de Roma, guardando su persona, de posibles atentados. Pronto comprendió que sus tareas serían muy diferentes a las que él creyó en un principio, y que las intrigas y las astutas artimañas de los cardenales serían el alimento cotidiano para quien nada sabía de todos aquellos pergaminos secretos que guardaban en el archivo vaticano, o para los objetos que según sus superiores poseían alguna clase de poder intrínseco, que les otorgaría de obtenerlo todos sus deseos como por arte de magia. Había sido testigo de cómo quedaban en nada los planes pomposos de dos de ellos, y de a donde les había conducido su ambición sin límites. Pero su deber era ahora como siempre obedecer a quien ostentaba la autoridad papal, como era el caso del cardenal Balatti.

Bordearon el curso del Nilo que serpenteaba, sinuoso, por en medio del la sabana que se entremezclaba con áreas desérticas a menudo, en una lucha sorda entre titanes. Era la manera más cómoda de seguir la ruta marcada, sin perderse en medio de uno de los confines del mundo.

Balatti dejó que su imaginación volase a tiempos pasados cuando el apenas un sacerdote recién ordenado, soñaba con ascender en el escalafón para situarse cerca del Papa, y desarrollar todo su potencial. Su rostro juvenil, y sus maneras educadas y atentas, le facilitaron el acceso a reuniones de las que extrajo informaciones útiles, para sus superiores, que cada vez más le encomendaron otras de mayor relevancia, nombrándole obispo primero, y arzobispo después, para poder sacarle mayor jugo a sus más que evidentes habilidades diplomáticas. Fue así tras largos años de vivir a caballo entre las diócesis de mayor envergadura, como llegó un día al Vaticano, el lugar donde reina el último de los monarcas absolutos en este mundo. Llegó de la mano del cardenal Martín de Leiza, que falleció muy oportunamente tres días después de su arribo al vaticano. Eso le supuso el nombramiento, apresurado de cardenal, tan necesario para el nuevo papa Juan XXIV, recién coronado en la basílica de san Pedro. El mismo tuvo que oficiar los funerales de su mentor el cardenal Martín, en presencia del flamante Papa, que le llamó a su presencia para saber si era de la misma condición que su antecesor en el cargo, y hasta donde se podía confiar en él. Un binomio indestructible nacía así de aquella dramática situación en la que se hallaban ambos.

Un brusco frenazo le devolvió a la realidad sobresaltándole.

-¿Se puede saber qué pasa?, ¿porqué frena así maldita sea?

-Una piedra, debe de ser la única que hay por aquí en diez millas a la redonda y tenía que meterse debajo del chasis. Espero que no haya afectado a la transmisión…- dijo apeándose del todoterreno. Delan.

Se metió debajo del coche, y tras enredar en las entrañas de éste, se volvió a subir con la cara sucia de grasa, y la seguridad de que no había sido sino un susto. Balatti, mecido de nuevo por el suave traqueteo, se dejó hundir en sus recuerdos aislándose del resto de los mortales. Su cerebro desmenuzaba la información que iba ordenando como piezas de un rompecabezas que fuese conformando una imagen nítida en el. Las estrellas daban vueltas en su mente, pasando como si las supervisara una a una. Conocía bien la orientación de los más afamados dibujos incas, que reflejaban la situación de estrellas concretas. Así la araña estaba orientada a la constelación de Orión mientras que el mono lo estaba hacia las pléyades.

Así que en esta ocasión conocer la orientación que habían tenido en cuenta los egipcios, sería no solo de gran utilidad, sino que, les guiaría sin errores hasta su objetivo final. Orión era junto con sirio las estrellas en torno a las cuales giraba la momificación, y la adoración de ellos…ahí habría que indagar.

El trayecto hasta Meroe, era largo y tedioso, al no haber nada que les llamase la atención. Apenas unas chozas salpicando el paisaje, y pequeños oasis casi dominados por las arenas que amenazaban con taparlos. La cubierta vegetal s turnaba con la árida imagen del desierto, en una lucha por dominar el territorio de los sudaneses, que luchaban entre sí en una guerra fratricida, que solo conducía al desastre. Vieron a lo lejos algunas hienas que en manadas les miraban con las fauces abiertas babeando sin saber si atacar o huir. Los leones con sus melenas doradas descansaban en medio de los arbustos, desprendiendo un olor acre, que molestaba desde lejos. Las leonas en cambio corrían tras unos cebúes que se distanciaban de ellas, dejándolas sin almuerzo. El espectáculo no se repitió y los pasajeros de los todoterrenos se adormilaron como amodorrados por un dios desconocido.

Los pináculos de la necrópolis de Meroe, dorados por un atardecer que encendía sus cúspides, reinaban en medio del desierto que acumulaba sus arenas sin atreverse a echar encima de éstas su peso. Amanikende, dormía en una de ellas, en espera de que un hombre llegara hasta ella, y le liberase de la maldición que la dominaba desde hacía siglos. Su momia descansaba en la número 46, junto a la de la Candace Amanitore, que fue famosa antes que ella, y que le transmitió su poder de manera que pudo introducir a sus súbditos en una era de paz y prosperidad como pocas civilizaciones habían conocido. Dentro d su pequeña pirámide se ocultaba un tesoro que de saberse, habría supuesto la destrucción de la misma. Solo un erudito, ducho en descifrar los jeroglíficos egipcios y meroítas, podría desentrañar el misterio de la erradicación d su pueblo. El sol como agradecido por el honor de ser el guardián de su persona, no se retiraba hasta que toda la pirámide había sido iluminada por sus rayos. El cielo se encendía en un anaranjado que competía con el morado en una obra de arte que el pintor del universo con magistrales pinceladas, dejaba su impronta en el atardecer. Las nubes jugueteaban con las pirámides y se escondían de su intemporal existencia, para apagarse con respeto ante Amanikende.

Los pilonos de la entrada representaban las obras de su inquilina, hablando de sus logros y del drama que se desató sobre Meroe, en un momento de la historia. Las arenas bajaban por los cinco escalones que conducían hasta la tumba real, y despejaban la entrada.

Cerca de allí unos poderosos señores de la guerra, acortaban distancias, para acceder a los secretos de la Candace. De conseguirlo, el poder de Amanikende, volvería a existir en el mundo en manos peligrosas, que lo usarían para dominar a quienes se les opusieran.

EMERGE UN MISTERIO

En el palacio Vaticano, Su Santidad Juan XXIV, se asomaba al balcón como era su costumbre a la hora del ángelus, para bendecir a los que se arremolinaban en la plaza de San Pedro. Ataviado con una esplendorosa túnica de color blanco ribeteada en hilos de oro , cubierto con una casulla roja bordada en plata, y sobre los hombros una estola con sendas cruces, aparecía como la representación de la máxima autoridad eclesiástica de los católicos que veían en él a una especie de mesías, portador de la salvación eterna.

Scarelli, investido de la dignidad papal, veía a medio cumplir sin embargo sus deseos. El hubiera deseado ser el último de los papas terrenales, ocupando la cátedra de San Pedro para siempre. Pero la intervención de Alex Craxell y su flamante esposa Krastiva, habían impedido que eso sucediese, desbaratando sus planes perfectamente trazados, por otra parte. Pero so estaba a punto de ser solucionado, por aquellos que le servían ahora que se hallaba en posesión del poder papal.

Balatti, que era una réplica suya en todo, le proporcionaría un "sucedáneo" que sustituiría al papiro negro ahora en manos de Ameneb. Desconocía la ubicación exacta de la ciudad de Amón, donde había estado anteriormente, porque él, le había hipnotizado borrando de su cerebro aquella información. De hecho hacía poco que se había podido librear de su poder que lo manipulaba a su antojo. Un pergamino encontrado en los archivos vaticanos, le proporcionó el medio de separar el poder de Ameneb de su mente, para siempre. Esperaba poder vengarse de su acción y si caían en sus manos los libros de Amón, eso sería sumamente fácil. El padre Lowzinsky, se acercó a su superior y le susurró algo al oído que inmediatamente le hizo retirarse del balcón, no sin antes bendecir a sus adeptos.

-¿Cómo dice padre Lowzinsky? Repítamelo por favor.

-Santidad Monseñor Balatti se encuentra ya en las inmediaciones de la necrópolis de Meroe. Sabe con exactitud donde excavar y que busca.

-Eso son buenas noticias relativamente…si descubre qué es lo que realmente deseo, puede quererlo para él…y eso no me beneficiaría en nada…no, debo tenerlo atado a mí como sea. Padre Lowzinsky, conéctese con él en cuanto le sea posible, y ordénele de mi parte que no abra nada de lo que hale dentro de la pirámide. Es preciso que se haga como es mi deseo, de lo contrario, todo puede ir a peor…

El sacerdote se retiró tras besar el anillo papal, y cerró la puerta tras de sí dejando al Papa de Roma más preocupado de lo que ya estaba. Scarelli se pasó la mano por la barbilla, y meditó en cómo controlar al cardenal más astuto del palacio Vaticano. Todo lo que había construido desde años atrás estaba pendiendo de un hilo tan fino que en cualquier momento podía ser cortado de manera que no se pudiese remediar el desastre. Tomó un dulce de la mesa que brillaba como metal negro, y lo saboreó con deleite. El licor que contenía se derramó en su boca, y entonces como por ensalmo, supo qué hacer con el cardenal. ¿Cómo no se le había ocurrido antes? eso era lo que tenía que hacer…¡claro!

Miró al centro de la plaza donde se alzaba el obelisco que se supone cerraba el lugar donde se halló en tiempos de la Roma antigua el pozo de Nerón según la tradición, y sonrió. Después de todo Egipto no era tan oscuro como muchos creían, sino que por el contrario, si se sabía descifrar cada uno de sus dibujos ideográficos, todo resultaba sencillo…

Salió de su despacho con prisa, y recorrió los pasillos palatinos arrastrando su túnica blanca que emitía un ruido desagradable al rozar con el suelo. Las estatuas de dioses olvidados por los hombres le saludaron al pasar por su lado, al menos eso le pareció a él. Necesitaba leer algunos escritos tan antiguos como el propio hombre en los archivos en persona, no podía confiar aquella misión a nadie, de su entorno. Su rostro reflejaba el ansia de poseer el conocimiento que le abriría las puertas de la eternidad, y no pararía hasta conseguirlo. Descendió a los archivos como el que lo hace a los infiernos satisfecho de saber cual s su lugar, y penetró en ellos siendo saludado por los sorprendidos guardias suizos que no sabían que pintaba el Papa allí.

Con sus marfilíneas manos perfectamente manicuradas, con algunas manchas efecto de la vejez, fue pasando cada hoja de un códice que nunca había sido abierto por mano alguna desde que se hallara en La Anatolia cerca de Priene. Sus ojos amenazaron salírsele de las cuencas, y leyó y releyó cada línea con la intención de grabarlas en su cerebro de manera indeleble. Abrazó el volumen contra su pecho, y Salió del archivo componiendo una imagen patética, que sin embargo poco importaba al Papa, el hombre que reinaba como monarca absoluto en el palacio vaticano. Se escurrió por el dédalo de túneles que comunicaban los distintos sectores del palacio, y entró en una cámara que nunca desde la muerte de Juan Pablo I había vuelto a ser utilizada, encerrándose en ella. Allí abrió de nuevo el códice y leyó esta vez en voz alta las letras que conformaban el código escrito que permitía el conocimiento de…

Emitió un grito que nadie oyó y se sintió con fuerzas para entrar en el mundo que se le ofrecía a él, el hombre que podía convertirse en el más poderoso del orbe si llegaba hasta él el libro negro de Seth. El polvo de las paredes y los cuadros que decoraban las mismas, parecieron vibrar ante su presencia, y supo que al fin había hallado lo que tanto anhelaba desde que comprendiera que el poder debe ejercerse desde una posición que permita gobernar a quienes confían ciegamente en quien lo ostenta.

Mil millones de almas dependían de sus decisiones y harían cuanto les pidiese en pro de su salvación eterna, para, lo cual, el estaba preparado. Eso creían al menos esos mil millones de seres que dejaban en sus manos su vida espiritual. Necesitaba comprender el significado de demasiadas cosas allí escritas, y disponía de tan poco tiempo…

El códice explicaba de labios del que lo halló para perderlo más tarde en un lugar ignorado, como manejar el contenido sin dejar la vida en el intento. Era sabido que los antiguos sacerdotes guardaban celosamente sus secretos con trampas que resultaban mortales si no se conocían las claves. Lo mismo que ocurría hoy día con las claves de los ordenadores más sofisticados, eran escrutables, para los cerebros privilegiados, pero se necesitaba más que un simple Nick, o una serie de números y letras para acceder al contenido del libro negro de Amón. En él se relataba como los sacerdotes de Amón-Re imitaron las plagas de Egipto ante Moisés, y como sus báculos se convirtieron en serpientes ante los ojos desorbitados de Faraón.

Los dilatados globos oculares de Su Santidad Juan XXIV, casi se pegaban al material de que estaban hechas las páginas del volumen. Cuando tuviese en sus manos aquella joya del poder omnímodo de los egipcios, manejaría a la curia romana a su antojo, y no habría nada que se le opusiera. Se separó de la mesa, y le dio la espalda, para librarse de la atracción terrible que ejercía sobre él el contenido del códice, y se pasó el dorso de la mano por la frente.

-Es maravilloso, pero terrible aun tiempo…no se que puede ser ese signo…un…pájaro…un búho…no se…-se lamentó paseando nervioso por el reducido espacio.

Afuera el padre Lowzinsky, se impacientaba al ver cuanto tardaba el Papa en salir de las habitaciones del predecesor de Juan Pablo II, lugar casi maldito en el palacio Vaticano desde su defunción. Nadie había penetrado en el interior de aquellas cámaras en las que habitó el Papa Juan Pablo I. La muerte del patriarca ruso ante sus ojos, y la extraña muerte de él mismo, habían dejado una huella indeleble en todos los que dormían bajo el techo del palacio de Roma.

Se acercó a la puerta de dos hojas de la cámara, para llamar suavemente, y en ese instante, el Papa Salió de golpe, sorprendiéndolo con el puño cerrado listo para golpear las puertas.

-Padre Lowzinsky,¿no se habrá vuelto comunista verdad?-bromeó el Papa.

-No, no Su Santidad, eso nunca…es que me preocupaba su tardanza…esa…

-Ya esa cámara le trae malos recuerdos, es solo una superstición, nada más no se alarme. Yo no pereceré hasta que el espíritu santo lo decida, ¿no es así?

-Claro santidad, así será si Dios lo decide. Quiero decir que...

-No se ponga nervioso padre, que le comprendo perfectamente.

Los dos caminaron juntos por el corredor palatino, Juan XXIV abrazado virtualmente a su códice como si de ello dependiera su propia vida. Los guardias suizos como estatuas de mármol blanco a juego del palacio vaticano, hacían su ronda, y cerraban el paso con su presencia varonil y seria a quienesquiera que se atreviesen a penetrar en los corredores palatinos, viendo pasar a su lado en esta ocasión al propio Papa sin que esto le supusiese una novedad. Su nívea presencia era algo cotidiano y solo que se abrazase a un libro de aquella manera les pareció extraño, él que presumía de que los libros eran el enemigo de los fieles.

LOS OJOS DE AMANIKENDE

Monseñor Balatti, llegaba por fin a las inmediaciones de la nccrópolis de Meroe, y penetraba en su recinto abierto con el deseo ferviente pintado en su faz casi de loco. Frente a la tumba real de Amanitore la más famosa de las Candaces de Meroe, reverenció su persona, y pensó como sería la reina cuyo eunuco se convirtió en cristiano de la mano de Felipe que lo bautizó en el desierto en una masa de agua, estando él a cargo de los tesoros de la Candace. Negra como el carbón seguramente su belleza cautivaba a quien se dignaba mirarle de frente, perdiéndose en el fondo de sus ojos inteligentes de mujer poderosa. La luz de la luna iluminaba los pilonos que precedían a la pirámide, y mantenían alejados a los forasteros, ajenos a su cultura. Pero Balatti era otro tipo de persona, un hombre acostumbrado a poseer cuanto deseaba sin pararse en nada que no fuese más poderoso que él mismo. El silencio pesaba en aquel lugar más que las arenas que se negaban a cubrir los pináculos con sus corpúsculos de cuarzo. Cincuenta y seis de ellas se alzaban pinchando el cielo, desafiantes, y orgullosas, como residencias finales de los reyes y reinas de Meroe.

Se adentró entre los pilonos, y palpó los signos jeroglíficos que conocía junto a Delan experto en descifrarlos. Les habló de sus hazañas, de sus construcciones más altas que las de sus predecesores, y de su muerte que solo era un paso a la vida eterna junto a sus padres y antepasados. Después salieron y buscaron la de Amanikende.

Una espléndida pirámide, en perfecto estado de conservación les impresionó al ver su altura y sus cuatro pilonos en lugar de dos. En sus paredes de piedra arenisca, se grabaron los signos que ahora le hablaban a ellos de su drama en la ciudad…no se leía el nombre bien. Un gesto de rabia se dibujó en la cara de Balatti. Aun conservaba los colores originales, y apenas raspados por el padre tiempo, mostraban la habilidad de los escribas meroítas en su labor funeraria. Como insectos gigantes los todoterrenos de la comitiva vaticana, se mantenían alejados de lo que se consideraba un recinto sagrado. Junto a ellos los guardias suizos en pie fuera de ellos, miraban ausentes sin evidenciar interés alguno en aquello que no entendían. Desenbalaron aparatos que pegaron a las paredes de la pirámide, y escucharon como auscultando su interior para saber de su grosor, de sus cavidades secretas, y posteriormente escanearon cada centímetro de piedra sin dejar nada al azar. Descubrieron una sombra sospechosa que repasaron una y otra vez, y tantearon la pared.

-¿Crees que será algo que nos pueda interesar? Parecen objetos funerarios que se depositaran con la momia en el día de su muerte.-adelantó Balatti deduciendo sin mucha precisión.-

-No creo que haya nada que nos dé una pista fiable para llegar hasta la ciudad de la Candace. Más bien creo que se trata de los consabidos encantamientos para sobrevivir en el inframundo…como tenían por costumbre los egipcios también.

-Buscaremos en cada pirámide si ello es necesario…tenemos que encontrar esa ciudad o no daremos jamás con los libros de Amón.-se lamentó Balatti, frotándose las manos nervioso.-

Alrededor de la necrópolis se alzó todo un campamento de tiendas, igloos de nylon, y maquinaria para la exploración interna de los monumentos funerarios meroítas. Los guardias suizos, con precisión absoluta, fueron escaneando cada palmo de piedra de cada pináculo hasta que dieciocho horas después, desanimados, se rindieron. Allí no había nada que les fuera de utilidad para hallar la ciudad. Fueron plegando las tiendas, guardando los sofisticados instrumentos, y poniendo a punto los motores de los todoterrenos, para partir con rumbo incierto.

Desde lo alto de una cordillera de enormes dunas, tras la pirámide de un rey sin nombre a causa de lo derruida que se hallaba, Alex Craxell y Krastiva observaron la partida del numeroso grupo romano, listos para descender en cuanto éstos desapareciesen. Habían llegado hacía tres horas a las afueras de la necrópolis, y al ver a Monseñor Balatti y sus acólitos en plena acción habían desistido de acercarse esperando que no encontrasen nada. Solo con un guía de otro tiempo se podía ver lo que estaba oculto para cualquiera que no conociera los enigmas de las Candaces, verdaderas sabias.

Los dos coches de Balatti, fueron perdiéndose en la inmensidad del desierto, dejando el paso franco para Alex y los suyos. Descendieron con cautela, con los ojos bien abiertos y con las armas listas para la defensa. Se habían apoderado de las armas que yacían en el suelo semienterradas de los desdichados guardias de fronteras, y con ellas en las manos avanzaron hasta llegar al pie de los pilonos de la pirámide de Amanikende.

La luz de medio día se derramaba sobre los piramidiones con generosidad prestándole su calor y concediéndoles la vida que perdieron como mortales, a sus inquilinos momificados. Alex, en compañía de Klug y Krastiva se acercó a los muros y los acarició como haría con un objeto precioso, para oler su aroma que desprendía residuos de algo que aun manaba de su interior.

-Huele a…no lo identifico…no lo puedo concretar, pero es algo que proviene del interior. Mira –le pidió a Klug que sonriendo se acercó colocando su nariz pegada a la piedra.

-Sí, es la señal de que se nos permitirá desentrañar el misterio de la ciudad. Es así como se sabe…no me pidas que te explique el cómo ni el porqué, pero es lo que sucede siempre que se concede el permiso para acceder al interior de una pirámide ocupada por alguien que tuvo auténtico `poder en vida.

-¿Acceder al interior de la pirámide? Pero si es muy pequeña y parece maciza…-le contradijo Alex-.

-No te fíes de lo que ven tus ojos, no sea que te pase como a ese engreído cardenal. Se abrirá para nosotros como una fruta madura en su tiempo justo. Ve sino como sucede.

Ante los atónitos ojos de Alex, Krastiva Abul y

Salah, Klug presionó en determinados lugares uno tras otro, y una sección de la pirámide que permanecía perfectamente alineada con el resto de la piedra, se abrió al contacto permitiendo la entrada de ellos a su oscuro interior. Una estrechísima escalera de piedra les condujo hasta las entrañas del monumento funerario donde una galería se ensanchaba en una sala de grandes proporciones en cuyo centro a su vez se hallaba el sarcófago de Amanikende.

Encendieron las antorchas que en sus hachones habían permanecido dormidas desde tiempos inmemoriales y la luz les reveló el esplendor de una Candace, una emperatriz de Meroe. En el exterior la losa se cerró dejando protegidos a sus invitados dentro, con un sigilo propio de una serpiente.

El tesoro de la Candace esparcido por el suelo y las paredes en hornacinas excavadas en la piedra arenisca, relucía como solo el oro lo puede hacer. Vasijas de oro adornadas con rubíes cetros de oro tallados con exquisitez, adornos de lapislázuli y turquesas, perlas a miles rebosando cofres enteros, y la corona de la Candace, sobre su sarcófago. Sillas reales y camas con cabezas del dios Apedemak y de Amón-Re, se alineaban en torno a las paredes.

La pieza principal, el sarcófago de la emperatriz, era una obra de arte refinada y que desplegaba un alarde de habilidad de orfebrería que pocos podrían imitar con éxito hoy en día. Alex acarició la pulida superficie con la palma de su mano haciendo gala de un cuidado sin igual. Miró a Klug como para darle la razón y entre los dos levantaron la tapa del primero de los ataúdes de oro. Encontraron otro de plata tan bello como el anterior y al levantarlo sus ojos vieron a la Candace como si estuviese viva. Tan perfecta era la máscara funeraria que cubría su rostro arrugado y oscurecido por el betún con el que les pintaban la faz a los difuntos en una parte de la ceremonia de la momificación.

-He aquí el rostro más sabio de Africa, y posiblemente del mundo...-dijo Alex absorto en los rasgos de la señora de Meroe.

Klug como sacerdote de Amón levantó la máscara y allí ante ellos se reveló la cara de Amanikende sin adornos, sin tapujos, tal cual era. Envuelta en tiras de lino empapadas en aceites vegetales, incienso y mirra, con amuletos entre ellas, y una diadema de oro en sus sienes mostrando su rango ante ellos.

Sus brazos aparecían cruzados sosteniendo una vara de oro con una cabeza de león que dedujeron sería el dios Apedemak, y un cetro de plata y oro con turquesas engastadas que refulgía como si fuera reciente su hechura.

El olor impregnó la cámara funeraria, y embriagó a los presentes.

-Ya os dije que se abriría ante nosotros con facilidad. Ahora le preguntaremos a sus restos a ver que nos pueden decir...no os asustéis es broma,los muertos no hablan, pero sus cosas si dicen mucho de ellos. Veamos que nos cuentan sus amuletos y sus cetros en primer lugar. el de plata es el que dice que es la Candace una mujer y no un rey que también los hubo en Meroe, y muy importantes. Mira tiene grabados interesantes acércate-le pidió a Alex con los ojos virtualmente pegados al cetro. Aquí –señaló un punto en el que el grabado daba la vuelta por debajo pegándose al cuerpo-dice...-se esforzó por leerlo-"una reina...para una vida...una leyenda...a ver si logro mirar por debajo...no, mejor darle la vuelta al cetro,-hizo que se deslizase el cilindro del cetro tras despegarlo de la férrea mano que lo engarfiaba. -Que se cumplirá con la muerte. Esto explicaría de alguna manera lo que debió sucederles entonces, pero ¿Qué fue?.

-He aquí el objetivo de los codiciosos, acumular tesoros en vez de disfrutarlos. –Filosofó Krastiva, que recorría con la vista de sus hermosos ojos el cuerpo yacente de la emperatriz que en otros tiempos gobernó media Africa, en realidad la parte civilizada, tras la caída de Egipto.

Un olor fragante, era aspirado por sus fosas nasales, de modo que la calma más extraordinaria que jamás sintiesen les embargaba. No se atrevieron a extraer la momia del sarcófago real, y pensaron en donde escondería la reina su secreto sobre la ubicación de la ciudad donde reinó sus últimos años en paz. Desde luego era lo suficientemente inteligente, como para no dejar tal información a la vista, pues seguramente era consciente de que alguien tan avispado como para dar con su tumba, como eran los ladrones de sepulcros reales, podrían dar con su cuerpo embalsamado, y abrirlo profanándola en su descanso. Por lo tanto dieron por supuesto que debería haber algo más valiosos que el oro o las perlas. Que se ocultaría en…¿dónde?

Abul, en su inocencia acarició las vendas de lino de la Candace, y tres dardos salieron disparados de un escondite en la pared opuesta. Afortunadamente, Salah se tiró en plancha y lo derribó a tiempo de salvarle de una muerte cierta. Las saetas se clavaron con sonido mortal en el lateral del sarcófago atravesándolo, casi llegando a la carne de la momia.

En el suelo, Salah y Abul jadeaban con sus rostros

enrojecidos, el de Abul a causa de la vergüenza, y el de Salah, por el miedo pasado. No habían pensado en la protección que hubieran dejado los constructores para cuidar en los siglos venideros de la Candace, aun después de muertos ellos mismos.

-A partir de ahora tendremos especial cuidado, es seguro que habrá más trampas mortales y deberemos estar alerta, sin tocar nada-miró Alex sonriendo a Abul que mantenía la cabeza baja.- No pasa nada Abul, esto es así forma parte de la aventura de descubrir tumbas bajo la pátina del tiempo.

Abul alzó tímidamente la cabeza, y le miró suplicante, esperando un perdón que no llegó por innecesario. Alex se olvidó del incidente, y prosiguió su exploración del cuerpo de la reina. El oro y los tesoros obscenamente expuestos eran en realidad un cebo para que el más preciado de ellos, no fuera descubierto, y resultasen cegados por su brillo dejando abandonado el verdadero. La sonrisa burlona de Alex Y el silencio de Krastiva que hablaba por ella, pesaban en el ánimo de sus acompañantes. Alex acarició el rostro de la Candace, y la cabeza como si estuviese viva, se movió hacia un lado, su lado derecho. Un gesto de sorpresa tomó a Alex que se retiró al sospechar de otra trampa. En el cuello de la Candace, apareció un collar de oro de exquisita factura y sencillo diseño, en el que los símbolos aparecían llenándolo por completo.

-Creo que he dado con algo de interés…-dijo entusiasmado al comprobar que era un movimiento previsto para dar a quien tuviera un gesto de ternura con la reina un premio.- aquí dice que ella reinó en un lugar donde los elefantes no llegaban a traspasar las puertas. Donde el marfil se hallaba en las calles como algo vulgar, y…a ver…está borrado por…no, no lo está. Dice que…las torres se elevaban por encima de Apedemak, inclinándose ante Amón. No aclara mucho este enigma pero nos da algo con lo que trabajar. Salgamos de aquí. Podemos llevarnos unas piezas de recuerdo, pero no demasiado, le pertenece a ella, a la Candace, de Meroe, y por lo tanto sería como robarle a ella.

Krastiva se apoderó de un collar de perlas que alternaban con esferas de lapislázuli, y cerraba con un broche de rubíes rojos como la sangre. Alex metió en su bolsillo un brazalete de oro, que tenía inscripciones de jeroglíficos meroítas, grabados con adornos de turquesas. Abul temblando aun, miró en la palma de su mano dos figuritas de plata con rubíes que parecían mirarle y se las guardó. Salah, que ansiaba proseguir estudiando en Londres introdujo en una bolsa de tela, varios collares de perlas y Klug, tan solo se guardó un cetro de oro con turquesas. El resto, digno rescate de un rey, quedó en su lugar adornando con su brillo cegador el descanso de la Candace más sabia de Africa.

Salieron a la luz del día tras pasar por el dintel que la losa permitía atravesar cerrándose de nuevo tras de sí. Una sensación de estar vivos y de poder aspirar el aire limpio que el desierto les regalaba, les llenó por completo, haciéndoles valorar la vida y la luz. La arena semejaba hablarles desde el viento que barría las dunas del Sahara con la dulzura de quien comparte el tiempo desde siempre. En el todoterreno, dejaron sus tesoros guardados bajo los asientos, y se dispusieron a salir de la necrópolis.

-Tenemos la pista que conduce hasta la ciudad, donde sabremos qué es lo que les ocurrió cuando la

Candace murió, y que fue en consecuencia del Faraón Kemohankamón.-les dijo animado Alex Craxell, que veía como todo se desarrollaba según lo previsto, algo que además le asustó.

-La ciudad debe hallarse en el límite del desierto con la sabana africana donde los elefantes llegan pero que no se adentran en el. Solo así se explica que esa frase tenga significado.

-Pero debe estar arruinada, llena de arbustos, oculta de toda posible exploración que a simple vista se pudiera hacer. –Se lamentó Klug.

-Esas torres han de mantener un poco al menos de su altura anterior, por lo que ahora conformarán colinas al ser semienterradas por tierra, arbustos como tu bien dices, y piedra y arena proveniente del desierto.

-¡Es verdad eso sí, es posible…entonces escrutemos con atención el terreno, aquí no hay muchas ondulaciones del terreno, las que veamos podrían ser las que entierran las torres. –Alegró su cara Klug que como siempre tenía frecuentes cambios de humor.

Las ruedas del todoterreno, escupieron arena al salir de la explanada que se abría ante las pirámides, dejando una estela con el dibujo de los neumáticos como sello de los "invitados" de la Candace. Una alegría recién llegada flotaba en el ambiente, y les concedía una fuerza inusitada, que les confería energía necesaria para continuar con su búsqueda, aunque a partir de aquel momento, con un enfoque distinto al inicial. Renovados desde dentro, los cinco se apretaban en el interior del coche entusiasmados con la posibilidad deber la ciudad desde la que se rigió el destino del mundo africano una vez hace setecientos años. Siguieron el curso del Nilo, hasta que avistaron la ciudad de Atbara a su orilla, como una hija fecundada por su ancestral dios acuático.

-Mirad allí es una aglomeración de casuchas y chozas con algunos edificios altos de ladrillo de adobe…parece.-aseguró Krastiva-es Atbara. Hemos de explorar por sus alrededores para dar con los restos de la ciudad.

-Hemos salido del estado de As Shamaliya, y del llamado…Nahr An nil, o estado del Nilo, para ahora adentrarnos en el estado…al Bahr Al Ahmar. Dicho esto…ya sabemos que no sabemos dónde estamos ja ja ja.-Rió bromeando abiertamente Alex Craxell que naturalmente sabía con precisión milimétrica su ubicación en el mapa del estado más grande de Africa.

-La ciudad de la Candace está aquí seguro, pero oculta por el recubrimiento que como un manto protector se echa sobre lo que el hombre deja de valorar y abandona. –Alex filosofaba con el misterio como solo un aventurero sabe y puede hacer.

Los comerciantes se arracimaban en el mercado central de la ciudad, que había perdido su encanto hacía tiempo, y dejaba escapar ese olor a olvido propio de quien no recibe turistas invitados desde tiempos inmemoriales. Sin embargo en sus puestos y tenderetes, hallaron al dejar su coche a las afueras, perfumes hechos con especias en desuso en occidente, el olor fragante de la canela, y el curry, así como el color de las mil hechuras de tejidos naturales como algodón tintado y lino gris y blanco con el que confeccionaban túnicas y vestidos con personalidad propia.

Fue Krastiva la que más se involucró en la vida cotidiana conversando por señas con los habitantes que sonreían con timidez y le indicaban los mejores perfumes y tintes para el pelo. Las risas llenaron el día que se convirtió en una fiesta improvisada. Salieron a la sabana que se iniciaba hacia el mar con un anuncio de frescor sin igual. Vieron a lo lejos unos promontorios que destacaban sobre la llanura que deja de ser desierto para convertirse en clima tropical. Se acercaron para comprobar que solo eran eso, colinas naturales sin otro interés. Se alejaron para abarcar un terreno de mayores proporciones, y fue Abul quien gritó como no lo había hecho nunca, al descubrir una colina de la que sobresalían unas piedras talladas. Desde entonces la clave identificatoria sería "Abul". Rápidamente excavaron con sumo cuidado, despejando la arena y los arbustos para ver ante sí una losa de piedra que hablaba de la Candace Amanikende, con signos borrosos y figuras de maravillosa hechura. Ante ellos el dios Apedemak habló de los tiempos de la señora del imperio negro de Meroe. Amón junto a él, extendió las explicaciones que en una mezcla de jeroglífico egipcio y meroíta, llenaban hasta los bordes las losetas de piedra negra en las que se habían conservado los signos que les conducían ya de manera inexorable, hasta la ciudad de la Candace. Klug tomó en sus manos una de las losetas rectangulares y con reverencia, la limpió de fragmentos rotos que guardó cuidadosamente en un paño, para su posterior estudio, y sopló sobre la pulida superficie que brilló como agradecida.

-He aquí la clave del misterio…-pronunció las palabras a media voz-ahora podremos penetrar en el recinto sagrado que contenía a la regia persona de la Candace. Completaremos el puzzle que comenzamos en la ciudad de Amón-Re.

Su sonrisa y el fulgor que desprendían sus ojos hablaban de su satisfacción al hallar el "mapa" que les llevaba a las puertas de la ciudad. Alex que se iba acostumbrando a ver sus cambios de humor, y a que su carácter cambiante les hiciera pensar en que tenían ante sí a otra persona, apenas le prestó unos segundos de atención antes de dirigirse a Krastiva.

-Tenemos que extender las losetas en el suelo, y examinarlas con cuidado, para entender que pasos deseaba la Candace que diésemos al entrar en su ciudad. De lo contrario, podríamos caer en trampas al estilo de las de los egipcios. –advirtió con el ceño fruncido, conocedor como era de que sus compañeros estaban ansiosos por desentrañar los misterios del reinado de la enigmática señora del imperio meroíta.

-Yo me encargaré de extenderlas en el suelo, en el orden en que las saquemos de ese amasijo de tierra y lodo en el que se amontonan. Abul me ayudará…-miró al acobardado Abul, que se mantenía obediente y discreto como un corderito, en un segundo plano.-mientras Klug y tu podéis ir descifrando los signos y Salah hacer guardia por si recibimos visitas no deseadas.

La propuesta de Krastiva fue aceptada por unanimidad, y todos se pusieron manos a la obra, desmontando la colina que el tiempo y los elementos habían colocado sobre los misterios de Meroe. Poco a poco, y con el cuidado de quien sabe lo que valen los despojos de un tiempo que murió dejando su legado a quien supiera encontrarlo y descifrarlo, fueron alineando las losetas negras al otro lado de la "colina", a fin de que no fueran vistas sus actividades desde la aldea, por algún curioso que se acercase a hurtadillas. Alex les pidió que no limpiasen sus superficies para que su brillo no les delatasen al ser tocadas por el sol.

Una larga hilera, se retorció en el suelo blando que

las recibía como a hijas deseadas desde mucho atrás. A medida que Klug las veía, las leía como quien lo hace con algo que conoce tan bien como su libro de infancia. Su voz sonaba como la letanía de un sacerdote de Amón que resucitara para leerles los conjuros de sus dioses entrando en una mística relación con él.

-Yo soy la descendiente de los que reinaron en Meroe, de los faraones que gobernaron el mundo desde Tebas, bajo el cetro de Taharqá, el señor de Etiopía y de Egipto, dueño de un millón de hombres...yo soy Amanikende-se presentaba la Candace-la Candace que reina desde los tiempos de...-se paró en la lectura-aquí está borroso, de todas formas –aclaró-sigue ...él vino a mí con sus súbditos para recibir su tributo de mis manos que yo le di con mis tesoros ...ignoro a quien se refiere, pero debe de tratarse de un poderoso señor un monarca a quien ella creía deber cierto vasallaje, nada común en aquellos turbulentos tiempos

Salah entretanto oteaba el horizonte, en busca de algún signo que le alertase indicándole que se acercaban intrusos, sin que nada le alarmase. Abul por su parte, colaboraba en colocar las losetas en orden según le iba indicando Krastiva, que parecía haber tomado el mando temporalmente. Más de trescientas losetas se alinearon en cinco filas de a sesenta cada una. Klug se paseaba siguiendo las líneas como si de un libro se tratase, cosa que en realidad eran. Sus ojos no se despegaban de sus superficies pulidas y brillantes cubiertas del polvo que el tiempo amontona sobre lo que ama. Arena, tierra, y restos de esquirlas de basalto, creaban una sensación de intemporalidad que asustaba a quien no comprendía su escritura.

-Salah, tienes que traer con cuidado de no alertar a

los lugareños el todoterreno para embarcar estas losetas a bordo de él. Más tarde –dijo al ver en su cara reflejado el temor-las devolveremos, pero ahora no podemos permanecer más tiempo en este lugar es peligroso.

Salah, obediente, aunque de mala gana, se apresuró a seguir las instrucciones que le diera Alex, y en pocos minutos estuvo de nuevo de regreso. Entre los cinco fueron colocando entre mantas, las losetas de forma que no se dañasen. Embarcaron y el todoterreno salió de allí lentamente como si se estuviesen deleitando con el hermoso paisaje. No querían alterar a los aldeanos que desde luego no comprenderían lo que pretendían hacer con su legado. Tampoco podían dejarlo allí para que cayese en manos de los salvajes que habían asesinado a los guardias fronterizos, eso era lo peor que le podía pasar a las losetas. Además ignoraban si perseguían el mismo objetivo que ellos.

Cuando estuvieron a prudente distancia, aceleraron y tomaron dirección a la ciudad que según lo escrito siglos atrás se ubicaba en las cercanías. Deberían estar con los ojos bien abiertos para "ver" lo que quedara de ella. El suelo blando amortiguaba sus cuerpos y mantenía el silencio que creaba sin embargo una atmósfera tensa entre ellos.

-Tenemos ante nosotros-rompió el pesado silencio Klug-la posibilidad de poseer el poder terrible que tenían en sus manos los sacerdotes de Amón y de Apedemak, aunque yo pienso que era Amón quien entregaba esos poderes a los que le servían y no Apedemak que aparecía en los signos por no herir a los que le adoraban. –Sugirió parcial el descendiente de los sacerdotes de Amón hijos de Nebej.

-¿Y qué crees que se debe hacer con ese poder?-

preguntó escéptico Alex Craxell- si tenemos el privilegio de hallarlos nosotros, me refiero a los libros de Amón, tenemos que saber qué hacer con ellos…

-Debemos enterrarlos lo más profundo que podamos asegurándonos de que nadie los pueda encontrar nunca.-dijo serio, y con voz tenebrosa el "sacerdote" hijo de Nebej, para sorpresa de todos.

-No lo entiendo, -preguntó con la sorpresa pintada en su faz Krastiva-¿entonces para que buscamos esos libros? Si ya están enterrados, y por lo que parece mejor de lo que nosotros podamos esconderlos…

-Deben ser utilizados una vez, nada más que una vez, a favor de…ya lo veréis-les dejó con el misterio asomando en sus labios.

Salah que no comprendía a los occidentales a pesar de haber convivido con ellos algún tiempo, movía la cabeza de un lado a otro en un gesto que indicaba que cada vez le parecía más raro todo aquello. Primero tenían un tremendo interés en desenterrar las losetas que hasta se las llevaban con ellos, para después enterrarlas en un lugar secreto donde no se pudieran volver a hallar…¡de locos!.

Abul. Que ya comenzaba a dar síntomas de integración en el heterogéneo grupo, se atrevió a dar su humilde opinión que sin embargo dejó al resto pensando en sus palabras.

-Lo mejor creo yo sería enterrarlas en la ciudad donde reinó la Candace, y dejar que el tiempo y su destino las escondan de otros ojos que no sean los que la señora deseó antes de morir que las viesen.

Alex que viajaba delante junto al conductor, se volvió hacia él y Krastiva, incluso Klug también le miraron sorprendidos por sus palabras que denotaban una espontánea sabiduría que les hizo sospechar sino sería la mismísima Amanikende quien hablase por su boca.

-Eso haremos Abul, eso haremos, no lo dudes, has tenido la mejor idea que se nos pudiera ocurrir a ninguno de nosotros, sin duda ninguna…eso era entonces-susurró-lo que deseaba la Candace, que usásemos sus libros, pero ¿para qué? ella debía saber que se produciría una situación de crisis…pero ¿Cómo era eso posible siglos atrás? Ella no era adivina ni mucho menos…¿o sí?

Los cinco aventureros se sumergían en meditaciones sin respuesta que solo las tablillas les aclararían con el devenir de los días posteriores. Un silencio se apoderó otra vez de los cinco que se apiñaban en el todoterreno medio adormilados por el suave traqueteo que les mecía como a niños en su cuna.

LOS BARCOS DE AMON

Reunidos ante el escarpado que se alzaba como una señal enhiesta en medio de la arena que luchaba con los arbustos y la hierba por la hegemonía del lugar, los soldados de faraón Kemohankamón, se afanaban por extraer de los animales de carga las herramientas necesarias para excavar una entrada a los navíos que se suponía se hallarían aun en el interior de la gruta en la que los dejasen años atrás.

Los picos y las azadas golpearon la roca blanda y como hormigas industriosas pronto todos a una hicieron un agujero lo suficientemente grande como para que cupiese un hombre por él. Un oficial antorcha en mano, se aventuró dentro de la oquedad, y alumbró la soledad de la grieta. Cuando estuvo al otro lado, pasados un par de minutos, contemplo ante sus ojos la espléndida estela de los cuatro navíos que como cisnes se balanceaban inquietos en las aguas grises a causa de la oscuridad, en medio de jirones de vapor. El calor se concentraba en la gruta y creaba un microclima que le era propicio a las embarcaciones. Conservándolas parcialmente.

Poco a poco tras el regreso del oficial, que informó con entusiasmo de lo por él visto, se apresuraron a abrir la rendija, convirtiéndola en un enorme boquete por el que fueron pasando al interior en perfecto orden todos los que estaban designados para reparar los barcos. Una fila de cien hombres con antorchas iluminaron los barcos que como sarcófagos contenedores de los tesoros de Egipto, les esperaban ansiosos por servir de nuevo a sus amos.

Bajaron resbalando por la ladera de piedras sueltas que caían a medida que ellos descendían por entre las rocas, hasta llegar a las bordas mismas de los navíos. Entraron en ellos como lo hiciesen en un templo, con el crujir de las tablazones al ser pisadas, despertando tras el tiempo que llevaban dormidas sin ser holladas. Exploraron sus camarotes, y comprobaron que si bien no tenían daños mayores, se necesitarían reparaciones que llevarían días quizás semanas, para ponerlos en condiciones de navegar por el mar rojo rumbo a Persia. La seguridad cobraba mayor importancia en cuanto que viajaba con ellos no solo el faraón y su corte sino, el pueblo entero, o lo que quedaba de él.

Allí se encontraban los sarcófagos de oro que no pudieron extraer de los barcos, y los cofres conteniendo a los ídolos de sus dioses. Una pátina de azul verdoso recubría todo lo que se asomaba al exterior, camuflándolo de manera natural. Los egipcios se afanaron en desempolvar cada parte de ellos, y devolverles el brillo perdido. Un enjambre se apoderó de las naves, embarrancándolas en la playa de piedras, para darles la vuelta y calafatearles, reparando los agujeros y cambiando las tablas podridas. El salitre y el agua habían dañado más de lo que creyeron en un ,principio, y solo la colaboración activa de todos los que componían la caravana del éxodo, consiguió que en un tiempo record, estuviesen listos para abordarlos.

La guardia real se alineó en las bordas de los

navíos para rendir homenaje al faraón de Egipto por última vez en su tierra natal, y despedirse así del territorio sagrado que los dioses no habían sabido proteger de sus enemigos. Los estandartes de la casa de Kemohankamón, caían lánguidos desde las jarcias de las naves, que tenían sus velas plegadas. Un olor a salitre y a mar, impregnaba el aire y las aguas semejaban frías losas de mármol negro al no reflejar la luz solar. Un oleaje apenas perceptible llegaba hasta la orilla de la playa compuesta de miles de pequeñas piedras que el mar iba depositando amontonándolas como desechadas por él.

Limpios y repintados, los navíos se balanceaban en el agua agradecidos como bellos cisnes que rejuveneciesen al saber que de nuevo surcarían los mares, llevando sobre sí a los descendientes de los que gobernasen el mundo antiguo. Un imperio que dominó por más de tres mil años, finalizaba su presencia en el continente africano, dejando tras de sí una multitud de misterios que nunca lograrían desentrañar por completo a lo largo de los milenios que le sucederían. Faraón Kemoh, ataviado con su corona nemes, y sus símbolos de poder real cruzando sus brazos, se mantuvo firme sin mover músculo alguno, en pie sobre una plataforma que se elevaba sobre la cubierta del barco que sería la nave capitana de la expedición. A su lado el sacerdote de Amón-Re, Ramaj y el jefe de su guardia, le daban escolta. El resto de los que le acompañaban esperaban sus palabras de ánimo y que les dijese a donde se dirigirían en aquellos navíos que tanto trabajo les había dado poner en condiciones de navegar.

Echó de menos a su fiel Nebej, que siempre sabía lo que se debía hacer en cada ocasión, y confiando en sus anteriores experiencias, habló con voz potente y pausada.

-"Pueblo de Egipto, hoy proseguiremos viaje, el viaje que los dioses desean que hagamos para preservar la raza que ellos crearon para habitar Egipto, y poder regresar como señores que reclamen su tierra, cuando ellos estimen justo hacerlo. Amón-Re guiará nuestros pasos por tierras extrañas en las que habremos de morar un tiempo."

Los ojos de todos los presentes derramaron lágrimas de dolor y se mantuvieron firmes apoyando las duras palabras de su faraón, que les guiaba a una tierra extraña pero segura.

-"El rey Cosrroes de Persia, nos ofrece una tierra donde morar en seguridad, fuera del alcance de Roma y sus aliados ahora que la Candace ha muerto."-continuó explicándoles cual sería a partir de entonces su tierra y quien se encargaría en realidad de su protección-. Allí nuestro pueblo, conocerá por fin la paz y el descanso que se nos niega en la tierra de nuestros antepasados. Ya no habremos de huir como fugitivos por los caminos arenosos de Egipto, ni temer por nuestros hijos-pensó en ese momento en sus tres hijos que se acercaban a la edad en que se le consideraría hombres adultos-La muerte se alejará de nosotros y viviremos allí hasta que los dioses se dignen traernos de vuelta a Egipto para tomar posesión de lo que legítimamente nos pertenece. Será una larga etapa, pues tan solo tenemos cuatro navíos y no disponemos del tiempo necesario para construir más. Razón por la que habremos de completar varias fases en las que se irá trasladando a secciones de cuatro en cuatro, bajo estrictas normas de seguridad.

Los súbditos que oían aquellas palabras de ánimo se sintieron estimulados a colaborar con el último de los faraones de Egipto, con la esperanza de volver un día.

Ninguno dudó en momento alguno que regresarían a su tierra cuando el peligro que les acechaba desapareciese del cielo de Egipto. Alzaron sus voces como un solo hombre para atronar el aire con sus gritos de júbilo que demostraban su fe en aquel que era ahora el señor de las dos tierras, el rey que les conducía por territorios extraños a una tierra que les daría cuanto necesitasen.

Era el momento en que el sacerdote debía evidenciar sus poderes, para mantener el orden y Ramaj, levantó sus manos hacia el cielo, musitando unas palabras en un idioma ya muerto antes de que el hombre pisase el orbe. Un viento frío y húmedo barrió la enorme gruta raspado las paredes y metiendo el miedo en los cerebros de los asistentes al acto. Los navíos parecieron cobrar vida y se removieron en las aguas como cisnes inquietos. Faraón Kemoh le miró con una sonrisa de agradecimiento en su cara, y Ramaj, sintió que era admitido en el corazón de su señor.

Los carpinteros habían realizado un trabajo digno de encomio en un tiempo record, lo que les permitió iniciar la primera etapa del éxodo a los dos días del discurso del faraón Kemoh. La guardia real, se distribuyó por los cuatro navíos y contuvo los ánimos exacerbados de más de uno que pretendía ser quien se aposentase en primer lugar. Fueron entrando en los barcos según su rango, y cuando estuvieron todos los asignados dentro, se dio la orden de partir. Las naves se deslizaron con gracia por las aguas grises y frías de la gruta como si no deseasen hacer ruido alguno, con sus velas aun plegadas y las jarcias dispuestas a desprenderse de ellas. Al salir a la luz del exterior los cuatro navíos se aparejaron de dos en dos, y se fueron alejando paulatinamente de la gruta para tomar el rumbo prescrito en las cartas de navegación de sus capitanes.

-¿Crees que todo saldrá bien esta vez amigo mío?- le preguntó faraón a Ramaj que ahora se convertía en su mejor aliado-

-Todo irá bien mi señor, nada va a derivar en desastre, los dioses están contigo y con tu pueblo, y protegerán en este viaje a sus hijos. El rey Cosrroes ha enviado a cinco de sis naves de guerra para esperarnos en mara vierto y conducirnos hasta el lugar de desembarco. Una vez en él, nos entregará un mapa y nos dotará de una numerosa escolta que nos llevará hasta las estribaciones de unas montañas en las que al parecer se abre un valle rico en naturaleza, y que produce en abundancia.

-Parece que estés hablando del Duat…-se imaginó por unos momentos el faraón el sitio en el que iban a vivir.

-Se le parece mucho lo he visto en una visión en sueños y es algo indescriptible, solo la inmensa generosidad del rey Cosrroes podía pensar en desprenderse de ese lugar de ensueño.

En aquel momento Faraón Kemoh deseó que estuviese junto a él Nebej, su fiel Nebej…y Ramaj, le leyó el pensamiento al ver su expresión.

-El está aquí contigo mi señor, no te ha dejado nunca…aunque lejos en la carne permanece cerca de ti con su mente.

-¿Acaso sabes leer el pensamiento mi fiel Ramaj?- le sonrió dulcificando así sus palabras.

-No mi señor, no hay quien pueda hacer cosa semejante, pero s el caso que cuando piensas en Nebej, mi antecesor, tu rostro adquiere una expresión particularmente dulce.

-Creo que nos entenderemos a partir de ahora como

no hemos sabido hacerlo antes Ramaj, será una hora difícil la que nos tocará vivir, y tendremos que hacer sacrificios que ahora ni pensamos sucederán…Cuando lleguemos a Persia, iniciaremos un viaje sin retorno, y en cuanto el pueblo lo sepa, pueden acaecer motines que pondrán en peligro los objetivos del viaje.

-Yo estaré ahí contigo señor, y les contendré para que todo salga según está escrito en las estrellas. No acaecerá ningún suceso terrible que frustre tus planes de llevar a un lugar seguro al pueblo.

-Por si acaso, tendré también a la guardia en alerta permanente, para que en un momento determinado nos rodee con sus armas y desanime a quien piense en ocupar el puesto de líder de este castigado pueblo mío.

Miró en torno suyo y vio a los guardias en pie con sus lanzas dispuestas y su espíritu se calmó ante aquella visión. Ellos se veían obligados a ser los que pusieran orden donde podían surgir los peligros que colocasen al faraón en una posición desventajosa. En el barco en que viajaban iban con ellos veinticinco de sus soldados que se distribuían por todo el navío en grupos de cinco. Un alto oficial de la corte les mandaba con autoridad sin permitir que se relajasen en sus tareas.

Rememoró los días en que realizó el viaje anterior en unas condiciones inimaginables con un pueblo hambriento y despojado de su dignidad sin poder hacer otra cosa que huir lo más lejos posible del tirano de la nueva Roma.Ajora tenían un orden, una guardia armada, y el reino de Saba, ya no existía pues había caído en desgracia ante Roma y había sido destruido como ellos pensaban hacer a Egipto cuando fueron conscientes de su debilidad.

Ya no se interpondrían entre ellos y su destino en Persia. Las naves surcarían el mar rojo primero y el mar abierto despúes sin estorbo, dejando una estela blanca que se iría borrando a medida que avanzasen rumbo a su mundo perdido en las montañas persas.

Kemoh vio como la enorme gruta se desvanecía en la lejanía, como si se disolviese junto a sus posibilidades de retorno a Egipto. Una gran muchedumbre quedaba en su orilla en espera de que los barcos regresasen a por ellos, y así reunirlos en las costas de Persia para iniciar el éxodo, hacia el valle que esperaba preparado por el rey de reyes a sus habitantes desde su fundación misma. Habrían de realizar muchos viajes más para agrupar a todo el pueblo, antes de perderse en las páginas de la historia.

-Regresaré con cada nave para recoger a quienes se quedan en la playa, no dejaré que se desesperen por creer que lo que busca su rey es su propia salvación.

-Señor no es prudente que te arriesgues a ser descubierto por algún navío romano y apresado, eso supondría un desastre mayúsculo, del que tu pueblo no se recuperaría ya jamás. –le reconvino Ramaj que veía un corazón rebosante de buena voluntad hacia su pueblo por parte del faraón, pero que aun tomaba decisiones poco meditadas.

Kemoh le miró con la pena reflejada en su faz y asintió por toda respuesta. Pero dentro de sí pensó en que alternativas eran las que se le ofrecían para demostrar su preocupación por sus súbditos. Si él y el sumo sacerdote eran imprescindibles, alguien de rango similar debería estar al frente de los barcos para efectuar el traslado a Persia. Un alto oficial de su corte le representaría dignamente, creyó el señor de las dos tierras. Se retiró a su cámara, y su manto dorado se hinchó de aire como si se fundiese con las velas que comenzaban a caer de las jarcias desplegándose. Las bellas líneas de los navíos se mezclaron con el azul verdoso de la aguas, trazando una línea recta en medio del mar rojo bajo el cual un mundo de colores se les presentaba cuando el mar se calmaba.

En la cubierta inferior en cinco filas y sentados, se apiñaban los pasajeros que tenían el privilegio de ser los primeros en emprender el éxodo junto a su faraón. A su lado en cofres y hatillos llevaban consigo sus pertenencias más preciadas, y compartían sus anhelos con quien se situaba a su derecha e izquierda. Las voces creaban un murmullo singular que llenaba el espacio bajo el puente. Soldados de la guardia del faraón se sentaban en cada escalera de acceso a la cubierta superior por parejas con sus piezas de armadura brillantes y sus armas dispuestas para cualquier emergencia.

Los días se sucedieron lentos y en un par de ocasiones hubieron de ejercer paciencia pues el viento dejó de soplar y la calma chicha, les puso a prueba. Cuando escucharon por fin el ruido de las velas al hincharse, un grito ascendió al cielo junto con las plegarias de los más ortodoxos que creían que los dioses quizás no estaban de acuerdo con que ellos sus elegidos, abandonasen Egipto. A babor y a estribor acomodados en las barandas junto a los cabos amarrados a ellas, se podían divisar las orillas a lo lejos del continente africano y de la península del Sinaí. Eran una barrera que les cobijaba como una madre hace con sus hijos, dándoles confianza y protección. Pero cuando dejasen atrás aquellos muros de tierra que les daban referencias, sus almas se sentirían inquietas y se perturbarían en gran modo, pensaba el señor de las dos tierras.

Día tras día Kemoh ahora convertido en el báculo de

Re, departía con su sumo sacerdote Ramaj, sobre los detalles del viaje, y dejaban que sus sentimientos de miedo e indefensión quedasen en un segundo plano. Los pasajeros se comportaban como el no esperaba que lo hiciesen, y eso les daba la tranquilidad necesaria para continuar sin que nada se les opusiera.

Los navíos enfilaron el mar abierto y estando aun en la desembocadura que les abría el paso, faraón ordenó echar el ancla para que todos pudiesen despedirse y llorar a la tierra que dejaban donde descansaban sus ancestros y sus dioses. Por las escaleras todos los que viajaban en los barcos ascendieron, y respiraron el aire fresco de la mañana pues eran dos horas pasadas del alba. Como una hilera de hormigas se fueron situando en las bordas, y alzaron sus brazos al cielo donde reinaba Re para implorar su protección para ellos y sus difuntos que quedaban a su merced en Egipto. El sacerdote Ramaj y diez de sus acólitos ataviados con túnicas blancas de lino fino, y cabezas afeitadas, oficiaron los rituales correspondientes y ofrecieron incienso y especias olorosas traídas de los lejanos reinos de los confines del mundo, para aplacar su ira. Cuando terminó el ritual todos descendieron resignados a sus puestos en la cubierta inferior cabizbajos y tristes.

Los navíos se deslizaron con el dolor en sus tripas, abandonando el mar rojo para adentrarse en las aguas profundas y frías del gran mar. Las velas llenas del viento del norte, empujaron a los crujientes armazones egipcios cuyos pasajeros se llenaron de inquietud y miedos a lo desconocido como les sucede a los niños cuando cambian de casa y de ciudad. Una línea blanca que ellos no podían ver se dibujaba en el mar como la estela de un cometa que se borraba tras de sí protegiendo su huida hacia su paraíso final. Cuatro cisnes hinchados con el orgullo de Egipto y la carne de su pueblo que en el vientre de las naves, semejaba un nacimiento de una nación poderosa en conocimientos y artes que se negase a desaparecer, como así era.

EL CODICE EGIPCIO

En el palacio Vaticano, el Papa se comía virtualmente las páginas del códice que hallase, noche tras noche sin permitir que ninguna otra obligación interfiriese en su análisis de las palabras que le llegaban desde un tiempo que había muerto hacía miles de años. El padre Lozinsky preocupado había decidido acudir en pos de ayuda para el Santísimo padre, pero ignoraba quien le era fiel y quien no, razón por la cual no se decidía por ninguno de los cardenales para tal propósito. Si se topaba con uno de sus enemigos el mal sería mayor, y si aun encontraba a un amigo de Su Santidad, no sabía si le prestaría demasiada atención cundo supiese de que se trataba el asunto en cuestión.

El padre Lozinsky recorrió los pasillos palatinos con la prisa en sus piernas y la preocupación amartillando sus sienes, en las que las venas se hinchaban con el riego sanguíneo. De pronto como una luz que se abriese paso en su mente, su cara se iluminó y se paró en seco. ¡Cómo no se le había ocurrido antes! El arzobispo de Sevilla Monseñor Julián de Arión se encontraba en Roma en espera de ser recibido por Su Santidad en audiencia privada. Se hospedaba como de costumbre en el palaccio di Contiere, muy cerca del castillo del ángel. Una llamada del hombre de confianza del Papa no le resultaría desagradable a pesar de que la hora no era la mejor,¿ o quizás si?. Se encaminó a su despacho, y marcó el número del palaccio di Contiere. Un secretario de Monseñor de Arión acudió presto en busca de su señor para comunicarle que se le requería en el Vaticano de in mediato. El arzobispo se vistió con toda la rapidez que le fue posible y se metió en la limusina que lo esperaba en el portón de la antigua fortaleza de una de las familias romanas más poderosas de antaño, reconvertida en palacio ducal en el siglo XV.

El padre Lozinsky satisfecho de haber hallado a alguien confiable para depositar sus temores esperó acompañado de dos guardias suizos que eran de su absoluta confianza, en la puerta lateral que daba a los jardines del palacio vaticano. Monseñor Julian de Arión llegó seguido de su secretario que a duras penas conseguía mantener su ritmo. Los cinco se adentraron en el dédalo de corredores que agujerea el Vaticano y los dos soldados se quedaron haciendo guardia ante las dos hojas que les separaban del despacho del padre Lozinsky. Dentro éste le confiaba sus miedos al español, y dejaba que le aconsejase sobre como obrar con Su Santidad.

-Es una cuestión delicada, posiblemente su santidad sepa muy bien qué es lo que hace, pero deberemos controlar sus movimientos con las debidas precauciones, sin interferir a menos que veamos que su mente desvaría. – Se decidía a prestarle su ayuda al padre Lozinsky sin comprometerse demasiado de momento.

-Le agradezco a su eminencia su inestimable ayuda en este asunto tan delicado que atañe a toda la iglesia.

-No supone para mí sino un privilegio el servir a Su

Santidad en este asunto, como lo hago en otros. Será sin embargo necesario que estemos lo más cerca posible del Papa a fin de no quitarle ojo de encima, y rodearle en caso necesario de la ayuda pertinente.

-Eso supondrá que desde este momento su eminencia deberá hospedarse bajo el techo del vaticano…no sé si esto será del agrado de su eminencia-le propuso a sabiendas de lo poco que le gustaba el cambio de residencia al español, que había rechazado en el pasado todas las invitaciones que el mismísimo Papa, el anterior a este, le había hecho para incluirlo en su reducida corte.

-No se preocupe padre, me trasladaré de inmediato a las habitaciones que se me asignen en el palacio Vaticano a fin de cumplir mejor con la tarea que resulta más necesaria en estos instantes. Daré orden de que traigan mis cosas por la mañana y me instalaré donde a usted le parezca mejor.-El arzobispo de Sevilla pensaba con gran rapidez de reflejos en cómo afectaría aquello a su estatus en el Vaticano, y que podría sacar de beneficio para su archidiócesis. De momento su presencia sería tomada por sus compañeros como algo a tener en cuenta, dado lo reacio que había sido a compartir techo con ellos. En el palaccio di Contiere, tenía una buena amiga en la duquesa María di Contiere que le profesaba una rendida admiración. El sabía que allí se encontraba a salvo de las intrigas palatinas del estado Vaticano, y se sentía relajado. La duquesa había conjurado en varias ocasiones más de una intriga destinada a apartarle de la curia cercana al Papa.

Su Santidad Juan XXIV, leía con interés las palabras escritas en los pliegos de pergamino que se abrían ante él como fruta madura. Había aprendido a descifrar algunos de los signos con el repaso continuo de las notas en griego y latín que se amontonaban en los márgenes para no olvidar quien lo leyó antes que él, qué deseaban los antiguos egipcios sacerdotes del dios Amón en sus escritos crípticos.

-Aquí estás –hablaba en voz alta consigo mismo-por fin se lo que me quieres decir hijo de Amón…con este conjuro sabré como defenderme de una trampa que sin duda me llevaría a la muerte.

En los gastados pergaminos que olían a una mezcla de descomposición lenta y cuero viejo, se desgranaban los secretos mejor guardados de los sacerdotes de Amón para conseguir que sus fieles les, prácticamente adorasen. El miedo hacía que su fidelidad cuando eran enviados a la guerra les sirviese de potente droga al saberse o mejor dicho creerse protegidos por la fuerza y el poder de los sacerdotes de su dios.

La tercera parte del botín era depositada a los pies del ídolo de Amón-Re, para agradecer su apoyo en la guerra contra sus enemigos, y si esta fallaba los sacerdotes les acusaban de falta de fe en la victoria y les acallaba. Así fue como se construyeron los enormes templos de Karnak y Luxor. La tierra de los dos reinos y las dos coronas prosperó como ninguna otra para después sumergirse en el caos que la llevó a la decadencia.

El Papa de Roma, consumía las horas libres que poseía, demasiado pocas para su gusto, en adquirir el conocimiento que le llevaría a ser el más poderoso de los Papas que habían ostentado el trono de Pedro. Ya había desentrañado el contenido de cuarenta páginas y necesitaba un descanso para no enloquecer con la enorme cantidad de signos y letras que se entremezclaban en su cerebro como un laberinto que le impidiese por el momento saber cómo usarlo. En las habitaciones del difunto papa Juan Pablo I, a solas consigo mismo, casi adoraba el códice que se le mostraba deseoso de concederle sus más escondidos deseos de poder.

En cuanto conociese el modo de usar aquello que ya le era familiar, se encargaría de renovar la curia romana, y colocar en su lugar a sus más confiables servidores, para controlar por completo el estado del Vaticano.

EN PERSIA

En otro tiempo y lugar, el sacerdote Ramaj precintaba los dos libros uno separado del otro, en un intento que con el devenir de la historia resultaría vano, para enterrarlos en lo más recóndito que la madre tierra le regalaba para que no cayesen en poder de quien deseara resucitar aquel maldito poder, que causaba el desastre allí por donde algún ambicioso lo lograba descifrar. Su temor era que alguien le descubriese ocultándolos y los desenterrase para obrar a su antojo. Razón por la que esperó a que la noche cubriese con su oscuro manto el cielo, y se alejó entre las rocas de la playa en la que habían desembarcado hacía dos días y se perdió entre los bajos acantilados que se adentraban en el interior de la Persia de Cosrroes. Divisó en una oquedad un agujero que parecía no tener fondo y lo iluminó con su antorcha. La oscuridad no dejaba ver el final del agujero y para ver lo hondo que podía ser lanzó una moneda de cobre que no oyó sonar. Sonrió y tras alzar el primero de los libros rezó a sus dioses y lo dejó caer. Iba a hacer lo mismo con el segundo pero se lo pensó mejor y se lo levó en espera de hallar otro sitio al que confiar su custodia. No quería correr el riesgo de que si era encontrado, fueran los dos y no uno solo los que saliesen a la luz. De regreso al campamento que temporalmente se alzaba en la playa arropado por el sonido de las olas al estrellarse contra las rocas que se sumergían vez tras vez bajo la espuma que producían, metió el libro de Seth en un baúl de madera de cedro que llenó de ropa vieja, y se durmió echado sobre el jergón de lana que tirado en el suelo de su tienda, le ofrecía un pobre recostadero.

La tierra del Nilo quedaba ya perdida en el lejano

horizonte, que se unía al mar en un abrazo tierno y cruel a un tiempo. Por delante quedaban las etapas que concluirían con su llegada al territorio que les cedía el rey Cosrroes, para ofender así a Roma demostrándole su poder. Ahora él era el poder máximo entre el pueblo egipcio, que dependía de sus arengas, y cuidados.

En su tienda Kemohankamón, soñaba con el lugar al que se dirigían para descansar del acoso de Roma, y de la maldición que se abatía sobre las tierras de la Candace de Meroe. Entre las montañas, una ciudad creada por manos persas al modo de los egipcios, se escondía de los ojos que desearan visionarla, de modo que como una novia vestida para la ocasión, anhelaba ser tomada y habitada por sus destinatarios, que como el novio, se acercaba para hacerla suya. Mil hogueras ardían en la costa de Persia desprendiendo el olor de los exiliados al aire frío de la noche. Como un círculo estelar que se adhiriera al manto de la noche, con la mismísima Nut. Un dios de oro en medio del campamento, brillaba con el aura de la inexistencia que sirve tan solo para admirar su hechura. Reflejaba las llamas, casi confiriéndole vida. Ramaj dormitaba en la tienda cercana a él, y preparaba en su mente, lo que iba a necesitar en su largo camino hacia las montañas. Allí un templo en honor de Amon-Re, cobijaría sus estatuas de oro fundido, y reiniciaría sus ritos secretos, para convertirlo en centro de sus obligaciones sacerdotales.

Los soldados de guardia en sus puestos, rígidos y temerosos de un ataque desde el interior, oteaban escrutando los jirones de oscuridad en un intento de definir sus sombras. Una delegación persa llegaría en cualquier momento, y se uniría a la comitiva egipcia para escoltarles hasta lo más profundo de su territorio, allí donde nadie se atrevía a morar.

La corte del rey Cosrroes la más lujosa del continente asiático, rendía pleitesía a su rey de reyes, revestido de la dignidad real, que en medio de su campamento, con su túnica de oro se paseaba como si lo hiciera en los jardines de su palacio, en compañía de sus mujeres e hijos que le seguían como hipnotizados por su personalidad abrumadora. Había salido él mismo a recibir al faraón de Egipto con un pequeño ejército de diez mil hombres, con sus armas brillantes al sol, y sus nobles ataviados con sus mejores galas, luchando por permanecer cerca de su señor.

Los estandartes de sus dioses y los banderines que delimitaban a los distintos regimientos de soldados de distintas naciones bajo su cetro, pinchaban el cielo con sus tallas. Apenas a veinte millas de distancia, se preparaban para el encuentro histórico con el último de los faraones.

-Dime consejero, ¿Qué crees que se debería hacer respecto a nuestro real invitado? ¿crees que algún día resurgirá Egipto? sería un gran aliado para defendernos de los arrogantes romanos.

-Dudo mi señor, que resurja de la nada, pero con tu ayuda esto no sería tan difícil…todo reside en que se tenga la sabiduría suficiente como para que este pueblo humillado, se reproduzca hasta alcanzar la capacidad de producir un poderoso ejército, que apoye con fuerza tus proyectos expansivos por Africa y Asia.

-Eres en verdad el más sabio de mis consejeros. Haré eso que me dices y lo haré cuanto antes, de acuerdo con el faraón. En la tierra que les cedo podrán multiplicarse sin estorbo, y obtendremos un nuevo y nutrido ejército con el que plantar cara a Roma. Ya se han llevado un buen susto con la derrota a orillas del rio Eufrates que deben estar rumiando en su retirada camino de su orgullosa capital. La mano enjoyada del rey de reyes, se movió en un gesto de cansancio y dos servidores le acomodaron en una silla de grandes proporciones que ocho esclavos transportaban sobre barras de oro. Sentado como lo haría en un trono, se dispuso a pensar en el próximo movimiento contra su secular enemigo, Roma. En su avance por Anatolia y la provincia de Siria que lindaba con Palestina, se habían observado grandes partidas de romanos incluso una legión bien provista de armas y pertrechos que le podría poner en dificultades si atacaba sus posiciones. Era necesario tomar precauciones para que al sentirse fuertes no se envalentonasen y les causara problemas en sus fronteras. ¡Tenía que echarlos de aquellas tierras como fuera!.

Los nobles que se alineaban en su corte como rémoras aportaban sus soldados como sátrapas que anhelaban ascender en influencia y poder ante el rey, para desbancar a sus contrincantes. El lujo de sus comitivas rivalizaba en algunos casos con la del mismo rey y este conocedor de sus intrigas y deseos, les manipulaba a su antojo. Desde el gran Darío ningún otro había gozado de su poder en la tierra. Desplegaba sus tropas en casi treinta naciones que le aportaban mercenarios para sus siguientes conquistas en tierras que limitaban con el Indo. Más allá de ellas, hombres de ojos rasgados y color amarillento, se resistían a formar parte de su imperio, y es que ellos más viejos en sabiduría y numerosos en hombres de armas, conformaban un imperio que se dividía en reinos aliados entre sí contra extraños a sus costumbres.

Tras la batalla de Calínico en la que el nuevo César de la Roma de Bizancio Justiniano salió humillantemente derrotado, su ejército no tuvo ya rival y tomará Antioquía (540) y el territorio largamente disputado por Bizancio de Siria. El rey Cosrroes I se siente poderoso en verdad, y se dedica a reglamentar los impuestos y leyes de su inmenso imperio, que se establece como una dinastía, la Sasánida, de la que ´´el será el primer gran emperador. Faraón Kemoh, está a medio camino de su campamento, y el rey se dignará a avanzar a su encuentro, para no humillarlo, y ganarse así su confianza eterna. A lo lejos cuando la ostentosa comitiva real de Persia se pone en camino, divisa el ejército egipcio que llega hasta él. Sus lanzas brillan al sol como plata fundida, y a su cabeza avanza el faraón Kemohankamón, que se alza erguido en su caballo enjaezado con plumas vistosas de colores y ricas telas cubriendo su montura. Tras él van cinco carros de guerra y mil hombres de armas que le acompañan dándole honra y demostrando su procedencia de una nación poderosa otrora.

El faraón se distancia de su gente y el rey Cosrroes hace otro tanto sobre su caballo, decorado con armadura plateada, que lo recubre por completo, hecha de escamas. Ambos reyes se encuentran en la llanura arenosa, y se toman de los antebrazos en saludo fraternal. Relinchan los equinos, y patean el suelo nerviosos al no reconocer el olor de los extraños.

-Bienvenido señor de las dos tierras, no temas ya a tus encarnizados enemigos que recorren el amargo camino de la derrota rumbo a su tierra de la que nunca debieron salir, para lamerse las heridas infligidas por mi gente en las orillas del Eufrates.

-Pocos son mis hombres de armas señor de Persia, y te agradezco en su nombre tu generosa oferta que acepto como hermano que te considero en estos tiempos turbulentos y terribles.

Uníos a mi comitiva y descansad de vuestro largo viaje. Más tarde mis guías os conducirán a la tierra en que una ciudad ya terminada os espera para que viváis en paz sin ser molestados por nadie.

El rey de reyes regresaba a su comitiva y el ejército egipcio, se unía a ellos como si los dos se convirtieran en uno, sin que ni tan siquiera la historia supiese de tal alianza en tierras de Mesopotamia. El oro de Persia y el oro de Egipto en uno solo, tras las guerras que asolaron a los dos colosos de antaño, por la disputa del territorio que el padre tiempo entregaba al fin a Persia la Persia Sasánida de Cosrroes I.

EN EL DESIERTO DE SUDÁN

Dejando atrás el wadi Amur, y siguiendo siempre hacia el norte-este, Alex Craxell trazó una recta lo más derecha posible en las arenas del antiguo imperio de Meroe. Su destino era ahora el golfo que abre al mar en Dunqunab. Allí deberían hallar algo que les revelase de manera definitiva el enigma que iban desentrañando a pedazos según avanzaban por los territorios de la candase. Llevaban atrás las losetas que bailoteaban al son de la marcha, desesperando a Salah que veía como se descomponían los tesoros hallados en el apilamiento terroso que encontrasen cerca de la aldeucha.

-No te alarmes no se dañarán en absoluto, las necesitamos enteras y después las enterraremos por un tiempo, antes de entregarlas a las autoridades de Sudán. – Le tranquilizó al ver como volvía la vista hacia el cargamento de losas con escritura impresa en ellas desde hacía siglos-. Por lo que he podido ver en una de las líneas, parece que salieron los restos del pueblo egipcio de algún lugar en la costa resguardado de la vista de enemigos a los que ya no eran capaces de hacer frente. Descansaremos a la caída de la noche que ya está cerca y las extenderemos para confirmarlo.

El todoterreno trotó por las arenas levantando nubes de polvo de cuarzo, y se paró en espera de que el sol huyera del cielo y se sumergiese en el submundo de Apofis. Cuando la luna hizo su aparición estelar, descargaron las losetas y las extendieron en la aun caliente arena, sobre unas mantas. Las hileras de a tres fueron siendo leídas despacio como deleitándose con ello.

-Aquí dice que el último faraón se acogió a la espera de…no, no puede ser eso. A…la misericordia, si, eso quizás sea…a la misericordia de …está borroso, pero diría que es un nombre real. ¿Qué te parece a ti Krastiva?

La rusa se acercó y leyó atentamente, para con una lupa aumentar los signos y ver algún rastro dejado de letra o signo que no estuviese borrado del todo.

-Yo diría que sí, que es…parece una A…creo que hemos dado con lo que buscábamos pero habremos de tener paciencia. Han pasado muchos siglos y debemos dar gracias a que no está todo destruido.

Bajo las tintineantes estrellas, en medio de la inmensidad del desierto sudanés, la escritura de un imperio que desapareció por completo tras dejar su impronta en la historia, desplegaba sus conocimientos en el suelo por el que un día el faraón Kemoh vagó en busca de una alternativa para su pueblo amenazado por el poderoso Justiniano, que se extendía como una plaga por el mundo recordando la tiranía de Roma, y confiriéndole vida a la bestia que era el ejército de Bizancio. Alex y Krastiva ayudados por Klug, que demostraba saber qué era lo que tenía enfrente, desentrañaban los secretos que un día fueron asuntos conocidos por el pueblo en general.

-Las lanzas de…una…no sé que pone en esta parte de la loseta se encuentra en muy mal estado.-Avanzó Alex antes de que Krastiva y klug se acercasen para examinarla.

-La periodista rusa, se ató el pelo en una cola de caballo, y se inclinó ante la loseta con infinita paciencia, y releyó cada signo, para deducir por el contexto qué era lo que quería transmitir. Para ella descubrirlo suponía un reto que superaba cada día junto a Alex que era en realidad el experto en aquel tema.

-Yo diría…que se trata de un símbolo que se refiere a un edificio, ¿un palacio quizás?-le miró pidiéndole ayuda.

Alex en cuclillas, tomó de su mano un pedazo que estaba suelto de la parte principal de la loseta y se concentró en él. En efecto era algo así como un cartucho del tipo de los egipcios, pero unido a un cuadrado y dentro tres signos iguales, tres ibis. No estaban bien definidos, pero aquello marcaba de alguna manera la ubicación de un palacio o de un templo en su defecto.

-Podría tratarse de la ciudad de la Candace, pero no debemos hacernos ilusiones, también puede ser un centro religioso como el de Napata, incluso otro desconocido por nosotros.

-Pues yo creo que hemos dado al fin con la situación de la ciudad que andamos buscando sino, no tendría razón el esconder esas losetas con tanto cuidado.-Aventuró Klug, que hasta ahora había sido el menos entusiasta.

Alex Craxell sonrió y no respondió, prefería que la moral estuviese alta a que la indiferencia se apoderase de ellos y la apatía hiciese mella en su ánimo.

-Es hora de situar esa ciudad en el mapa y enterrar esas losetas en lugar seguro hasta que las podamos trasladar a un museo en Jartum. ¡Como habían cambiado sus expectativas respecto a los objetos hallados en Sudán…en otros tiempos se hubiese apropiado de ellas y las hubiera vendido al mejor postor en alguna subasta clandestina. El Papa de Roma le había provisto de medios generosos para la búsqueda y no necesitaba dinero como en otras ocasiones en las que lo crematístico primaba ante cualquier otra previsión.

Entre Alex y Krastiva, a los que ayudó Salah cargaron en el todoterreno las losetas .Entre tanto Abul y Salah se encargaban de preparar café para calentarse todos un poco, pues la temperatura comenzaba a bajar de un modo espectacular. Klug que se encontraba con uno de sus cambios de personalidad tan habituales en él que ya no extrañaban a ninguno de sus compañeros, comenzó a explicarles el porqué de aquellas losetas y la razón por la que él creía que fueron ocultadas.

-Es más que posible que al ver que la ciudad se iba quedando sin habitantes el sumo sacerdote pusiera por escrito los sucesos que se describen en ellas, y los escondiese en lugar seguro, quizás como una advertencia para posteriores ocasiones en a alguien se le ocurriese poblar esa zona maldita por la muerte de la Candace. Si es como yo supongo, entonces estamos más cerca de lo que creemos de su centro de poder, la ciudad de la señora de Africa.

-Eso querría decir que si nos esforzamos un poco más entraremos bajo el dintel de la muralla en pocos ¿días?, ¿horas?...salgamos de esta trampa de arena de momento, y veamos qué hemos de hacer para conseguir ese objetivo. –Le preguntó de manera retórica Alex.

Abul y Salah se les acercaron con dos termos de café y les pusieron en las manos unos vasos de plástico para que hiciesen un descanso mientras dilucidaban sobre qué hacer.

-Por lo visto esas losetas-eran la máxima prioridad de Salah-son más importantes de lo que parecía en un principio.

-Así es Salah, nos conducen directamente a la ciudad de la Candace, y hemos de llegar antes de que esa tropa de salvajes lo haga para dejar su violenta huella en ella. ¿Comprendes?

-Sí, comprendo, le respondió Salah, retirándose.

-Y ¿yo que puedo hacer para ayudar?-inquirió Abul que se veía impotente hasta aquel momento por no poder colabora de una forma u otra.

-Tu momento llegará considera que eres nuestra reserva de energía algo realmente importante hijo.-Le trató paternalmente Alex pasando su brazo por el hombro del muchacho.

La sonrisa de Abul le devolvió a la realidad y Alex tras revolverle el pelo, y simular golpearle en un dos-uno de boxeo, le ayudó a embarcar en el todoterreno para escapar de la nada que reinaba en aquel desierto, los cinco compañeros de búsqueda. El reloj les marcaba el tiempo con un tic-tac imaginario, que no daba tregua.

El motor ronroneó como un gato, y tierra y piedrecillas salieron despedidas a causa de la potente tracción trasera del auto que se deslizó sobre ella con rapidez. Como una mota de polvo en medio de una alfombra, de césped verde oscuro. La ciudad de la Candace estaba muy cerca, tanto que la podían casi oler. Miraron con atención todo en derredor para escrutar el terreno en el que se movían, y no perder cualquier pista que les indicase que habían llegado a su meta.

Abul, abría sus ojos negros como esferas brillantes que se adaptaban al medio ambiente, como diseñados por una mano maestra, para que nada pasase inadvertido a ellos. Su pelo ensortijado hablaba de unos ancestros que cruzaron con sus caravanas el desierto y la sabana en largos recorridos cargados de especias y marfil, con telas de rica hechura y oro de Nubia para adquirir materias primas. Quizás por eso abul detectó una protuberancia en la nada misma, y gritó en su lengua materna con entusiasmo.

-¡¡Allí!!,¡¡allí!!está allí. Lo veo. Es una duna que no encaja con el resto es algo cubierto de arena…

Alex miró en la dirección que le señalaba Abul, y volvió la vista hacia Krastiva, con un encogimiento de hombros que evidenciaba su incapacidad para ver lo que sin duda Abul divisaba con sus ojos acostumbrados al desierto abrasador.

-Yo…no veo nada Abul…¿Dónde?-dijo Krastiva

-Allí, entre aquellos bultos que crecen entre las dos dunas que se cruzan,-le indicó con el dedo delante de su cara.

-Yo veo otra duna, ¿de verdad crees que es diferente a las demás? no es que dude de ti, pero mismos ojos no son como los tuyos que día a día ven cosas que los occidentales no podemos ver, ¿comprendes? –trató de explicarle para no herir su sensibilidad.

-Sí, pero mira más atentamente y lo verás cómo lo veo yo…

Krastiva hizo lo que le pedía y poco a poco las dunas le entregaron su secreto, para que viese la diferencia entre las dunas que se elevaban entre la tierra verde y los arbustos y el bulto que no encajaba entre ambos. El paisaje mezcla de sabana y desierto engañaba a quien no sabía mirar. Unas piedras sobresalían debajo de unos arbustos que crecían ladeados y parecían ir a caer en cualquier momento. Alex se acercó y se pegó a Krastiva, sintiendo la tibieza de su cuerpo contra su hombro. Ella se volvió y le sonrió con complicidad. No tardó en ver lo que para Abul resultaba tan evidente.

-Pues es verdad, se ven como escombros saliendo de debajo del montón de arena y arbustos. Vayamos y examinémoslos.

El sudor comenzaba a hacer su aparición y bajo los brazos de Alex se marcaron unos cercos húmedos, que al poco tuvieron su réplica en los de sus compañeros. Los cinco transpiraban y se secaban el agua que escapaba de sus cuerpos, con el dorso de sus manos. Bebieron de sus cantimploras y se acercaron en círculo hacia el lugar. Abul se quedó algo atrás y esperó a que Alex sacase los primeros restos, no deseaba estropear nada tan valioso como las, losetas que transportaban en el todoterreno. Aquello debía ser de mayor importancia y quizás incluso fuera una entrada a la ciudad de la Candace. Krastiva tiró suavemente de un extremo de algo que parecía una vara de metal y parte del promontorio se desmoronó ante sus ojos, como tierra fresca.

-Lo siento, esto está como…como si alguien lo hubiera tapado recientemente con escombros de adobe y ramas. Esa era la razón por la que veíamos como los arbustos parecían crecer de lado. Es que los han colocado sobre los restos a propósito.

-Los nómadas que pasan por esta zona son muy supersticiosos puede ser que lo cubriesen para no despertar a los espíritus malignos de la sabana que muera cerca de este lugar.-Dijo Abul, que lo había leído en sus libros en la ciudad copta.

-Eso tiene sentido…sí, creo que se acerca mucho a la realidad.-le apoyó Alex Craxell.

Durante los siguientes cuarenta minutos, sacaron de bajo los improvisados escombros, dos objetos alargados de metal oxidado, que enrollaron en tela y depositaron en una bolsa de piel flexible. En el suelo un agujero de un metro de diámetro, les mostró una oscuridad impenetrable, que parecía descender hasta los confines del averno mismo.

-¿Puede ser que hayas acertado amigo mío? Esto parece una entrada a alguna parte, a donde no lo sabemos vamos a ver si la ensanchamos de alguna manera. Alex con el nerviosismo típico en él cuando descubría algo de relevancia, se aprestó a excavar con una paleta que le pidió a Abul, que transportaba el instrumental de Alex ,siempre en una bolsa de piel marrón, desgastada por el uso. La buscó dentro con las dos manos de rodillas sobre el suelo verde amarillo, y se la entregó con una sonrisa. Era el que había hecho el descubrimiento del sitio, y eso le engrandecía a él que hasta hacía poco miraba al suelo tímidamente sin atreverse a decir palabra.

El agujero se agrandó considerablemente, y unos escalones de piedra tallada les pidieron con su sola presencia que bajasen a su reino escondido de los avarientos ojos de los que buscaban sus tesoros sin hallarlos jamás.

-Tenemos que bajar y dejar la entrada disimulada para que no nos sigan.-Les sugirió Alex a sus compañeros temiendo que se negasen a bajar por aquel agujero oscuro y siniestro que no sabían que les depararía más abajo.

Salah, blanco como la cara se negó a abajar, y miró a Alex como temiendo su reacción.

-Prefiero quedarme y guardar el todoterreno y las losetas que tenemos a bordo de él.

-De acuerdo-le sorprendió Krastiva adelantándose a su marido en darle una respuesta-quédate nos vendrás más que bien guardando la entrada. Me quedaré más tranquila en ese sentido.

Alex, Abul y Klug, que no había abierto la boca, se miraron y asintieron dando así su beneplácito en aquella cuestión. Alex se dio la vuelta y de espaldas se metió en la hendidura desapareciendo tragado por ella al poco. Tras el bajó Klug que a duras penas pudo caber en el para él, estrecho agujero, y acto seguido descendieron Krastiva y Abul. Salah tapó a una orden de Alex con ramas y arbustos la entrada y se fue dejándoles allí para volver el día convenido a la hora que le había pedido Alex Craxell.

Las paredes olían a moho y a humedad y era tan intenso y desagradable que a punto estuvieron de vomitar. Casi no podían darse la vuelta en el foso en que se hallaban y tardaron una hora larga que a ellos les parecieron tres, en llegar al fondo. Una vez allí encendieron una linterna cada uno, y recorrieron con ellas las paredes. Ni rastro de signo alguno ni de escrituras antiguas…nada de nada. Por un momento creyeron haberse equivocado, pero al avanzar, un recoveco hecho por la mano del hombre les animó a continuar, sin desmayo, pues les decía a las claras que iban por buen camino.

-Si en algún momento los habitantes de la ciudad creyeron que resultaría práctico realizar un túnel de escape, no se entretendrían en tallar ni pintar nada que diese pistas a sus perseguidores…-dedujo en voz alta Alex Craxell, que de esta forma se tranquilizaba a sí mismo.

-Eso quiere decir que en lo que sí pensarían entonces, sería en colocar trampas…-auguró Klug Isengard, que transpiraba a pesar del frío que reinaba en el interior del estrecho pasadizo de tierra y roca cortada a pico.

-Muy animador Klug, tu como siempre en tu línea- le4 reprochó Alex que ya había pensado en aquella posibilidad sin decir nada para no desmoralizar a sus acompañantes.

-Una vez leí en un viejo pergamino que me dejó Mehmet, que los etíopes creaban corredores subterráneos en tridente para despistar a los que les acosaban. La salida era indefectiblemente la de la derecha, pues crían que los espíritus se marchaban al submundo de Apofis por el centro, y la izquierda, era por donde se iba a la morada de los dioses.

-No, si este chico nos acabará siendo imprescindible, os lo digo yo…-Krastiva trataba de quitarle importancia a las palabras de Klug con algo de ironía positiva.

-Al fondo veo algo. Como…agujeros…-anunció Alex con el ánimo encendido.

-Esos deben ser los tres corredores de que ha hablado Abul-se apresuró a decir Krastiva, antes de que Klug lo echase a perder con su habitual pesimismo.

Efectivamente ante ellos se abrieron tres entradas bajo tres arcos en los que tres símbolos indicaban algo que ellos de momento no acertaban a comprender. En el centro una serpiente se alzaba del suelo sobre un cuerpo de un hombre tumbado, en la de la derecha un sol radiante en forma de disco solar reinaba en soledad, y en la de la izquierda, el símbolo del faraón, algo que no solía aparecer en lugares como aquel.

-Tenías razón Abul, hay tres entradas, lo que no tengo claro es que sea tan fácil elegir correctamente. -Le miró en busca de ayuda por si aun sabía algo que les pudiera ayudar, pero todo lo que recibió del muchacho, fue un encogimiento de hombros, a modo de: "lo siento, no sé más".

-El sol, -comenzó a descifrar Krastiva-puede indicar que verás el sol si vas por ahí…

-O que no lo verás más-dijo Klug.

Krastiva le fulminó con la mirada sin dignarse decirle nada.

-El faraón es lo que me despista…-prosiguió ella-pero Apofis está en el del medio, lo cual ya me echa para atrás…

-Veamos…si vamos por el que nos indica el sol, puede ser tanto bueno como malo ir por él…pero el del faraón, no pondrían ese signo tan sagrado para que significase muerte ni aun por seguridad…-dejó caer mirando a los tres que le acompañaban.

-Eso es cierto, no lo harían es en este caso el que simboliza la realeza de la Candace.

-Entonces lo que de común era la entrada para los espíritus es en este caso la entrada a la ciudad.

-Tiene sentido, pues si sus enemigos conocían su manera de obrar, nunca elegirían el que se supone es la salida de los demonios del submundo…-apostilló Klug sonriendo.

-Vayamos por este pues…

Enfocaron las linternas hacia adelante en prevención de que se hubieran equivocado, y repasando las paredes en las que tampoco hallaron reseñas de que fuesen por buen o m al camino. Tardaron dos horas en salir a un lugar en el que unas empinadas escaleras de tierra aplastada con refuerzos de madera, ascendían a una trampilla que cerraba el paso. Alex y Abul empujaron y un chorro de luz les cegó al penetrar en el estrecho pozo que era el sitio por el que subían de dos en dos, muy apretados. Salieron a la superficie, y se hallaron en una tierra fértil de verdes campos con árboles salpicando el paisaje, y animales que en manadas trotaban a la carrera, atronando con su potencia el aire, a la vez que levantaban enormes polvaredas. Eran manadas de cebúes y cebras, y alcanzaron a ver algunos elefantes que comían de las hojas altas de los árboles.

-Parece una zona distinta de Africa, pero no puede estar demasiado lejos del sitio del que venimos.-dijo Alex.

-Sí, pero mira allí-señaló Krastiva, está rodeado de montañas no muy altas, pero que lo rodean impidiendo ver desde el otro lado.

-Es cierto, son los montículos que se veían a lo lejos desde la llanura de la sabana, donde se mezclaba con el desierto, que dejaba de dominar, para dar paso al verde de las praderas africanas. –Klug miraba sorprendido por el ingenio simple y práctico de los que se escondían a la vista del mundo externo, sin ocultarse de ellos.

Caminaron primero como robots, y más tarde con la ligereza que da el saberse sin ser observados, para penetrar en el territorio de la última Candace, la poderosa y sabia Amanikende. Ahora delante de aquellos restos que se escondían entre la maraña de tierra y ramas que crecían sobre ellos, vieron que una ladera de empinada pendiente descendía hacia un anchuroso valle en el que se alzaban las ruinas de lo que fue sin lugar a dudas la ciudad de la Candace.

Bajaron resbalando a tramos que alisados por la erosión, semejaban ser espejos brillantes, y peligrosas rampas por las que rodar si no tomaban las precauciones debidas. Dos torreones uno de los cuales aun se conservaba bastante bien, se plantaron ante ellos como guardianes de una misteriosa maldición tan antigua que fue olvidada por el padre tiempo, antes de que el mundo conociese la civilización. El dintel de la entrada a medio derrumbarse, les permitió no obstante pasar por debajo antes de caer ante sus desorbitados ojos, y sus palpitantes corazones. Hizo un ruido estruendoso, y los escombros desprendieron una enorme polvareda que se elevó varios metros del suelo. En el interior, un complejo edificio de piedra se mantenía casi completo, y las dos hojas d madera que en algún tiempo debieron resultar recias y reforzadas con adornos de cobre y bronce, aparecían caídas y destrozadas por animales que las habían hollado sin tener en cuenta su dignidad real.

-Es maravilloso, fascinante, diría yo…-Acertó a decir Alex exclamando en voz baja con miedo de provocar un nuevo derrumbamiento-Estamos en el palacio de la Candace. Miró en torno suyo contemplando con reverencia los restos de muebles y los derelictos de una lucha terrible entre los siglos inmisericordes y las piedras leales a la señora de Africa.

-Subamos a las dependencias superiores, a ver que encontramos allí…-sugirió Krastiva que soñaba con ver de cerca las habitaciones privadas de aquella sabia mujer, y conocer sus más íntimos secretos.

Sin decir nada más ascendieron peldaño a peldaño, los escalones tallados en círculo que se perdían en la altura de lo que era en realidad un torreón cuadrangular que se abría en el centro en un hermoso patio en el que fuentes sucias y desconchadas hablaban de su esplendor pasado, cuando delgados surtidores de agua ascendían con alegre sonido entre parterres de flores exóticas y plantas tropicales. Grandes arcos se medio punto circundaban a modo de claustro las cuatro paredes, y Alex creyó penetrar en un mundo en el que parecía que de repente aparecería una persona encargada de su mantenimiento, invitándoles a sentirse como en su casa.

Pero nadie hizo acto de presencia y solo los relieves hablaron por sus creadores. Combates entre lo que reconocieron como romanos y algo similar a egipcios, les demostró que se hallaban en el sitio correcto.

-¿Veis lo que hay aquí? es una escaramuza entre romanos y meroítas, no cabe lugar a dudas. Es de una belleza singular…está terminado en marfil, se halla sucio,-pasó la mano para limpiarlo un poco-pero merece estar en un museo de los más importantes.

Junto a él se apiñaron sus compañeros que admiraron el trabajo de aquellos escultores que yacían en el recuerdo de la historia, tan desagradecida a menudo. Tres más aparecieron al desempolvar la pared con una brocha de maquillaje de Krastiva.se trata de un tríptico en el que se desarrollaba la escena completa. Enmarcado exquisitamente con una filigrana , delicada cenefa , que cercaba el rectángulo, evidenciaba la tecnología de la que disfrutaban en el palacio, y de la sofisticación alcanzada en su época. Siguieron su ascenso hasta llegar a la terraza desde la que se divisaba la tierra que perteneciese a la señora de Africa.

-Esta vista calma el espíritu,-afirmó Alex aspirando una bocanada de aire que llenó sus pulmones-me quedaría vivir aquí si me lo pidiesen.

-Eso pensaron los meroítas y…-continuó Klug en su línea.

-Nada debería alterar este lugar en el que se guardan los secretos de la Candace. Sería como profanar un templo.-Agregó Krastiva que deseaba preservarlo al precio que fuese necesario.

Durante las dos horas siguientes recorrieron el palacio, parándose en los sitios en que aun se conservaban restos en buen estado, ya fuese de relieves, o de estatuas, incluso de pinturas medio borradas. Se sentaron en el patio, y tras limpiar una de las fuentes, la miraron con ternura propia de arqueólogos. Era una auténtica obra de arte. Por el suelo se veían hojas de árboles resecas, ramas y polvo de siglos. Una brisa suave penetraba desde afuera y barría el patio como si se lo hubiese encargado un antiguo dios olvidado de los hombres. Fue entonces cuando Klug creyó haber dado con algo, incierto, pero con algo de relevancia.

-Si el viento viene de dentro…entonces es que existe un pasadizo que lleva a alguna parte…-les miró inquiriendo de ellos respuesta.

-Sí…si viene del interior sí. Veamos de donde llega ese aire fresco…-dijo Alex sacando unas cerillas que orientó en varias direcciones, hasta que una de ellas se apagó. Les miró con una sonrisa de triunfo en la cara y les dijo: "Por aquí…venid es por aquí".

Se pegaron a lo que en un principio era tan solo un lienzo de pared pétrea, y Alex encendió otra cerilla para asegurarse. Cuando ésta se apagó otra vez, palpó la pared, hasta que uno de sus dedos dio con un resorte oculto en uno de los sillares que se hundió. Un chasquido siniestro se produjo, y todos rogaron porque no se tratase de una trampa. Pero por el contrario, una estancia de enormes proporciones se abrió como por ensalmo ante sus desmesurados ojos. Se hallaban en el salón del trono de la Candace.

-Está como se quedó al marcharse…-exclamó Krastiva-ni el tiempo le ha tocado…es…solo hay algunas telas de araña, y polvo. Por lo demás está intacto.

Se separaron para abarcar el total del gran salón del trono, y parecieron diluirse en él. Medía unos mil metros cuadrados y desde fuera resultaba imposible saber que se encontraba allí. Alex subió los tres peldaños que daban altura al sitial del trono propiamente dicho, y limpió la silla de marfil y madera en la que administraba su reino la señora de Africa. Klug les habló desde su posición y un eco le devolvió su voz. Era lo que él deseaba, saber si el fenómeno se produciría o no. En aquel momento no comprendieron su interés en detalle tan nimio para ellos, pero más adelante resultaría esencial para su búsqueda.

Disfrutaron de aquella cámara como solo los niños lo hacen con un juguete nuevo. Les pareció que en cualquier momento iba a entrar y sentarse en el trono la Candace misma. Tal era el estado de conservación del lugar. Alex palpó las paredes en busca de algo que le dijese que era lo que le ocurrió a aquellas gentes y si acaso, hallar una pista sobre el éxodo del faraón Kemoh.

-Aquí no hallaremos nada que nos conduzca hasta el a faraón Kemoh-le pareció leer el pensamiento Klug- solo era la sala en la que administraba justicia, la reina negra, de Meroe. Pero si encontramos los papiros en que detallaba sus actividades cotidianas habremos dado con la pista que deseamos.

-Busquemos entonces esa especie de diario jurídico…-apostrofó Alex Craxell.

-Tiene que estar bajo el sitial mismo, es lo habitual,-dijo Klug, que a veces parecía regresar a donde perteneciera, sorprendiendo a sus compañeros.

Todos se miraron atónitos por su seguridad en hallar el rollo de papiros. No supieron si les conducía a sabiendas de donde iba, o si era pura deducción de experto. No obstante siguieron sus instrucciones, y en efecto allí donde dijera Klug se halaba el rollo grueso de papiros atados con hilos de seda, azules. Krastiva los tomó en sus manos con reverencia, y se sentó sin darse cuenta en el trono de la Candace. Desató el rollo de papiros, y el polvo flotó en el aire haciéndola toser. Klug fue tomando uno a uno los pliegos, según se los iba dando ella, y leía en sus líneas.

-Aquí solo se detallan las actividades de la Candace, durante tres años, my solo contienen datos relativos a…espera, espera, aquí dice que se le otorgó al rey de las dos tierras…está borrado. Pero se diría que lo borró alguien deliberadamente.

-¿Y cómo sigue? Quizás por el contexto podamos discernir el resto.

-En la tierra de los muertos, donde habitan los señores de la noche…no, no dice nada.

-¡Sigue!, ¡sigue!-le apresuró Krastiva, que estuvo a punto de arrebatarle los rollos.

-Dice que se marcharon , pero parece referirse a su pueblo, no a…faraón.

-Pero ¿A dónde?

-A la costa del mar que muerde la tierra. No entiendo nada

-Ese mar que muerde la tierra,¿ no podría ser el mar rojo?

-Podría pero debemos tener en cuenta, que a veces lo que parece tan claro es solo una coincidencia, que resulta una pista falsa. Puede muy bien hacer referencia a ese mar que conocemos como Mediterráneo.

-Sí, es verdad, podría hacer referencia a ese mar y no al rojo...

-Sigamos buscando en este sitio debe haber muchos secretos que nos pueden ayudar más que este rollo.—sugirió Klug.

Se dispersaron por el espacio que era la sala del trono, y tantearon con desánimo cada lienzo, cada detalle esculpido. Un click, les devolvió a la realidad y miraron al sitio donde se había producido. Ante un Klug acuclillado, se abría un agujero por el que apenas pasaría un niño de tres años. Oscuro como boca de lobo, y maloliente. Se acercaron y Alex metió la mano en él para palparlo desde dentro, sacando un paquete polvoriento y mohoso, que parecía otro rollo de papiros.

-A ver si esta vez tenemos más suerte, sino, no daremos con la pista que nos lleve a Irán.-se quejó Alex.

Desenrollaron lo que resultó ser otro rollo de papiros más antiguos y a pesar de las consabidas manchas d moho, leyeron su contenido. Lo habían protegido con una piel curtida, que una vez cubierta de moho y polvo, resultó ser impenetrable. En esta ocasión fue Alex el que leyó en voz alta cada signo impreso.

-Un hijo del sol, ha llegado hasta nosotros por segunda vez, y con los que le entregué en cuidado...-se cortó al no poder leer los tres signos que se hallaban borrosos-camina, parece decir, a...una muerte el pueblo. No, no puede ser no tiene sentido.

Klug se le acercó y miró de soslayo, y se los quitó para verlos. Luego se los dio a Abul, para leer nuevamente los primeros, por si contuviesen algo que los conectase.

-El pueblo marcha para no morir,- afirmó seguro-eso quiere decir que tenemos la pista que necesitamos.

Sonaron unos aplausos y todos miraron tras de sí, allí estaba en pie rodeado de su guardia pretoriana el cardenal Balatti, que veía como le hacía el trabajo de campo sin que el tuviese que mover un solo músculo.

-Muy bien descrito colegas...-les habló con ironía-. Por fin tenéis lo que me vais a entregar sin dilación si no queréis formar parte del pasado glorioso de la Candace. Entregad al capitán Olaza los documentos y no tendréis que lamentarlo.¡ Ah!, creo que ya os conocéis de otra ocasión en que él no quedó muy satisfecho de vuestra actuación…yo que vosotros no tentaría a la suerte…

Alex depositó en la palma de la mano del capitán Olaza, los papiros, pero solo los que no hablaban de faraón, pues mientras hablaba Balatti, Abul había escurrido hábilmente, los que hallasen en el segundo hueco por entre sus ropas, sin que se diera cuenta Balatti, ocupado en impresionar a sus "presas".

-Así me gusta, que seáis buenos chicos. Ahora os quedaréis aquí con la Candace, y no nos daréis mas guerra, que esta misión es nuestra.

-Pues el Papa no parece pensar así, dado que fue él quien nos pidió que diésemos con los rollos que llevan a los libros de Amón. –lanzó su órdago Alex en un intento postrero de crear confusión entre Balatti y los suyos.

Las palabras de Alex calaron hondo en el ánimo de Balatti, que se consideraba la mano derecha de Su Santidad, y se volvió contra él con los ojos inyectados en sangre.

-Eso es una vil mentira, no conseguirás que dude de Su santidad.

-Yo no estaría tan seguro, comunícate con él y pregúntaselo. Te sorprenderá la respuesta que te de.

-Conectaré con Su santidad en breve y si me habéis mentido…entonces tendréis tiempo para arrepentiros.-Les amenazó lanzándoles una mirada asesina.

-Hágalo cardenal, hágalo y verá como la confianza se disipa fácilmente cuando se trata de hallar algo tan valioso como…-estuvo a punto de revelar la existencia de dos libros Krastiva, y se cortó.

-De dos libros y no uno ¿eso iba a decir señora Craxell?lo sé, son dos y el más valioso no es el que contiene los conjuros de Amón sino el otro…el que revela la fuente de poder más potente que el hombre haya tenido jamás en sus manos o al menos a su alcance.-Monseñor Balatti sonreía triunfal, como si ya poseyera el libro entre sus dedos delgados como agujas de coser.

-Entonces deduzca por sí mismo lo que quiere "Su santidad"- remarcó las dos palabras que le conferían el título de Papa con ironía.

Balatti, no respondió pues estaba convencido de que una vez que obtuviera el libro de Seth, el Papa de Roma se haría cargo de él, y no lo volvería a ver nunca, pero aun así el tenía sus propios planes, que se cocían en su mente perturbada por el ansia irrefrenable de poder. Olaza era el obstáculo a salvar, pues era el perro fiel del papa y sus guardias con él…ya hallaría el modo de librarse de su custodia de alguna manera "práctica". Les dio la espalda y se salió de la estancia del trono consciente de que daba comienzo una lucha sorda y sin cuartel, en la que el vencedor obtendría el premio mayor, el libro de Seth.

No pudo ver la sonrisa de satisfacción en los labios de Alex Craxell que veía como la cizaña era sembrada entre sus enemigos con completo éxito. El poseía aun los papiros auténticos que le dirían como llegar a Irán a la zona en concreto en la que el faraón Kemohankamón se perdió en las páginas de la historia. Bajó la cabeza por miedo a ser descubierto en su expresión, y se quedó esperando al vengativo y cruel,- como todos los que carecen de espíritu propio,- Olaza. Le pareció extraño ver a dos monjas que entraban en la cámara del trono y a las que pudo reconocer por haberlas visto de refilón en el Vaticano, además de por su tocado, que contrastaba vivamente con su indumentaria seglar. Una de ellas se apoderó de los pairos y Alex rogó al cielo que no se percatase de que eran otros los que les había entregado. Pareció que le escuchasen desde allí, pues la monja que parecía llevar la voz de mando se los entregó a la otra que los guardó como un tesoro en su bolsa de piel de camello. La tranquilidad de la Candace estaba siendo alterada y de pronto como impulsados por un remoto resorte dos flechas cortas se clavaron en las carnes de los intrusos. Habían quedado atascadas en sus arcos, escondidas como serpientes, a la espera de una víctima propiciatoria, y una de ellas atravesó limpiamente la pantorrilla de Olaza, para clavarse en la pared opuesta. Un grito de dolor llenó el aire y el miedo se adueñó de todos. La siguiente le dio a la monja que portaba los papiros y la mató en el acto. La punta de la flecha asomó por entre los pechos de la religiosa que se miró la herida dándose cuenta de que moría con la cara descompuesta más de miedo que de dolor. Salieron como alma que lleva el diablo de aquel lugar que se volvía malsano por momentos, y se reagruparon en el exterior.

El sargento Delan ayudó a su capitán herido en la pierna a salir pasando el brazo de éste por sus hombros y cojeando logró quedar fura de la sombría sala del trono. Entre dos guardias sacaron casi arrastrándolo el cuerpo de sor Eulalia que miraba con los ojos muy abiertos al cielo al que sin duda no podría acceder, y la cubrieron con una manta que uno de ellos trajo del todoterreno.

-Esto no puede estar pasando, es como si…-dijo entre gemidos de dolor que lo laceraba como si un látigo lo castigase.

-Si sigue con lo que va a decir le dejo aquí en manos del desierto-le amedrentó Balatti, que lo que menos necesitaba era una explicación supersticiosa de lo ocurrido-¿comprende lo que le digo, Olaza?

Olaza calló contrariado, y supo que desde aquel momento el cardenal iba por libre, no era tan tonto como le presuponían y estaría al tanto de cada movimiento que hiciese. Los guardias cavaron sendas fosas de arena y en ellas depositaron los cuerpos de los dos infortunados compañeros cubriéndolos de piedras que les costó encontrar. Balatti pronunció unas palabras en latín y se santiguó sin mucha convicción. Dentro de sí se alegraba de que fuese Olaza el que saliera herido, pues era el hueso más duro de roer después de todo. Si él el resto le obedecería por hábito, más bien que por razonamiento. Le dolía sin embargo la pérdida de sor Eulalia pues era la que conocía al dedillo las escrituras antiguas, y les dejaba tuertos, por así decir.

-Tenemos que sobreponernos a este incidente y superarlo, estamos en territorio desconocido y nos enfrentamos a poderes humanos-remarcó la palabra humano-que pueden querer lo mismo que desea Su Santidad que le entreguemos para el buen discurrir de la santa madre iglesia.- creyó que una arenga adecuada les ayudaría a levantarse y olvidar al menos temporalmente lo acaecido.

La caravana de guardias suizos con sus ahora prisioneros se distribuyeron en los tres todoterrenos para custodiar de cerca a a los que competían con ellos hasta aquel momento. A dos kilómetros del sitio, montaron un campamento en el que destinaron una de las tiendas a los prisioneros que quedaban bajo la custodia de Olaza que ya poco podía hacer y desde luego no estaba capacitado para seguir a su cardenal a donde quiera que fuese. Balatti se concentraba en desenterrar los secretos de la Candace ocultos desde hacía tantos siglos, para saber dónde buscar el libro que le tenía preso de ansiedad.

Lo primero que hizo fue contactar con el Papa de Roma, y comunicarle el feliz hallazgo en tierra infiel. Pero se guardó de dar a conocer el estado real de las cosas. El Papa le reconoció que había contratado a Alex a fin de eliminar su competencia y que le sirviese de ayuda en su tarea, cosa que no convenció a Balatti, en absoluto. Por el contrario, pensó en que Alex tenía razón en lo que le expuso, y vio como el rey del Vaticano jugaba abiertamente a dos barajas. La muerte de sor Eulalia le causó una honda impresión pues se trataba de una amiga y fiel colaboradora de las pocas en las que podía confiar. Balatti no pudo ver el rostro de Juan XXIV surcado por sendas lágrimas y contraído de dolor.

Balatti, se mostró huraño e irascible el resto del día, le reconcomía por dentro el hecho de tenerle que dar la razón a Alex sobre la doblez del Papa. Pero por otra parte, eso le permitía actuar al margen de los deseos de Scarelli, y dado que el libro de Seth era lo que al parecer, menos le interesaba al Papa, se lo quedaría él como premio a su trabajo. El tiempo jugaba a su favor, y ahora que estaban sobre la pista del faraón Kemoh, no estaba dispuesto a ceder un ápice en su búsqueda. Se alejó caminando con las manos a la espalda, y la cabeza baja, pensando, cavilando donde podría hallarse un sito tan seguro, que ni con el paso de los siglos, ni aun poseyendo la tecnología de última generación se pudiese descubrir. Recorrió los desolados parajes del sur de Irán con la mente, tal y como los había visto en más de una ocasión en mapas, sin concentrarse en un punto concreto.

-¿Dónde esconder a una multitud sin que se descubra la ubicación de la ciudad en que moran? es de locos. No se puede…no se puede…se repetía una y otra vez moviendo la cabeza de un lado a otro.

Los guardias suizos que ahora recibían las ordenes por medio del sargento Delan, conectaban sus ordenadores portátiles al satélite prestado al vaticano, para detectar lugares que figurasen en la memoria que poseía. Solo una extensa cubierta vegetal les rodeaba. Como si el verdor de una eterna primavera permaneciese inalterable en aquella parte del mundo. El desierto se negaba a cubrir sus secretos con arena y el viento mismo semejaba abandonar el estrecho valle donde se hallaban.

Sor Eloísa , ayudaba en las comunicaciones a los guardias suizos e insertaba programas de fabricación propia que mejoraban su trabajo de detección.

-Nada, no hay más que una llanura eterna que se pierde en la lejanía donde el desierto hace frontera con la sabana. Sin embargo la ciudad debería ser detectada por el satélite en toda su extensión. Si no sucede un milagro, tendremos que meternos en esa ciudad en ruinas a riesgo de perecer entre sus escombros. –Se quejó la monja.

-Barremos el suelo en todas direcciones y nada es como si incluso lo que vemos no existiese. Ni tan siquiera devuelve en el radar la firma de esa cámara secreta.-le miró a sor Eloísa que fruncía el ceño enfadada consigo misma por no ser capaz de hacer bien su trabajo.

Se inclinó ante el ordenador en el que Juliano y Betino trabajaban sin descanso, y tecleó unas letras que le devolvieron un mensaje. Ambos se quedaron perplejos en aquel momento. Ella tenía recursos que ellos desconocían por completo, no se le había reclutado por nada, ni tan siquiera por ser de la mayor confianza del Papa de Roma, sino, por aquellos secretos que le hacían a los ojos del rey de roma especial para aquella misión de búsqueda. Sonrió feliz de saber que estaban allí "cerca" de ella, esperando serle útiles. Preguntó a la pantalla por los centros habitados que se situaban en la zona, y la respuesta no se hizo esperar. Aparecieron cinco puntos destacados en rojo perfectamente enclavados en el mapa, que no lograba leer el satélite.

-¿Veis todo es posible si se confía en el señor…- ironizó ella saliendo en busca del cardenal Balatti. Era necesario que saliesen lo más rápido posible en la dirección que le habían indicado tras unir los puntos de las poblaciones cercanas. De lo contrario quedarían cercados por quienes les buscaban con denuedo.

Le alcanzó en lo alto de una colina de césped y arbustos, desde la que solo se veía el horizonte, aunque el miraba sin ver. Solo pensaba.

-Monseñor-le llamó –tenemos algo.

-Bajo ahora mismo sor Eloísa, dígame que tienen. Necesitamos avanzar en la dirección correcta.

Alex forcejeaba con sus correas de nylon, para ensancharlas en lo posible y desatarse. Lo mismo intentaban con suma discreción Krastiva y Klug. Abul y Salah dormitaban, en apariencia, realizando un intento similar. Los nudos de Krastiva comenzaron a ceder al poco, y miró a Alex para decírselo sin pronunciar palabra.

Olaza que se resentía de la herida sufrida apenas prestaba atención a los prisioneros y trataba de dormir algo a fin de olvidarse del dolor. No se apercibió de que Krastiva y Klug se habían liberado de sus cuerdas y soltaban al resto por detrás. La mano de Salah pasó por la nuca de Olaza y lo dejó sin sentido antes de que pudiera saber que le pasaba. Salieron de la tienda de uno en uno aprovechando que Balatti conversaba lejos con Eloísa y el resto se centraban en sus ordenadores. Se arrastraron hasta uno de los todoterrenos y agazapados se introdujeron en uno para darse cuenta que era el de Monseñor Balatti. Alex le hizo un gesto a Abul, y a Salah pidiéndoles que se apoderasen de su todoterreno, y éstos tumbados, comiendo arena literalmente, llegaron hasta él.

Un ruido de motores alertó a los suizos que dejaron todo, temerosos de haber sido descubiertos y salieron afuera. Dos de los autos se perdían ya en la lejanía a gran velocidad. Un griterío se formó en aquel momento y Balatti supo que algo iba mal. Regresó para ver que habían sido burlados por los prisioneros que además se llevaban parte de sus cosas entre ellas sus mapas lo más apreciado para él.

De nuevo daba comienzo la carrera por la consecución de los libros de Amón y Seth. Y esta vez ambos bandos conocían el país en que debían buscar.

-Nos vamos de este país, ya no pintamos nada aquí.-Dijo dándose la media vuelta a la vez que pateaba el suelo con rabia-. Ellos nos guiarán hasta el lugar en que nos esperan los libros–Aseguró el cardenal Romano-. Veremos qué hacer para encontrar la ubicación exacta de la ciudad en que moró el faraón Kemoh, aunque creo que lo saben, o al menos lo han deducido por lo que ahora es cuando da comienzo la búsqueda. Tenemos que llegar a Irán cuanto antes.

En pocos minutos todo lo que pudieron guardar en el todoterreno que les quedaba, desapareció de la vista. Lo que no cupo, lo enterraron bajo tierra y lo cubrieron con arbustos para no ser detectados por quienes pudieran perseguirlos. Dejaban la ciudad de la Candace para viajar lejos de allí sin saber que sus enemigos daban en aquel momento un rodeo para volver y adentrarse en ella. Necesitaban saber qué se escondía allí tan bien que no lograban dar con ello.

-Es necesario que sepamos por donde andar cuando estemos en Irán y eso solo lo sabremos si hallamos las pistas que yacen dentro de las ruinas de la ciudad de la Candace.-Afirmó Alex que regresaba dando un movimiento circular al volante y describiendo una parábola que concluía en el campamento ahora abandonado por los sicarios del cardenal.

Descendieron de los dos automóviles y se internaron otra vez en las ruinas, hasta que estuvieron en el salón del trono de la Candace.

-Bien ¿y ahora qué?-preguntó Krastiva.

-Buscad una losa, un relieve, lo que sea, que abra la siguiente puerta o agujero, que nos permita penetrar en el interior del edificio.

Palparon cada centímetro de pared de suelo e incluso del techo, sin ningún resultado positivo. La desesperación empezaba a mellar el ánimo de los cinco cuando a Krastiva se le ocurrió algo.

-Quizás y digo solo quizás, sea la propia Candace la que nos pueda decir por donde continuar…

La miraron entre sorprendidos y pensativos, y se acercaron automáticamente al trono que aunque vacío les pareció que aun podría hablar de su dueña tendiéndoles una mano en aquel momento crucial. Quitaron las telas de araña que lo recubrían y observaron los dibujos que formaban los relieves exquisitamente labrados por manos hábiles siglos atrás. Soplaron con cuidado de no dañar aquella reliquia del pasado, y tradujeron la escritura ideográfica que les enviaba un mensaje desde la muerte de la Candace hasta el momento actual. Con las cabezas muy cerca del respaldo del sitial, Alex comenzó a describir lo que él creía era la traducción más aproximada.

-Estos dos egipcios podrían muy bien ser la

respuesta a lo que buscamos pero dudo que se nos presente tan fácilmente. Y aquí las dos…pueden ser princesas, o damas de la corte de la Candace, tienen en las manos unos cuencos que parecen contener un líquido…quizás quiso decir el escriba que la Candace recibía cuidados de médicos egipcios, si es así eso nos indicaría que aun se hallaban entre ellos en ese momento, los súbditos del faraón Kemoh. Debajo hay cuerpos tendidos como si estuviesen muertos ¿la maldición que asoló esta tierra en aquellos días?

-¿Y qué es esto que hay tallado en los costados del trono? Mira es como…un éxodo

-¿Qué? A ver, a ver…es cierto –reconoció Alex al inclinarse junto a ella y tras pasar suavemente las yemas de los dedos para limpiarlo en lo posible, y que resultase legible. Esto confirma que vamos por el buen camino- presionó el relieve para dejarlo libre de las telarañas que quedaban-.

Un chasquido sonó como un tiro en el salón que el eco devolvió. Y a éste le siguió otro y aun otro. Hasta tres se sucedieron. El trono se deslizó y dejó ver un hueco triangular que descendía a las profundidades de la tierra misma. Unos escalones tallados en la roca viva, les parecían solicitar que les usasen para descubrir al fin el secreto de la emperatriz negra de Meroe.

-Tendremos que bajar por ahí de uno en uno, pues es estrecho para dos. Yo lo haré en primer lugar –dijo Alex- y me seguirá Krastiva , y después Klug ,Abul, y Salah. ¿tenéis todos linternas y pilas para ellas? Que no se os apaguen por nada, no tendremos más luz que la que llevemos y pisaremos con suavidad paso a paso sin presionar en ningún lado de paredes o suelos, y menos aun estatuas o relieves si no sabemos que son o a donde conducen.

En fila de a uno, descendieron y los círculos de luz de las linternas alumbraron las frías paredes de tierra y roca que excavasen los obreros de la Candace ¿para qué?. Una emoción mezclada con temor a lo desconocido, les embargaba y miraban en torno suyo, como si estuviesen en presencia de una gran reina que dominara el mundo africano conocido cuando Roma caía, abandonando a su suerte a los pueblos del continente.

El túnel serpenteó como una culebra a la caza de una presa escurridiza, y Alex atento a lo que veía de frente, se paró ante lo que parecía el final del corredor terroso.

-Aquí parece terminar…pero tiene que haber una derivación que conduzca a alguna parte…-palpó la pared del fondo y arañó la de los costados. No encuentro nada…entonces oyeron un sonido como de piedra rozando contra piedra y supieron que el trono se deslizaba de nuevo para ocultar la entrada. Un terror mórbido se apoderó de los cinco, que de haber podio verse en un espejo, se hubiesen dado cuenta de la extrema palidez que sus rostros mostraban. Apenas pasados unos segundos, la tierra comenzó a desprenderse del fondo a modo de derrumbamiento, lo que aumentó su miedo a quedar sepultados en vida debajo de las ruinas que guardaban celosamente sus secretos. Se echaron hacia atrás instintivamente, y vieron como la luz penetraba desde adentro, para llenar el pasadizo en que se encontraban.

Alex avanzó penosamente entre la tierra que le llegaba a los muslos, y asomó la cabeza por el agujero que había producido el derrumbamiento. Ante él un conjunto d edificios en perfecto estado de conservación bajo una oquedad rocosa, le maravilló.

-No tengáis miedo hemos encontrado la ciudad de la

Candace. Abriros paso entre la tierra que vais a ver algo increíble, -les aseguró con el rostro iluminado por la emoción del descubrimiento.

Una vez que hubieron pasado al otro lado, se quedaron mirando aquella descomunal metrópoli que se escondía de los ojos de los mortales bajo toneladas de piedra que se negaban a caer sobre ella.

-Es fascinante, ahora comprendo la razón de que jamás fuese descubierta la ciudad e incluso que se dudase de su existencia. Se hundió paulatinamente en las arenas, por el propio peso de las rocas a las que le debieron fallar los cimientos naturales sobre los que se asentaba. Quedó semihundida en esa oquedad y a la vez la roca le protegió de ser hallada por satélite de búsqueda o tecnologías de otra índole.

-Una ciudad entera que como la de Amón aun sobrevive a los siglos y la devastación que las guerras han producido en otras aun mayores que ella. –Krastiva miraba a lo alto de las dos torres de entrada que se alzaban orgullosas cerrando el paso a quienes hasta ella llegaban. Conservaban dos ventanas que oscuras esperaban ser iluminadas por el calor de las antorchas.

-No comprendo, creía que la ciudad era aquel conjunto de edificios soberbios que estábamos explorando cuando fuimos sorprendidos por ese maldito cardenal…- ladró Klug, sediento de venganza.

-Y lo eran, solo que la ciudad debió de tener unas dimensiones descomunales y esta parte que era según acierto a deducir, donde se ubicaban los edificios imperiales y de los altos funcionarios, se hundió lentamente quedando oculta a la vista, y sin posibilidad de ser descubierta hasta ahora.-le aclaró Alex.

-En realidad está tan cerca de la superficie que

incluso se filtran algunos rayos de luz. ¿Veis aquello que semeja ser la luz de una cámara? Es solo la refracción de la luz solar que penetra por allí-señaló una capa de arena más delgada, que parecía dorada.

Ante ellos un suave terraplén descendía hasta las proximidades de las torres, invitándoles a continuar. La arena era allí oscura y estaba apretada por lo que Krastiva dedujo que había agua muy cerca. Como pequeña figuras indefensas que el destino guiara hasta aquella remota ciudad escondida de los que moran en la superficie, fueron dejando sus huellas abriendo un camino hecho de pisadas frescas.la distancia que en un principio les pareció no muy grande les mostró lo equivocados que estaban. Tardaron media hora en presentarse ante los nobles muros de las dos torres que anunciaban la majestuosidad del palacio de una reina, que gobernó Africa.

La arena sc negaba a profanar el santuario de la Candace, y una sensación de reverente respeto les llenó el espíritu. Las dos torres eran del mismo estilo que el que viesen anteriormente, y el dintel tallado reflejaba a dos guerreros de poderosos brazos sosteniendo extrañas espadas y flanqueando a una mujer que identificaron fácilmente como la señora de Africa. Los cinco mirando en torno suyo fascinados por el momento y la obra que veían ante sí, fueron entrando para observar un palacio muy bien conservado que daba la impresión de que estaba aun habitado por los nubios y meroítas. El aire era fresco cosa que extrañó a Alex y Abul aprehensivo miraba alrededor de él como si el alma de un muerto le fuera a sorprender para llevárselo al inframundo. Alex se dio cuenta de ello y lo estrechó contra sí par infundirle valor. Tendría que explicarle que los muertos no tiene conciencia de nada y que nada pueden hacer a quienes están vivos. Pero necesitaba tiempo, del que no disponían ahora. Por lo que lo mejor sería mantenerlo cerca de sí.

Era Klug el que cambiaba y con una estúpida sonrisa de satisfacción que iluminaba su cara leía cada signo en busca de algo aclaratorio. Ya no sudaba y se movía más ligero y seguro que fuera de aquel sitio que se le antojaba a Alex amenazante y peligroso, cosa que parecía ignorar Klug. Salah que se veía inmerso en aquella carrera contra el tiempo y la iglesia romana, se asombraba cada vez menos de lo que iban descubriendo, dado que a cada paso surgían elementos nuevos que excitaban su curiosidad, y estaba firmemente decidido a continuar más que nunca su carrera interrumpida de arqueología.

Una escalinata de piedra les invitó a entrar en el edificio por sus escalones de mármol rojo que parecían nuevos. Y con cautela fueron subiendo en fila de a dos. La oscuridad del interior se disipó en cuanto una linterna apuntó a su corazón iluminándolo. Una estancia enorme les devolvió sus límites en forma de paredes recubiertas de marfil. Algunos muebles aun conservaban sobre sí, objetos cotidianos tales como vasos de plata y jarras que aun contenían vino agrio y grandes velones que en cada esquina sirvieron de nuevo para iluminar el salón central. Junto a ellos vieron unos haces de velas que limpiaron de polvo y guardaron en una bolsa.

No hallaron tronos ni alcobas sino solo viviendas de lo que debieron ser funcionarios y de alto rango y las habitaciones de la Candace que sin embargo carecían de algo similar a cama alguna. Todo parecía estar como cuando lo abandonaron sus moradores. Esto le impulsó a pensar a Alex que el peligro pudiera aun permanecer en aquel lugar.

-Lo que deberíamos buscar es el templo de Amón

pero no cabría en esta ciudad dormitorio…-dedujo Klug-de modo que tendría que hallarse bajo nuestros pies.

Todos miraron al suelo, y pensaron si no sería posible que de un momento a otro, se hundiese dejándolos caer hacia abajo. Lo cierto era que Klug tenía como siempre razón, es en el templo donde hallarían las atan ansiadas respuestas.

-Entonces excavemos en círculo formando grupos de dos y Que Krastiva examine mientras el interior de las dependencias de la ciudad.

-Marcho entonces para allá adentro, que seguro será más agradable que hacer de arqueóloga con vosotros-hizo un gracioso mohín para poner una nota irónica en sus palabras.

Sacaron las paletas de las que no se separaban nunca, y clavando las linternas entre rocas a duras penas, comenzaron el arduo trabajo de sacar a la superficie un templo que dormía en las profundidades de las arenas desde tiempos inmemoriales. La arena se endurecía a medida que profundizaban en ella, evidenciando que el agua existía debajo de aquella capa gruesa que cubría ¿qué?. Las horas se les hicieron eternas con la incertidumbre de no saber si serviría para algo aquel rudo trabajo en que se afanaban. El sudor apareció en las sienes de Klug Isengard, y Abul, ansioso por ser el primero en descubrir algo que más tarde contar a sus amigos en el barrio copto, llevaba la delantera en excavar, sin bajar al intensidad en momento alguno. Salah, que lo hacía en un punto equidistante de él, le miraba moviendo la cabeza, como diciendo. ¡"Ah esta juventud de sangre ardiente"!.

Pero fue Alex quien se encontró con un objeto duro que sobresalió de entre la arena enseñándoles su talla en piedra, que hablaba por sí misma.

-¡¡Aquí, aquí, he encontrado una talla del dios Amón! venid a ver creo que Klug tenía razón, debe pesar mucho más de lo que las arenas pueden soportar y se ha hundido más que el resto d la ciudad.

Todos concentraron sus esfuerzos en desenterrar aquello que ahora sabían merecía la pena sacar del fondo del olvido, para desentrañar el misterio que se cernía sobre una raza que desapareció sin dejar rastro en la historia después de ser la más importante de Africa junto a Roma, Egipto y Cartago. Diez horas después de dar comienzo la titánica tarea, un pilono asomaba y el otro el gemelo, casi también. Unas tallas del dios Amón tiradas en medio de la arena, y las hermosas pinturas de Candaces vestidas como faraones egipcios les regalaron la vista con su arte legendario.

-Por fin tenemos algo tangible en qué poder confiar sin hacer conjeturas ni suposiciones que no llevan a ninguna parte.-se alegró ostensiblemente Alex Craxell.

-Sí, y habremos de saber cuánto necesitamos para llegar al lugar en que moró el faraón Kemoh antes de desaparecer él también de las páginas de la historia. Eso es lo que más importa ahora que estamos aquí-dijo Klug con los ojos abiertos y sus manos nerviosas que excavaban sin cesar en un intento de ganar cuanto tiempo fuera posible en aquella carrera contra la adversidad.

Abul se descomponía en agua sudando y brillándole su piel oscura, acostumbrada a luchar contra un sol abrasador que no podía con él. A su lado como compitiendo Salah, trabajaba sin descanso, hasta que Alex ordenó hacer un parón y tomar algo de comer, para no desfallecer.

-Vamos dejadlo todo y a comer, que sin fuerzas no

podremos resultar eficaces,-argumentó para convencerlos de no dejarse la piel en el intento.

Un fuego hecho con restos de maderas y ramas que llevaban muertas tanto tiempo como sus coetáneos, sirvieron para calentarlos y cocinar en precario unos trozos de carne seca que acompañaron de zumos y agua que se terminaba demasiado rápidamente. Sin hablar comieron y Klug se recostó para echar una cabezada, cosa que fue imitada por el resto que repuso de esta manera las fuerzas perdidas, y se deshizo al tiempo de la tensión producida por la huida del cardenal Balatti.

Un temblor de tierra, les despertó de su letargo con un ruido que les hizo temer la llegada del fin del mundo. Afortunadamente para ellos solo se trató de un hundimiento que se tragó a Krastiva y a Klug en medio de un caos que levantó una polvareda enorme que se elcvó por encima de sus cabezas. Un agujero de descomunales proporciones se abrió y dejó ver una negra oscuridad en la que nada parecía poder sobrevivir. Pero unos gemidos de dolor anunciaron, que al menos vivían.

-¿Estáis bien allá abajo?-les preguntó Alex que se había quedado en el borde justo del agujero, casi trastabilleando para no caer abajo con ellos.

Un quejido mezclado con una respuesta que indicaba dolor, les llegó y Abul y Salah se dispusieron a lanzarles una cuerda para que ascendiesen a la superficie. Pero abajo, una vez pasado el miedo inicial, y constatado que estaban enteros aun, alumbraron con la linterna de Klug, ya que la de Krastiva había desaparecido entre los escombros, una de las paredes, que les devolvió las pinturas más bellas que jamás pudieran ver en templo alguno.

-Bajad, bajad, aquí tenemos algo…ay-se quejó del

costalazo que se había dado Klug-tenemos algo importante bajad.

Alex Abul Y Salah se miraron atónitos y descendieron tras asegurar las cuerdas a unas rocas que apenas daban para que les permitiesen bajar y no sabían si aguantarían para subir después. Una vez abajo, enfocaron las linternas hacia las paredes circulares de una cámara que semejaba pertenecer a un personaje de alto rango, dado el lujo que conservaba en muebles y adornos tales como mosaicos en los suelos y pinturas en las paredes.

Una puerta comunicaba con otras estancias y al abrirla tras un chirrido al rozar los herrumbrosos ¡goznes, y asomar la cabeza, vieron que se hallaban en lo alto de un edificio de dos plantas que se alzaba por encima de una columnata a medio derruir, que conducía a otra cámara.

-¿Estáis todos bien?, –preguntó Alex Craxell-si es así podemos seguir para averiguar qué es lo que encierra esta ciudad que cada vez parece agrandarse más y más.

-Bueno estamos magullados pero creo que enteros, -dijo Klug que ahora hacía alarde de hombría al tener en ciernes lo que tanto anhelaba.

-Bien entonces adelante, con precaución, que no sabemos que nos podemos encontrar ahí afuera.

Los escalones de piedra blanca, les condujeron a la terraza que por encima de unas cámaras techadas les llevaron hasta las alcobas de la Candace. Unas telas de lo que fue seda colgaban hechas jirones de un techo que cubrieron hacía tanto que se había olvidado. Y numerosos papiros hechos trizas se dispersaron al penetrar a causa de la brisa que levantaron.

-Creo que podemos aventurarnos a decir que hemos llegado a nuestra meta sin miedo a equivocarnos-apreció Alex-aquí han de estar los documentos, si han resistido el paso del tiempo, que nos dirán donde fueron el faraón y los suyos y qué pasó para que todos se disolviesen en la historia como por ensalmo.

Registraron cada centímetro de la gran estancia real, y Abul alcanzó a ver unos rollos bien atados recubiertos de una sustancia viscosa que no acertó a identificar. Los cogió en sus manos y observó que estaban recubiertos de una rara especie de hormigas, y los tiró en un gesto instintivo.

-¿Qué era eso Abul, que lo has tirado como si fuera veneno?-le preguntó Klug.

-Unos rollos de papiro recubiertos de hormigas que segregan una sustancia viscosa que resulta asquerosa.

-A ver…-se acercó Alex acompañado de Krastiva y de Klug, para verlos.

-Esto es lo que estamos buscando, tengo el presentimiento de que son…-no concluyó la frase Alex.

Apartó la sustancia y a las hormigas con cuidado y los desenrolló para ver que contenían. Unas letras en algo similar al egipcio de los faraones Ptolomeos aparecieron en ellos y lo leyeron con comodidad. Se sentaron en círculo y Alex les leyó en voz alta lo que referían en sus páginas.

-"En los días en que faraón Kemoh llegó a la tierra de la Candace muerta hacía tiempos, la maldición se había ya cobrado la vida de tres mil hombres, mil quinientas mujeres y ochocientos niños". –Una sensación de dolor interior les embargó ante las estadísticas que reflejaban en aquellos escritos últimos de aun no sabían muy bien quién.

-Así que una plaga les asoló y les diezmó considerablemente…-dedujo Klug.

-¿Les diezmó? Les erradicó diría yo, de la faz de la tierra de los vivos. –Añadió Krastiva.

Continúa leyendo por favor, es importante que

sepamos que les acaeció si deseamos saber qué es lo que hizo y adonde fue el faraón Kemoh. –le rogó Krastiva.

-"Yo el sacerdote de Amón Hijo de Soreb, escribo esto con la esperanza de que algún día se escuche la voz de la Candace, y perdure su memoria". Es todo, no hay más.

-Pues no dice nada de a donde fue el faraón, que escueto. Pero ahí hay más rollos, algo añadirán.

-Veamos que dicen sí.

Desenrolló el siguiente y en él pudo ver como una ciudad se sumergía en la oscuridad de los tiempos para no resurgir más de su desesperanza y su dolor, al ver como sus habitantes morían sin remedio por una causa desconocida. Creyeron que la muerte de su Candace, les dejaba sin la protección que necesitaban para vivir en sus tierras, y que les dejaba indefensos ante los espíritus malignos. Los otros, añadieron más datos y cifras y solo el último les dio una pista de por donde continuar, al indicar de pasada, que el faraón iba en pos de unas tierras cedidas por el señor de Persia que les entregaba unas montañas que les servirían de cobijo y a donde se dirigían cuando pasaron por la ciudad maldita de la difunta Candace.

-Esto nos lleva de nuevo a Irán, la incógnita no obstante persiste, ¿en qué dirección marcharon?-se preguntó en voz alta Alex Craxell-necesitamos saberlo antes de continuar.

LOS PINACULOS DEL DUAT

El faraón Kemohankamón, y su numeroso pueblo, ascendían por las empinadas laderas de los montes persas en cuyas cimas suponían se encontraba su morada final. Cinco soldados de Cosrroes, a modo de guías les conducían hasta el territorio que les cedía su señor el rey de reyes.

-Mi pueblo está acostumbrado a morar en llanuras de arena y sol, no sé si se aclimatará a vivir en un lugar tan distinto de su tierra…-se preguntaba Kemoh conversando con sus guías persas.

-Nuestro señor en su inmensa sabiduría ha pensado en esto también y aunque ahora subimos estas laderas que se antojan interminables, más tarde descenderemos aun valle que se abre como en un abrazo entre rocosas montañas regado por un rio que llena el lago que ocupa el centro del mismo.

A Kemoh se le antojó que aquella descripción era la que más se acercaba al Duat, el paraíso de los egipcios que era la meta final tras sobrevivir a las pruebas de Osiris en el submundo donde reinaba la serpiente Apofis. Un lugar para las lamas puras cuyos pecados pesaron menos que la pluma de la diosa Maat.

Como una hilera de diminutos insectos, serpentearon por entre las rocas y arbustos sin que nada estorbase su avance. Al llegar a la cima de la montaña que terminaba en un acantilado escarpado como cortado a pico, pudieron ver su nuevo hogar. A un lado un camino estrecho descendía con escalones tallados por la mano del hombre en empinada pendiente hasta una zona en la que se ensanchaba lo suficiente como para que cupiesen cinco personas juntas. Los guías se distribuyeron en dos grupos y ayudaron a descender a cuantos iban pasando delante de ellos.

Faraón Kemoh en primer lugar, acompañado de Ramaj, dirigió a su pueblo por los caminos pedregosos que bajaban al lugar de su morada que se veía como una sucesión de pináculos de oro elevando sus piramidiones al cielo mismo, creando una imagen mítica. Desde que viesen la ciudad a lo lejos, los ánimos subieron varios enteros y el descenso se hizo peligroso a causa de la ansiedad por llegar abajo, que algunos mostraban.

La noche se echó sobre ellos y aun así debieron continuar hasta llegar abajo, para poder acampar antes de penetrar en la ciudad. Las hogueras iluminaron la oscura noche y los sonidos de animales desconocidos para aquellos sufridos exiliados egipcios, les impidieron dormir, o acaso fuera por la cercanía de la ciudad que les acogería al día siguiente. A penas a dos millas de distancia se alzaba la ciudad sin nombre que esperaba a sus habitantes para cobrar vida.

Hubo cantos y bailes para festejar la libertad de la Roma de oriente, en la que Justiniano reinaba como único tirano, enviando a sus generales contra los que vivían en los antiguos dominios de la Roma de occidente. Narsés y Belisario habían conquistado para él tierras inmensas que le hacían sentirse el señor de Roma. Egipto dejaba de ser libre de nuevo para incorporarse al imperio, y aumentar la megalomanía del nuevo César de Bizancio. Solo la Persia de Cosrroes derrotaba y frenaba el avance por oriente de los soldados imperiales arrebatándoles Anatolia Siria y Palestina, amenazando a la propia Constantinopla, que sería prácticamente la frontera natural con Persia desde entonces.

La marcha se inició al día siguiente con las fuerzas renovadas y la esperanza de no ser más molestados por extraños a fin de morar en seguridad el resto de tiempo que le quedase al pueblo egipcio. La ciudad fantasma se les apareció desierta y nueva, vestida como una novia para su esposo. Refulgían los pilonos recién pintados y los adornos de oro que se incrustaban en las jambas de las puertas por las que el faraón Kemoh, penetraba en un mundo que le era entregado en sus manos.

Las estatuas de su persona flanqueaban los pilonos y aparecían como era costumbre sentadas en tronos de piedra. Casas de adobe encaladas con yeso de color de las arenas del desierto, y un palacio que se elevaba de entre la ciudad como titán que guardase a quienes morasen dentro, configuraban el resto del conjunto arquitectónico.

Ramaj presidió la comitiva real que se separó de la masa de egipcios que ya entraban en casas apropiándose de ellas, a medida que avanzaban. La curiosidad iba en aumento y solo Kemohankamóm, y Ramaj pensaron en descubrir junto con los guías el interior de los edificios más importantes a fin de saber qué contenían y de qué dispondrían desde entonces. Los tesoros que con ellos llevaban fueron descargados en las cámaras del templo y del palacio, según lo que fuese que desempaquetasen.

Entre las montañas protectoras que rodeaban el valle, un lago de grandes proporciones atestiguaba el poder de la naturaleza que se sentía dueña y señora hasta la llegada de los egipcios que la domesticarían para su beneficio. El verdor inundaba los prados que alrededor de la ciudad le prestaban sus colores, y los pináculos que se alzaban al cielo mismo semejaban agujas que lo quisieran traspasar.

-¡Los pináculos del cielo!-exclamó el faraón Kemoh al ver los piramidiones alzarse sobresaliendo de las casas y el palacio mismo. El oro de sus picachos brillaba como agradecido de tener al fin a quien pertenecer.

El faraón sentado en el trono flanqueado por sendos pebeteros, en los que ardían especias traídas de China e India y que nunca conocieron sus ancestros, le daban una apariencia sobrenatural que impresionaba a quien lo veía allí creciendo en poder, al cuidado del pueblo. Ramaj a su lado personificaba el poder religioso de Egipto, aconsejándolo en todos los casos. Ante ellos se presentaban los jefes de la guardia que tomaban desde ahora el gobierno y custodia de palacio, sin que nadie estuviese sobre ellos sino faraón. La vida comenzaba tras la ceremonia que oficiaba el sumo sacerdote de Amón y los dioses de oro de ellos y los de plata y los de bronce ocupaban ya sus lugares en los pedestales de los que no se moverían ya más.

-Traed las ofrendas a los dioses que hemos preparado para que bendigan el camino que iniciamos en este Fausto día. —ordenó Kemohankamóm.

Trece sirvientes en fila de a dos depositan frutas y agua en cuencos de oro que echan sobre las estatuas para luego repetir la operación con el faraón y el sumo sacerdote que s e desprenden de sus túnicas de lino blanco y agachan las testas, para recibirlas.

Corre el agua por los suelos embaldosados del palacio como la sangre limpia de males que ellos pretenden sean. Beben de los cuencos lo que resta y liban delante de los ídolos lo que les chorrea por el cuerpo. En la calle entre las altas columnas de piedra se apelotonan los que desean ver a su rey en esplendor, antes de salir a las calles llenarán de tenderetes y puestos de casas de compra y de venta para seguir con la que siempre fue su costumbre.

Ramaj se retira tiene que terminar de esconder el libro de Seth antes de que alguien descubra el contenido y la cizaña se entremeta en ellos desatando la codicia y la sed de poder. Sus ropajes largos le impiden caminar con la rapidez que desea, rozando las losas que se ven nuevas de mármol rojo y Porfirio. Mira atrás como si el demonio mismo le siguiese los pasos, y solo después de estar seguro de hallarse solo pronuncia conjuros olvidados que atan el libro para tenerlo en seguridad por cinco siglos.

Negro y brillante se muestra el libro de Seth, y lo abre una última vez antes de encerrarlo en su cárcel de piedra y conjuros. En sus páginas se habla de tiempos en que en Babilonia se pronunciaban palabras obscenas que se referían a dioses crueles que premiaban a sus acólitos con riquezas sin fin, y poder que no era de hombres. Escritas están con oro y plata sobre metal pulido como si azabache fuese. Cada pesada página es como un mundo al que viajar de la mano de señores que gobiernan al hombre sin éste saberlo. Ha sido desde aquel infausto día un dolor terrible el que azotase a quienes tuvieron la mala idea de adueñarse de él, como si esto fuese posible para un mortal. Ahora él lo cierra con temor a ser captado por su inmenso poder, y lo deja en medio de la mesa en la que antes depositase hierbas y polvo negro para efectuar el conjuro que lo retendrá un tiempo, hasta que un hombre sabio lo destruya parta siempre y habrá de no ser servidor de Amón ni de Seth.

El humo que sale de allí huela tan mal que asusta a quienes por debajo sirven como soldados del faraón en pie firme sin apartarse de sus puestos por ello. Un cofre de madera cubre el libro y Ramaj hace llamar a dos hombres que lo cargan entre ambos para dejar que resbale por un conducto que conduce a las entrañas de la tierra. Así desaparece el libro de las manos temblorosas del sumo sacerdote que respira tranquilo sin saber que de esta manera ha condenado a hombres que nacerán en siglos posteriores a una muerte cierta. Reza a sus dioses agradecido por haberse librado de aquel peso tremendo que lo aplastaba, y echa especias olorosas en los pebeteros que permanecían apagados para así mostrar su alegría. Es libre del poder omnímodo de aquel dios que comanda las fuerzas del submundo donde hace reinar a Apofis la serpiente enemiga de Osiris.

Tres acólitos penetran en la cámara del sacerdote a unas palmadas suyas y recogen los derelictos de su acción ante la mesa de conjuros. Se retira seguro de que ahora y no antes el faraón podrá al fin descansar de su éxodo forzado por el poder creciente de la Roma de oriente en manos de Justiniano.

Del lago comienzan a salir brazos que serán canales acequias que regarán los campos y darán alimento a sus moradores hasta que el fin les llegue de manos de la naturaleza que no distingue entre unos y otros.

Una ciudad egipcia cobraba vida en las abruptas montañas persas, a espaldas del mundo que evolucionaba a gran velocidad sin contar ya con el que fue el imperio de más larga duración casi tres mil años.

Faraón Kemoh paseó entre las callejuelas de casas de adobe endurecido al sol, y contempló a su pueblo absorto en su acomodo. Es entonces cuando recibió la visita de su sumo sacerdote Ramaj, que con gesto adusto, le llevó hasta el templo para comunicarle el resultado de sus consultas a los dioses.

-Debes saber ni señor Kemoh, que no es del agrado de los dioses que sigamos viviendo en tierra de otro rey que no sea la de Egipto. Han decidido darnos un tiempo para regresar y de lo contrario solo quince años tendremos para vivir en esta tierra.

-¿Porqué? Solo tratamos de sobrevivir, de tener paz en una tierra que nos de cobijo y alimento…-se quejó Kemoh.

-Solo en tierra de Egipto deben vivir los hijos de Re, y es allí donde se les puede proteger de otros dioses que desean poseer a sus hijos.

-Entonces no tenemos opción…el pueblo debe saberlo, tiene derecho a elegir. Yo me quedaré en esta tierra, pase lo que pase, eso está decidió. Estoy fatigado por tanto éxodo y no deseo sino vivir con tranquilidad el reto de mis días. Ah si estuviese aquí mi fiel Nebej…-pensó casi en voz alta.

-Majestad, si hacemos algo así podemos sembrar el pánico entre vuestros súbditos, y el resultado puede ser catastrófico…

-Aun así es mi deseo que se comunique al pueblo este dato que será decisivo para el futuro del pueblo que me ha tocado dirigir en tiempos revueltos y críticos como son estos.

-Tu deseo señor se cumplirá como si el mismo re lo requiriese de mí. –se inclinó Ramaj, decepcionado por la falta de respeto del rey y la escasa influencia que su decisión demostraba.

Tres días más tarde, en la plaza pública que se abría ante el palacio como una ostra que encerrase su mayor tesoro en vasos de oro, el pueblo se congregaba como uno solo para escuchar lo que de antemano consideraban ya malas noticias de su monarca.

-Pueblo egipcio, hijos de Amón y de Re, hoy he de comunicaros una noticia que pondrá de nuevo en el filo de la vida a todos nosotros. El sumo sacerdote Ramaj me ha comunicado que los dioses no aprueban nuestra marcha de Egipto y habríamos de marchar a nuestra amada tierra para recibir el final de nuestra nación a manos del tirano de la nueva Roma.

Un abucheo general se oyó como el sonido de muchas aguas en tumulto

-No me iré de esta tierra que el rey de reyes nos ha cedido, el que desee volver será recompensado con oro para que rehaga su vida y con lo necesario para que el retorno sea seguro. Yo me quedo con los que decidan hacerlo.

Un revoloteo y los aspavientos de muchos que consideraban un dios a su faraón se elevaron en el aire para llenarlo de gritos y lamentos una vez más. Tras esto todos se quedaron muy callados, como si ya se diesen por muertos y esperaron que hablase otra vez su rey.

-¿Cuántos desean marchar a Egipto de regreso? Que alcen sus manos sin miedo.

Ni una sola mano se alzó sobre las cabezas de los congregados y el faraón sintió que ganaba una batalla a los dioses mismos. Desde aquel día él y sus súbditos resultarían ser uno solo. Ramaj sin embargo se sintió menospreciado y consideró la idea de marcharse de donde no era útil. Faraón Kemoh se acercó a él y tomó sus manos entre las suyas como lo haría un padre con su hijo amado.

-No te lamentes, es éste un pueblo cansado de errar, y harto de dioses que no le defienden de sus enemigos cuando los necesita. Solo les queda un dios y es demasiado pequeño en poder y gloria como para vencer a la Roma de Justiniano.

-Tú...-casi le susurró

-Sí amigo mío yo que solo se conducir a un pueblo aterrado y dolorido fatigado por el destino. Quédate con nosotros, y sé parte del destino que nos labremos como un solo hombre.

El sacerdote sonrió y alzó la testa agradecido de no ser repudiado por su pequeño dios hijo de Re.

-Me quedaré con los míos y con mi rey que será nuestro guía capaz de conducirnos más que dios alguno a través de caminos seguros.

-¡¡Ramaj!,¡Ramaj!¡ Ramaj se queda con nosotros hijos de Re!-gritó como nunca antes para animar al pueblo y a sí mismo. Un coro de voces graves y agudas le sirvió de eco y elevó un cántico al cielo en acción de gracias a sus dioses. La ciudad resultó ser del agrado de quienes ahora vivían en el alago que se conocería como Orumeyeh, en el noroeste de la actual Irán. Entre las llanuras inmensas y las montañas circundantes aun vivirían muchos años antes de concebir una manera de resultar inmortales en el tiempo, y poder traspasar sus conocimientos s generaciones no nacidas. Las aguas del lago que les daba la vida se iría salando con el tiempo, y lo sentirían como una maldición que les sobrevenía de los dioses a los que habían desobedecido.

EN EL PALACIO VATICANO

Su Santidad El Papa Juan XXIV, charlaba animadamente con el arzobispo de Sevilla monseñor Julián de Arión que apoyaba con ahínco todos sus postulados. A su lado el inseparable padre Lozinsky que como una sombra les seguía a todas partes. Los pergaminos que encontrase el Papa de Roma en la biblioteca vaticana le habían servido para detectar la posible ubicación de la ciudad en que se deberían hallar los dos libros el de Seth, el más importante y el de Amón el que le servía de excusa para enviar a sus acólitos a tan distantes países.

-Santo padre, es posible que de hallarse el libro de Seth éste tiente a monseñor Balatti y se apropie de él, razón por la cual deberían ser varios los que s encargasen de su custodia. Grande ha de ser su poder para perdurar en el tiempo y haber logrado llamar la atención de su Santidad…

Al papa le pareció más que razonable aquella apreciación y le miró sorprendido como dándose cuenta de que era capaz de pensar por sí mismo. Ya había hecho algo parecido al enviar a Alex Craxell tras el libro de Amón pero tener controlado de cerca a Balatti no era tan fácil como parecía en un principio. Era perro viejo y sí, el también ase había puesto a pensar en la posibilidad más que real de que Balatti se encaprichase de aquel maldito libro que iba a tener al alcance de la mano.

-¿Querría ser su eminencia quien le vigilase supliendo mis ojos monseñor?-le ofreció.

-No sé Su Santidad si soy el más adecuado para tal misión pero estoy convencido de tener a quien lo haría gustoso de ser de la entera aprobación de Su Santidad.

-¿A sí? ,y ¿Quién es ese individuo del que responde su eminencia con tal prontitud?

-Es…bueno es un pariente que necesita sentirse útil de alguna manera y hará cuanto se le diga por un buen precio.

-Ya…ya comprendo, el dinero es quien siempre manda…

-Oh no, no me he explicado bien Santidad no me refiero a dinero cuando hablo de precio, lo siento, es otra cosa la que le interesa l padre Rudolf. Es un políglota que además maneja internet como nadie, y su ansia de aventuras compite con su eficiencia.

-Más se parece a Indiana Jones que a un cura su pariente…

-Bueno, no he querido dar esa impresión a Su santidad…

-Tranquilo solo era un abroma, y dígame ¿Qué es lo que le satisfaría a su digámosle "pariente"?.

-El estuvo a cargo de una diócesis en un pueblo del norte de España, pero…

-Sí ande prosiga.

-Bueno, no fue muy ortodoxo su comportamiento…se deslizó con un chico…menor d edad…y…

-Así que es eso, tendré que perdonarlo si me sirve

bien, ¿no?. Ni se imagina cuantos curas de ese tipo he de trasladar cada año de parroquia, de cesarlos la Iglesia se quedaría sin curas en poco tiempo.

-Sin duda le agradaría saber que Su Santidad le otorga su perdón y que le encomienda una tarea importante para nuestra santa Madre Iglesia…-obvió el desagradable comentario del jerarca de la iglesia.

-Llámele y que se presente ante mí cuanto antes, pero responde su eminencia de su comportamiento en el futuro…

Monseñor Julián d Arión sonrió ampliamente y se retiró tras besar el anillo de Pedro, en la mano del Papa.

Juan XXIV se dio la vuelta y miró hacia la plaza de san Pedro que se comenzaba a llenar de gentes que esperaban la hora del Angelus, para ver a su líder religioso. Se agolpaban cada día venidos de todos los rincones del mundo pseudocristiano, con el fin inconsciente de adorarlo. El cada vez se agobiaba más con aquel ritual que no le aportaba nada nuevo, pero era el pan de cada día y debía tomarlo como una tarea más que realizar dentro de sus funciones. Tras él el padre Lozinsky que no había abierto la boca en ningún momento, se retiró consciente de que algo se fraguaba en la mente de aquel hombre excepcional capaz de conseguir lo que se propusiera. Había escuchado toda la conversación sin atreverse a intervenir, y ahora se guía con cautela los pasos de monseñor Julián de Arión para ver cuales eran sus próximas acciones a favor de su Santidad.

Balatti a bordo de un avión de las líneas italianas que pertenecía en realidad al Vaticano, iba rumbo a Irán para desentrañar in situ el misterio de los libros de Seth y

Amón. Su pasaporte diplomático le permitiría acceder a cualquier documento por secreto que fuese, siempre y cuando resultase discreto su uso.

Se acomodaba en su asiento cerca de la cabina con una copa de champán en la mano y el ordenador frente a él. Estaba conectado con la biblioteca vaticana y repasaba cada pergamino o papiro que tenía algo en común con su tarea. Tras de sí Eloísa y juliano discutían en voz baja sobre algunos datos y Delan cuidaba de Olaza que tenía la pantorrilla hinchada como un balón de fútbol. Betino dormitaba como una marmota y resoplaba como lo haría un viejo que se dejaba vencer por el sueño en cuanto se acomodaba un poco sobre algo blando.

Balatti, pensaba en cómo convencer a las autoridades iraníes de que le facilitasen el acceso a documentos considerados por el régimen como impíos o contrarevolucionarios. Siendo como era una autoridad religiosa que representaba l estado más poderoso en aquel ámbito, esperaba tener alguna consideración de parte de los ayatolas que regían los destinos del país. Envidiaba su posición que él creía debería ser la que predominase en el mundo actual. Si los clérigos llevasen las riendas del poder otro gallo cantaría. No se atreverían los medios como era el caso en irán a calumniarles con mentiras terribles y extirparían a las religiones que no se acoplasen a sus designios que eran los estrictamente correctos y no otros. Los parámetros con los que se medirían las cosas como la moral del pueblo resultarían más fáciles de asimilar, y se sabría donde ubicarse.

Paladeó un sorbo de champán con el regusto de su fantasía y sonrió con gesto cruel, degustando la destrucción de quienes consideraba herejes." ¡Ah qué tiempos aquellos en que se quemaba en la hoguera a quienes se atrevían a rebelarse contra lo establecido, aunque esto fuese una gran mentira!". Ahora iba a ver la puesta en práctica de su sueño en aquel país que había sabido derribar al monarca reinante que no prestaba atención a los mandatos religiosos, aliándose con los enemigos del islam. A él le repugnaba el islam como tal, pero su estructura teocrática le subyugaba. Los ayatolás eran vistos como un ejemplo a seguir en el vaticano eso sí en secreto, dado lo mal vistos que estaban en el exterior. Llevaba cartas del Papa para ellos y él mismo era un diplomático en activo, por lo que raro sería que le tratasen con desprecio, pues no tenían nada que ganar y sí mucho que perder. Un aliado como el vaticano no se encontraba todos los días.

Aprovecharía su posición de ventaja para saber el paradero de los libros y si se terciaba se los compraría tras convencerles de que documentos de esa clase era mejor que estuviesen fuera de su país, para no ser destruidos ni tener que dar explicaciones a nadie de la razón de su existencia, poco justificable desde el punto de vista de su ortodoxia.

Un campo de nubes algodonosas cubría la parte baja del avión y Balatti se preguntó si aquello se asemejaría de algún modo al cielo en el que pensaba a veces cuando rezaba sin pensar en lo que pedía al repetir el padre nuestro. No le inspiró aquella contemplación "celestial", y miró tras de sí para ver cómo les iba sus acólitos. La pierna de Olaza tenía mal aspecto y se veía ennegrecida temiendo que se le gangrenase, lo internarían en un hospital de Teherán para que pudiese salvarla. Delan se ocuparía en delante de sus obligaciones asumiendo el cargo en funciones de capitán de la guardia suiza. Eloísa que apenas dormía nunca, se mantenía fija en la pantalla de su ordenador, viajando por internet, extrayendo información que más tarde emplearía en sus tareas de mantener las comunicaciones con el vaticano.

SE FRAGUA UN DESTINO

Ramaj acompañado del faraón Kemohankamón, supervisaba las instalaciones de extraño aspecto que Ramaj había mandado construir en secreto. Se trataba de una especie de presa que funcionaba con mecanismos complejos que ignoraba faraón par lo que servirían.

-Mira majestad, hijo de Re…esto será la llave de la eternidad para tu pueblo si decides aprobar que se utilice cuando sea necesario. Es un mecanismo que inundará la ciudad para ocultarla de ojos extraños cuando no quede habitante por cuyas venas quede sangre egipcia.

Los ojos de Kemoh bajaron por el hueco redondo que descendía hasta no se veía donde estaba su conclusión, y temió por la cordura de Ramaj. De ser ciertas sus afirmaciones aquello podría suponer el final de todos los que vivían bajo el cetro de faraón.

-Esto es…no sé cómo definirlo, explícame su uso.- decidió saber antes de condenar el proyecto y mandarlo destruir

-Se trata de que si en alguna ocasión una maldición de los dioses cae sobre tu pueblo gran faraón…desde este mecanismo podrás actuar de manera que se inunde la ciudad. No temas se podrá vaciar pasado el peligro, yo te diré como y tu mi señor tomarás decisiones al respecto. En lo más bajo de esta estructura se guarda un secreto terrible que podría destruir el mundo conocido, y que pondría en manos de un tirano las vidas de cuantos puebla la tierra.

Ramaj le fue guiando por los vericuetos y corredores

que horadaban el subsuelo dándole todo tipo de explicaciones a las que Kemoh se limitaba a asentir, procurando no olvidar nada de lo que le decía. Comprendió la utilidad de tal proyecto y consintió en que nadie salvo ellos dos supiesen de su existencia. Los obreros habían sido elegidos y formaban parte del sacerdocio que se hallaba más cercano a Ramaj. Su obediencia era absoluta. Dioses egipcios muy familiares para el faraón salpicaban las paredes y en algunos tramos estaban recubiertos de oro puro. Al llegar a la parte más baja vio una cámara que se dividía en celdillas cuadrangulares que enceraban trampas mortales en cada una de ellas salvo dos. Allí morirían quienes profanasen el lugar bendecido y ofrecido al dios Osiris. Resultaba tener la apariencia de un templo vulgar pero albergaba en su interior secretos que la humanidad debía tener encerrados con llave, si descaba sobrevivir a su influencia.

-Mira aquí se guardan los libros sagrados y ahí justo enfrente se halla la abertura por la que se desliza el libro de Seth nunca lo saques de su cárcel de conjuros que lo encantan para obligarlo a permanecer inactivo. –señaló una puerta de oro que y tenía hermosos grabados en sus dos hojas. Representados se hallaban Osiris y Seth en lucha permanente con sendas armas en sus manos para impedir el acceso a la cámara del libro. El suelo resbaladizo y brillante era de Porfirio rojo veteado con vetas negras, que raramente se hallaba, y había sido hallado en los navíos que guardaron el tesoro real de Kemohankamón en la gruta del mar rojo.

Cuando llegue la hora de reunirte con tus antepasados, y se realice la ceremonia de la momificación, el libro dejará de saberse donde se halla, pues yo mismo me enterraré en este lugar para que jamás nadie lo halle. Es una morada en la que el poder de los dioses habita para siempre, y ellos eligen a quienes les otorgan sus favores.

Ahora ven señor de las dos tierras, porque aun queda algo por hacer. Debes ocupar el lugar que te corresponde entre tus ancestros antes de proceder a ser el gobernante último de la dinastía última que reinará sobre el país del Nilo.

Los dos hombres avanzaron bajo los pétreos suelos rojos como sangre, para explorar el uno y supervisar el otro cada detalle que debía permanecer en perfecto estado para el oficio final. Las vestiduras del sacerdote en quien comenzaba a confiar Kemohankamón, rozaban el suelo, acariciándolo como mano amiga. El lino de los atavíos de faraón, ceñidos por un cinturón de oro que simbolizaba la carne de los dioses, danzaban como impelidos por un viento inexistente dentro de aquel pesado y vacío camarín. Traspasaron varias cámaras de disminuidas dimensiones, y llegaron hasta una en que ardían especias que llenaban las fosas nasales con su embriagante olor que llevaba a quien las aspiraba a mundos desconocidos por los mortales. En ellos visionaban hechos de otros tiempos en que faraones famosos guerrearon como Tutmosis III hasta extinguir imperios como el Mitanni, llevando consigo navíos fabricados en los astilleros de Biblos para cruzar el Eufrates y exterminar el peligro que se cernía sobre el Egipto que dominaba el mundo conocido.

Eran las drogas de los sacerdotes de Amón, potentes como para dejar que quienes gobernaban sus vidas llegasen a decirles lo que anhelaban saber. En sus sueños veían los sucesos que pronto tendrían lugar y admirados quedaban absortos en sus visiones. Creían en su destino, sin ver que solo su mente deliraba sin más.

MOSEÑOR JULIAN DE ARION

El arzobispo de Sevilla, cavilaba sobre cómo hacer para ganarse el afecto del nuevo Papa que en contra de lo previsto cerraba alianzas con los más conservadores, en una línea, que marcaba la política del vaticano. Monseñor Julian de Arión era descendiente de duques de apellido de rancio abolengo, capaces de cualquier cosa con tal de servir a quienes consideraban sus amos. Ahora una vez más Julian veía la posibilidad de acceder a una posición de privilegio que no podía dejar escapar. Se cambió en el palacio de su protectora, y con ropas de lego, sin que sus sentidos le advirtiesen de la peligrosa cercanía del padre Lozinsky, que como sombra negra y amenazante le seguía por la Roma de los Papas, actuales pontífices máximos, al estilo de los césares romanos más comprometidos aun que ellos con la ciudad eterna.

Un traje de Ives saint Lauret, le confirió la presencia que requería el acto al iba a acudir aquella tarde, nada religioso, y sí muy lúdico. Se trataba de un cóctel que daba el gobernador con motivo de la llegada del nuevo embajador de gran Bretaña y del de España, que conocerían a los nuevos nuncios papales que servirían a la santa madre iglesia de Roma, nada apostólica, y muy romana. Se precisaba ser de aspecto mundano y conocer el arte milenario de la seducción para poder hallarse en el reducido número de asistentes. Monseñor Julian de Arión por los contactos que guardaba en su sotana, y por la familia a la que pertenecía accedía siempre sino de la mano del Papa, sí de la mano de su protectora, la duquesa. No le agradaban los legionarios de Cristo, pues eran la competencia que les arrebataba los adeptos que tanto apreciaban en sus filas.

Todos vestían a propósito, sus mejores galas y las joyas relucían como si nada brillase más en el mundo que su valor intrínseco. Mujeres de embajadores, ministros del gobierno cambiante de Italia, y los cardenales que no conocía monseñor Julian de Arión, llenaban el salón del palacio Drussonni , que albergaba a lo más granado de los que habitaban la Roma del hoy. La música sonaba suave, tras ellos y las arañas colgaban con sus cristales como estrellas de un universo particular y privado. Camareros elegantemente ataviados pasaban bandejas e plata con canapés de salmón, caviar beluga, y copas de champán francés, para relajar el ambiente que reinaba entre ellos. Las conversaciones aun no habían comenzado, pues el acto estaba en ciernes y llegaba en aquel preciso instante el dúo de embajadores que presentarían sus credenciales ante el gobernador como delegado del gobierno italiano. Se les aceptaba en el estrictamente privado círculo de poderosos señores que en la sombra decidían como se harían las cosas en Roma.

Como sombras negras casi invisibles, los dos embajadores penetraron entre aplausos en el gran salón decorado al efecto. Ante el gobernador se desarrolló el ritual de presentación flanqueados por guardias de honor que adornaban el acto. Tras las consabidas palabras de bienvenida, unas palmadas indicaron a los camareros que podía dar comienzo la fiesta y los negocios que se fraguarían allí dentro a espaldas de quien pagaba los tributos en forma de impuestos. Las luces amarilleaban las ventanas que en la noche semejaban poseer la magia de quien vive a espaldas del mundo, sin compartir el poder que subyace en las catacumbas de las estructuras políticas.

El padre Lozinsky, que miraba como lo haría un indigente a través de la ventana que daba al parque de setos bien cuidados y fuentes cantarinas, sonreía al convencerse de que había dado con la fuente de contactos más importante que pudiese hallar sin esforzarse demasiado. De ahora en adelante se entretendría en controlar a monseñor de Arión para así acceder sin ser visto ni conocido por aquellos señores que reinaban en la sombra. Pero aun le esperaban nuevas sorpresas al padre Lozinsky, que veía como al cabo de dos horas cuando ya las figuras comenzaban a sostenerse aduras penas se apagaban casi todas las luces y penetraban en el salón damas enmascaradas, que vestían ropajes propios de una fiesta pagana de tiempos ancestrales y no de señoras de buen saber estar.

Hicieron un círculo y echaron las cabezas hacia atrás

para dejar caer después las máscaras bajo las cuales unas pinturas similares a tatuajes de tintas rojas y negras apenas dejaron ver sus agraciados rostros. Sus voces se alzaron en el silencio que se había hecho, y ninguno pareció sorprenderse de lo que estaba sucediendo. Los varones abandonaron la escena para ocultarse de ellas y regresaron con vestiduras blancas sobre sus desnudos cuerpos que rebosaban de deseo. Se aparejaron y cayeron en una especie de trance soporífero en el que copularon de forma que nadie quedó solo, ni olvidado, por hembra de aquellas que elegían pareja en el salón. Las máscaras tiradas en el suelo, fueron desechadas y los jadeos y suspiros de los contendientes amorosos, llenaron el aire de la primavera que veía ofrendados sus cuerpos y sus deseos como si de una diosa se tratase. El "hieros gamos", en que se veían inmersos les garantizaba la fecundidad, y la protección de los espíritus que anidan en la naturaleza en que reina la reproducción. Lozinsky se tapó los ojos y se avergonzó de pertenecer a la curia romana que se plegaba a aquellos ritos paganos de tiempos ancestrales y anacrónicos que ya se creían muertos y enterrados.

Se retiró para dejar que todo siguiese su curso, sin que se le descubriese y así poder usar del pode oculto que tenía en aquella…secta, que le aterraba creer era solo una de las muchas que poblaban Roma. La velada se alargó hasta altas horas de la madrugada y solo entonces comenzó el desfile de automóviles de lujo que salían de la finca de la duquesa en el palacio Drussonni. Las estrellas fueron testigos mudos de su huida del lugar y callaron temerosas de ser censuradas.

Entretanto Balatti, conversaba con miembros del servicio diplomático, y se daba cuenta de lo que las cosas habían cambiado en cuestión de meses en el Irán. De poco le sirvieron los pasaportes diplomáticos y el pertenecer a la curia romana con rango de privilegio entre la curia del Vaticano. En el Irán que nacía con futuro de gran potencia en ciernes, eran mal vistos los occidentales, y más los que gobernaban en el palacio vaticano, que lanzaban cruzadas contra quienes creían en el profeta. A Balatti le estaba costando esfuerzo que se le permitiese deambular por territorio iraní sin ser escoltados por miembros de la guardia revolucionaria islámica. No deseaba que se supiese qué buscaba en tierras persas, y menos que pudiesen acabar confiscando su libro de Seth.

En la biblioteca de Teherán era vigilado por sendos guardias de la revolución asignados de antemano por el comité del patrimonio de la nación a fin de controlar cualquier hallazgo que se diera en manos de aquel astuto sacerdote pagano. Vestidos de lego, para no levantar suspicacias entre los buenos musulmanes, Balatti y Eloisa , amparados por los guardias suizos que les acompañaban entre los que ya se contaba Olaza prácticamente recuperado de su herida en la pierna, se distribuían entre las mesas de la enorme biblioteca a fin de distraer a los policías secretos que les controlaban. No sabrían de ese modo a quien vigilar dado que solo eran dos. Un amplio abanico de pergaminos y papiros se extendían en la mesa de Balatti y Eloisa por su parte desentrañaba el contenido de los que previamente seleccionaba Balatti y le pasaba. Sus ojos se abrían como platos ante lo que le transmitían aquellas palabras muertas hacía tantos siglos y que ahora volvían a cobrar sentido y poder. Los dioses de Egipto y sus conjuros emergían de dentro del mayor de llos ostracismos con hambre nueva.

La luz se filtraba por los tragaluces que en lo alto de las cúpulas caía como si Ra les hablase en persona. Balatti fue tomando notas en dos libretas distintas y guardó la que tenía los datos importantes entre su camisa y su pecho. La otra la llevó en la mano aferrada como si un tesoro de gran valor fuera. Confiaba en que le saliera bien la jugada, era un farol y sabía que de no salirle bien todo se podría ir al traste. Las horas fueron pasando y cambió el turno de los ujieres. Los que se iban les susurraron algo al oído a los que se quedaban, y éstos miraron a los infieles que leían de sus volúmenes con deleite. Parecían ávidos del saber de oriente que se abre camino en la mente como cuchillo que corta entre hueso y tuétano para cambiar el curso de quienes creen tenerlo todo seguro sin así ser.

Eloisa enrolló cada pergamino con mimo y los colocó en su lugar con la ayuda demasiado cortés del ujier que se acercó a un gesto suyo. Era consciente de que solo intentaba ganarse su aprecio y así que se confiara para pode r acercarse y conseguir la información que deseaba. Por eso de que se cazan más moscas con miel que con vinagre. Balatti hizo otro tanto y se pasó la mano por la cabeza que le comenzaba a doler. Las cinco últimas horas de extrema concentración le pasaban factura. Cada cual guardó sus notas como mejor pudo y al salir por el gran arco de herradura que era la puerta los ujieres les exigieron que les entregasen las notas para fotocopiarlas. Balatti les puso en las manos la libreta que llevaba en su diestra y el ujier negó con la cabeza. Le indicó que sacase la que llevaba entre la camisa y se la diera. Balatti enrojeció hasta la raíz y obedeció. El guardia sonrió y al poco le entregó las notas con una mueca de triunfo que indicaba que le había ganado la partida.

-Maldita sea, se hay dado cuenta de que se guardó su eminencia esas notas, ahora nos seguirán por medio Irán…-se lamentó Olaza que rabiaba más por la humillación que por la herida.

-No creas que todo sale según se ve, amigo mío…-sonrió ampliamente Balatti-he jugado fuerte pero he ganado. Le entregué la libreta con las notas reales y no las quiso, así que le di las falsas que eran las que me solicitó.

-Entonces…no tiene las verdaderas….-dedujo Eloisa.

-Cuando las tomaba me di cuenta de que me miraban a mi constantemente, así que tramé este ardid para deshacerme de su constante vigilancia, o que al menos no les diera el fruto apetecido. Las notas que guardé esperando que me vieran hacerlo, carecían de importancia y solo eran datos sin relevancia alguna. Rabiarán al ver que han tenido los datos en sus manos y no los quisieron, no podrán acusarnos de ocultarlos eso desde luego, ja ja ja .-Rió a carcajadas Balatti.

El aire de la noche que se cernía sobre Teherán le confería un aura de misterio que seducía a quien la visitaba por vez primera como era el caso de Balatti y sus acompañantes. La calma que se respiraba en la circunferencia que rodeaba a la biblioteca nacional, era algo que no se podía sentir en ningún otro lugar de la capital persa. En otros tiempos cuando el Sha reinaba en su palacio de oro y perlas con paredes de marfil, semejaba ser un cuento de las mil y una noches contado por sherezade. Ahora las mujeres ataviadas con sus chadores negros y las túnicas de los varones le retrotraían a una época medieval que sin embargo estaba muy lejos del actual Irán.

Caminaron despacio hasta el hotel que habían contratado y sin hablar más que lo imprescindible, se distanciaron de la biblioteca que ya no visitarían de nuevo. Ahora se imponía encontrar la ubicación final de la ciudad en que pasó sus últimos días el pueblo egipcio, y donde supuestamente se encontraban los libros de Amón y Seth.

Extendió sobre el cobertor de la cama las notas y varios mapas de la peculiar geografía del país persa. A modo de consejo de guerra, fueron dando sus opiniones cada uno de los integrantes de aquella compañía de católicos embajadores de su santidad Juan XXIV. Eloisa contactó una vez más con el Vaticano, a sabiendas de que su conversación sería interceptada y calibrada por los servicios secretos iraníes. Razón por la cual se comunicarían por medio de claves concernientes a la religión católica que los espías musulmanes no acertarían a comprender bien.

Solicitó vía satélite mapas de los lagos más grandes del país así como de las montañas más abruptas a fin de localizar una posible ubicación secreta en un lugar al que no pudieran acceder las tecnologías occidentales por muy de última generación que resultasen ser. En poco tiempo tenían en sus manos lo que sin duda debería ser un sitio especial para esconder a toda una nación de al menos dos millones de personas contando con que se reproducirían en aquella ciudad escondida del mundo.

-Orumiyeh, es ese el lago que buscamos seguro- afirmó rotundo Olaza rompiendo todas las claves concertadas.

-Sí, puede ser, es el lago Urmía está a mil doscientos metros de altitud, tiene ciento cuarenta y cinco metros de largo, y unos cuarenta y cinco de ancho. Pero es tan salado…

-¿Qué tiene eso que ver con lo que nos ocupa?-le presionó Balatti a Eloisa.

-Que no puede contener vida ni tan siquiera animal. Ni los peces mejor adaptados podrían vivir allí.

-Entonces es el lugar que buscamos ¿a quién se le

ocurriría buscar en un cementerio natural que hace años no contiene nada que pueda interesar a turistas siquiera?, es el escondite perfecto, pienso sino serían los propios egipcios quienes terminasen salándolo para que no se acercasen por allí los que pudieran robar sus secretos.-dedujo Balatti.

Todos los allí presentes aplaudieron la perspicacia del cardenal y se miraron como si de pronto una luz invisible les avisara de que se hallaban pisando terreno acertado. Guardaron los mapas y las notas en un maletín de acero brillante que a su vez quedó dentro de una bolsa negra y se echaron unas horas antes de proceder a salir en busca del poder que les ofrecían los dos libros.

Los satélites dejaron de funcionar y el silencio se hizo dejando a los escrutadores iraníes sin saber que habían encontrado, pues hablaron tan bajo y con tanto cuidado que no pudieron captar sino palabras sueltas que contenían poca información. Sabían eso sí que iban en busca de dos libros y que un lugar oculto les daba descanso de quienes los deseaban hallar. Dos helicópteros militares se ponían en marcha rumbo al hotel en que descansaban los extranjeros y esperaban pacientemente a que saliesen para ir en pos de los dos libros. Uno estaría alerta para no ser descubierto y el otro dejaría que le viesen para ver su reacción, y que diesen por hecho que lo despistaban sintiéndose relajados tras hacerlo.

Al noroeste del Caspio, el lago Urmía se extendía como un pendiente gigantesco caído de la oreja de algún dios mítico de la antigüedad. Bajo sus aguas descansaban los restantes del pueblo de Amón que dejaron de formar parte del mundo tras dura lucha contra el tiempo y las páginas de la historia. La sal que llenaba la gran panza del lago impedía en efecto que hubiese vida en sus aguas y permitía que se le olvidase dejándolo a su suerte, sin que la sociedad humana alguna   lo poblase. Las autoridades militares habían considerado edificar allí una base del ejército, pero al no poder abastecerse de agua de él olvidaron la idea. Fue la última vez que se habló de aquel lago en el Irán actual. Khonshu, el enviado del dios de la noche, voló sobre las cabezas de lo que se acercaban a sus dominios como si deseara que se encontrase su lugar de habitación en las montañas perdidas de Persia. Una sombra blanca pareció pasar por encima de aquel edificio de acero y cristal que desafiaba a la cultura más antigua del mundo.

LOS DIOSES DE EGIPTO

Abandonar la ciudad les costó luchar contra una nostalgia que les hizo volver la cabeza más de una vez para despedirse de aquella que dormiría en las profundidades arenosas de la tierra, quizás para siempre. Necesitaban salir de Sudán y llegar a la costa era una manera de hacerlo sin despertar las sospechas que sin duda levantarían de retroceder hasta un país como Egipto, para tomar un avión con rumbo a Irán. Aquella noche primera la pasaron en la tierra lisa y verde de las cercanías de la costa con la brisa marina deseando acariciarles. Alex soñó esa noche con una maravillosa ciudad que le ofrecía sus puertas abiertas, para que penetrase en ella sin miedo. Dos hojas de bronce dorado y goznes de oro, se deslizaron como el agua sobre sí mismas y le permitieron ver su interior. En ella se levantaban numerosos picos dorados de oro sin duda, que pertenecían a altísimas pirámides que circundaban la ciudad en sí.

En medio se elevaba un palacio presidido por dos pilonos pintados en vistosos colores que mostraban una batalla entre Osiris y Apofis, y a faraón luchando contra enemigos a los que sometía sin piedad, de pie en su carro de guerra. Una sensación de plenitud le embargó y creyó ver a los comerciantes en sus tenderetes vendiendo sus mercaderías tratando de convencer con su labia a quienes admiraban sus productos traídos de lejanas tierras. Paseó entre ellos s perdió en sus calles atestadas de carros y personas, y oyó incluso las voces de quienes se llamaban desde lejos. Pero de pronto todo cambió y se vio en una cueva húmeda y enorme en la que cuatro naves se balanceaban en las aguas de la noche, sin que nadie hubiera en ellas. Solo las sombras parecían adueñarse de sus tablas viejas y medio carcomidas.

Se removió en su manta como si lo torturasen y comenzó a sudar copiosamente hasta el punto que Krastiva que se acomodaba junto a el, lo notó y lo zarandeó como a un fardo temiendo que sufriese una terrible pesadilla. Las imágenes comenzaron a emborronarse y todo semejó doblarse en sí mismo como un lienzo de tela en el que el pintor da sus toques maestros. La realidad fue reemplazando a al sueño, y se entremezcló para posteriormente permitirle salir del sueño y despertar sobresaltado.

-¿Qué pasa…? -Preguntó torpe aun-estaba en…-y sus palabras dejaron de tener sentido, pues olvidó lo que había soñado en el acto.

-Creo que estabas en medio de una pesadilla porque te removías como si estuviese poseído…a ver si ahora concilias el sueño y duermes que queda poco para que amanezca.

Las horas que restaban pasaron como segundos y Alex se sentó con una taza de té en las manos calentándose con ella las palmas, pensando en hacia dónde dirigirse. Una imagen suelta le llegó desde ese almacén maravilloso y enigmático que es el subconsciente y vio un cueva de proporciones gigantescas. ¡Eso era! Una cueva, ¡tenía que haber alguna en la costa que pudiese albergar naves de gran tamaño!.

-Tenemos que encontrar una cueva de grandes dimensiones que pueda dar cabida varias naves del tipo de las egipcias de aquella época. -Casi gritó levantándose.

-¿Pero como hallar una cosa así? Preguntó Klug que le miraba como si fuese un iluminado a punto de estallar en un ataque de locura.

Por toda respuesta Alex extrajo de su bolsa negra ya casi gris a causa del polvo que la recubría, un pequeño portátil y le aplicó un diminuto pendrive, que en realidad era un aparato que le permitía conectarse en cualquier lugar del mundo con un satélite que le devolvió la señal en el acto. Tecleó unos datos y una costa recortada y pedregosa se le ofreció a la vista. Era lo más cercano a ellos, tendrían que recorrer en los todoterrenos unos doce kilómetros hasta llegar a aquel punto señalado en el ordenador. Todos se arremolinaron en torno a él y vieron como a pesar de parecer perdidos en la sabana sudanesa, aun mantenían el contacto con la civilización occidental. Tecleó de nuevo y saló ampliada la imagen.

-Aquí lo tenemos es un escarpado que presenta arrecifes peligrosos en sus cercanía por lo que lo rehuyen los pescadores y casi nadie lo visita. Carece de interés turístico…o eso se cree. Porque de ser como pienso allí estuvieron las naves de faraón Kemoh hace siglos y puede que aun quede rastro de él.

-Entonces ¿a que esperamos? Démonos prisa en llegar y así podremos ver de primera mano cómo es que huyeron de Egipto los que restaban de los egipcios para residir en tierra extraña.

En la mente de Alex, se fueron formando imágenes de una ciudad bulliciosa y colorista que le resultó familiar. Las voces de los mercaderes le recordaron un mundo que no conoció nunca y las vestimentas le decían claramente que se trataba de egipcios de un tiempo en que el mundo no se dividía de la misma manera que ahora.

-Me …están…no sé que me está pasando.-titubeó entrecortando las palabras.

-¿Qué te ocurre Alex?-se alarmó Krastiva

-No lo sé es que me vienen flashes, de una ciudad extraña que sin embargo me parece que ya he visto antes…si al menos pudiera saber de qué ciudad se trata…pero no la puedo relacionar con ninguna…

-Es posible que alguien esté tratando de conectar contigo…-le sugirió Klug que le observaba con suma atención.

-Vamos Klug no irás a creer en esoterismos de ese tipo…seguramente será el estrés a que st5amos sometidos y nada más.

-¿A sí…? Y después de ver cuanto has visto ¿eres aun incapaz de comprender que hay más cosas en los cielos que en la tierra?

Krastiva bajó la cabeza confundida rememorando las aventuras pasadas en la ciudad de Amón Ra y las cosas que hubieron de ver y que de seguro hubieran negado de no ser ellos mismos los protagonistas de la historia. En aquel momento en que todo parecía estancarse, una luz se encendía en la mente de quien más cerca se hallaba de poder encontrar la civilización egipcia perdida en las montañas persas del actual Irán.

-Sí, claro es verdad…pero parece tan extraño…no acabo de acostumbrarme a que las cosas escapen a nuestro control.

-Todo lo que sucede en lo que se refiere a Egipto escapa al conocimiento de incluso los más eruditos arqueólogos, mira sino el caso de Zahi Hawas, el más importante de ellos, y el más humilde por extensión.

-Callad…creo que regresan las imágenes…sí…si, si veo la ciudad.

-¿Cómo es? Esfuérzate por observar detalles…-le pidió Klug que se entusiasmaba con la posibilidad de que algo les diese ventaja sobre sus seguros contrincantes vaticanos.

-Veo unos pináculos de oro que se alzan en medio de una ciudad esplendorosa…la preside un palacio de paredes de piedra arenisca…dorada…y…y las gentes que la pueblan van y vienen como en cualquier otra. Esperad…hay algo diferente…una reunión de funcionarios…o de sacerdotes…que tienen caras de circunstancias…se borra, todo se borra…lo siento no puedo mantener la imagen.-se lamentó cabeceando.

-No te preocupes creo que esto nos aclara algunas cosas…-afirmó Klug con autoridad manifiesta. A medida que nos vamos acercando a nuestro objetivo los mensajes van siendo más nítidos ¿verdad? –le preguntó a Alex Craxell que estaba muy asustado con lo que le sucedía.

-Pues creo que sí…es la segunda vez que me pasa, y en esta ocasión han sido mucho más explícitas que en el sueño que tuve antes. No me gusta que me utilicen de esta manera…es humillante que mi mente se convierta en juguete de no sé quién…

-No te alteres-le trató de calmar a su manera Klug que se crecía por momentos a medida que se adentraban en el desierto egipcio-es solo que alguien necesita comunicarse y te ha elegido a ti para hacerlo.

-Y supongo que debo sentirme un privilegiado-ironizó con lo que le perturbaba-

-Lo cierto es que sí. De otro modo no podríamos hallar el lugar exacto donde las naves de faraón Kemoh se armaron para el viaje sin retorno que emprendieron con rumbo a Persia. En esas naves encontraremos las claves que vamos a necesitar para llevar a cabo con éxito la búsqueda de esos libros que de ningún modo estarán al alcance de cualquiera. Son de hecho sumamente peligrosos y de ser hallados por ese cardenal del vaticano…bueno no quiero ni pensar lo que podría hacer con ellos, especialmente con el libro de Amón.

-Eso quiere decir si interpreto correctamente tus palabras, que somos bienvenidos en lo que se refiere a los dioses de Egipto…-auguró Krastiva.

Klug la miró desplegando una amplia sonrisa que le respondió claramente. Abul y Salah que se veín inmersos en medio de una lucha de poderes sin igual, se miraron a su vez con un movimiento de hombros que indicaba resignación.

Los dos todoterrenos saltaron virtualmente sobre la tierra húmeda de la sabana sudanesa, como brincando alegres en medio de la llanura verde esmeralda que se extendía hasta donde los ojos eran capaces de ver. Unas marcas de neumáticos quedaban tras de sí y como si una mano los borrase, se iban desdibujando como disolviéndose en el aire de la mañana. Los kilómetros que quedaban por delante eran pocos en comparación con los que llevaban recorridos y les motivaba a seguir sin desfallecer en su intento de encontrar los libros. El cielo color turquesa les cubría como una madre que les acariciase en su viaje a los confines del mundo conocido.

EL SACERDOCIO DE LA MADRE TIERRA

Los concurrentes a la reunión en el palacio de la duquesa, se fueron retirando discretamente a medida que los participantes iban cumpliendo con sus atribuciones en el "Hieros gamos" que se había desarrollado ante los escépticos ojos del padre Lozinsky . Monseñor Julian de Arión ataviado aun con la capa blanca que le confería su grado en la organización secreta a la que pertenecía desde antiguo, subió los escalones que le llevaban a la planta superior donde le esperaba la duquesa. Ella aunque no solía integrarse en la ceremonia, veía con buenos ojos que se realizase en su casa, y era la encargada de contactar con los que se entre3gaban a los ritos paganos de la madre tierra ya viejos cuando el mundo aun no conocía las religiones que hoy dominan el mudo occidental. Los más acaudalados señores de la política y las finanzas acudían a la llamada de la diosa tierra cada primavera abandonando sus negocios en manos de sus hombres de confianza.

Las luces del alba disipaban los misterios que la noche traía consigo, y los coches con cristales tintados desaparecían tragados por el tráfico de la caótica Roma. El padre Lozinsky en el coche oficial que utilizaba contadas ocasiones para salir de su hábitat natural que era el palacio vaticano, abandonó el lugar tras comprobar que no quedaba nadie en el palacio ducal. Su cerebro poco acostumbrado a cosas similares, hervía en pensamientos que lo turbaban sin cesar.

Al pasar por uno de los edificios que flanqueaban la vía mosqueto, un auto se situó justo al lado del suyo, y el cristal del copiloto bajó sin hacer ruido alguno. Un tubo negro apareció asomando por entre el espacio que el cristal dejaba y dos taponazos sonaron como si se descorchasen sendas botellas de champán. El auto del padre Lozinsky hizo un viraje peligroso y se incrustó contra una pared del edificio que cerraba la calle. El padre Lozinsky sin embargo no pudo apercibirse de tal hecho pues hacía diez segundos que acababa de despedirse de la vida con una bala en la sien izquierda. Su conductor al igual que el sacerdote viajaba ya en busca de ese cielo en el que creen los que como el confían en el clero vaticano, con otra bala en su sien, en el mismo lado. El choque produjo una pequeña explosión y el radiador comenzó a humear aumentando el caos circulatorio.

Había sido descubierto y controlado en cuanto hubo mirado por la ventana que daba al parque por la que observó el "Hieros gamos" creyendo ingenuamente que nadie le había detectado. La orden de eliminarlo fue fulminante y a partir de ese momento tuvo los segundos contados.

El papa recibió la noticia con consternación dado que era su máximo hombre de confianza, y lo perdía en el peor de los momentos. Con el cardenal Balatti en Irán Y monseñor de Arión al que creía fiel a su persona en medio de una evidente conspiración, las cosas no pintaban bien para su santidad. Mandó llamar a un sacerdote en quien podía depositar su confianza sin dudarlo, pero se hallaba en Irlanda y debería venir sin más dilación para ocupar el cargo del malogrado padre Lozinsky.

A partir de ese momento las carreras por los corredores del vaticano se sucedieron como una marca ineludible de la crisis por la que pasaba la curia romana.

Lejos de allí se reunían trece hombres que dilucidaban cómo rodear al papa de personas afines a sus intereses y no permitirle tomar iniciativa alguna sin que contase previamente con uno de ellos. Eran tres cardenales entre ellos el de Arión y diez de los más acaudalados financieros conectados con organizaciones mafiosas que les prestaban apoyo.

-Señores es imprescindible que tomemos en serio la amenaza que nos viene del papa , por lo que sabemos está buscando unos documentos que le podrían proporcionar el poder absoluto sobre los que ahora le niegan su apoyo en temas de finanzas. Ignoramos de que se trata pero hemos de darnos prisa, pues mis informadores me dicen que está a punto de alcanzar su propósito.

-Por lo que yo sé no creo que nos pueda perjudicar en nada…son un par de libros lo que anda buscando el papa…-dice el de Arión despectivamente.

-Por esos libros ha puesto en marcha todos los mecanismos que no se usaban desde la muerte del papa Juan Pablo I. Algo se trae entre manos y quiero saber qué

es. Por menos se han perdido reinos en el pasado. –
Aseguró don Pietro di Monte, que llevaba la voz cantante.

-La mente de Julian de Arión calibraba el riesgo que corrían de ser descubiertos por su santidad Juan XXIV al que sabía capaz de barrerles de la faz de la tierra sin pestañear, valoraba demasiado aquellos dos libros como para que se pusiera en peligro toda la operación. Tenía la plena convicción de que era el cardenal Balatti quien al final se alzaría con los dos libros en su poder, a favor o en contra de su santidad, pero hasta entonces no cabía sino la posibilidad de interceptar y conseguir los dos libros a fin de neutralizar el creciente y desmesurado poder del papa. Por otro lado era consciente de que Pietro di Monte era el intermediario de la mafia con el vaticano y que no permitiría que se interpusiese entre ellos y la curia ningún otro que no estuviese controlado por él. La cuestión era si Julián de Arión podría sacar algo que mereciera la pena de todo aquello, o tan solo integrarse sin desearlo en una organización mafiosa que le tendría atado a ella el resto de su vida.

-¿En qué piensas? Vuelve a la tierra que tenemos un serio problema con el papa y su gente. Te necesitamos cerca de ese hombre para estar al día en todo cuanto se refiere a esos dos libros quiero saberlo todo al respecto, ¿queda claro? No admitiré un solo fallo. De ser así-hizo un gesto evidente con su mano pasándola por el cuello-no tendrías otra oportunidad…

Fue entonces cuando el de Arión supo que les ería harto difícil escapar de las garras de aquellos que gobernaban ciudades enteras y que ahora pretendían introducirse en el palacio vaticano. Iba a precisar de un poder capaz de neutralizarlos sin ambages, que les intimidase a aquellos hombres curtidos en mil fechorías que estaban acostumbrados a que nada escapase a su control.

-Sí, sí está claro, pero no será nada fácil…el papa tiene a hombre s de su entera confianza a su alrededor y no querrá apartarlos de su lado a menos que…

-A menos que ¿qué? dilo…-le exigió Pietro-no me gustan los acertijos.

-A menos que llegue a creer que se le está traicionando…y eso le pondría en nuestras manos.

-Ya empiezas a pensar como uno de nosotros Julian, así me gusta esa es una gran idea ponla en práctica cuanto antes.

Julian se lo tomó como una ofensa a su supuesta integridad pero optó por dar la callada por respuesta a sabiendas de que su vida correría peligro de decir lo que en aquellos momentos pensaba. En su cerebro en realidad se fraguaba una traición a sus socios actuales pero debía tenerles contentos y no quería que sospechasen de su persona sino que era fiel a la organización en la que se veía inmerso.

La conversación apenas duró cinco minutos más y Solo dos de ellos habían abierto la boca para decir algo el resto solo se informó por ellos de cómo iban las cosas. Eran los más prominentes e influyentes banqueros y financieros que controlaban la banca italiana y todos fueron saliendo en los coches que les esperaban afuera en distintas direcciones a fin de despistar a posibles policías que los tuvieran vigilados. Roma acostumbrada a lo ,largo de su historia a sobrellevar las intrigas de césares tiranos reyes y dictadores, acogía a aquellos barones del la nación como algo natural, algo que formaba parte de su cuerpo torturado por la historia.

A la mañana siguiente en los periódicos no apareció

sino una pequeña esquela que anunciaba la defunción del padre Lozinsky. Era todo cuanto se podía saber de aquel suceso que podría de otra forma conmocionar a la opinión pública y situarla en contra de la curia romana que ya pasaba de por sí una de sus peores etapas en cuanto a popularidad se refiere. Su Santidad Juan XXIV se veía sin apoyos en su despacho del vaticano, y sus nervios afloraban a menudo, gritando sin razón aparente a todo aquel que s ele acercaba. Necesitaba perentoriamente los dos ,libros y tomó una decisión que cambiaría el curso de la búsqueda. Dio aviso de que bajaría a los archivos vaticanos y se dispuso a zambullirse en el mundo de pergaminos vitelas y papiros antiguos que allí dormían el sueño eterno.

Sus ropajes rozaron el suelo brillante y amarmolado de los corredores palatinos y atravesó el palacio hasta que comenzó a descender –como lo haría a los infiernos pensó él-a las dependencias que se comunicaban con las externas y más conocidas por los investigadores. Una parte de estas instalaciones permanecía secreta y cerrada a cal y canto para guardar los verdaderos secretos que no convenía a nadie que saliesen a la luz, pero que mantenían vivo el espíritu de la Iglesia como institución. Antorchas alumbraban la escalera que bajaba a los sótanos donde un día estuviese en un estrato inferior el palacio de Nerón. Ahora convertido en archivo secreto vaticano, era el verdadero corazón del pequeño estado. Allí se guardaban los "esqueletos" que todo estado posee.

No había guardias suizos elegantemente vestidos al estilo renacentista, ni sacerdotes de confianza, nada de todo aquello era necesario, solo unas máquinas electrónicas gobernaban y controlaban el acceso, de modo que solo tenía que introducir la clave correcta que era cambiada por cada Papa que llegaba al trono, por una nueva, y se le permitía el acceso. Nadie sino los papas que ahora yacían con sus predecesores, conocían aquellos terribles y sorprendentes secretos. Al presidente de los Estados Unidos de Norteamérica se le entregaba el ya famoso maletín nuclear…éste era el maletín ciertamente explosivo que se le entregaba a cada Papa que accedía al trono pontificio.

LA ORDEN DE LOS EGREGIOS

Nunca hasta ahora se había dignado Juan XXIV a abrir aquellas puertas que le conducirían a un mundo nuevo que lo transformaría a pesar de no desearlo. En él los libros incunables, las vitelas de apariencia terrible, y los pergaminos que escribieron santos desconocidos que no interés se sepa de su existencia le recibieron con el olor a cadáver que se descompone sin remedio sin que nadie lea su contenido antes de morir.

Se dirige el papa a una esquina donde ve una portada negra que en ella tiene una cruz roja como símbolo del peligro que guarda. Lo abre con cuidado tras ponerse unos guantes de látex, y en él ve escritas las letras más sorprendentes que jamás leyese. ¿Pues no dice que una orden secreta busca desde antigua acabar con la secta que se separa de la Iglesia verdadera? Él que cree que esta iglesia es la católica sufre un espasmo al leer que quienes se separaron de los cristianos que morían en el Circo Máximo eran considerados apóstatas y crecieron como la mala hierba…no puede leer más que su alama se contrae en un rictus de amargura al comprender…

Cierra de golpe la herejía que cree es, y lo abre de nuevo, pues desea llegar hasta el final. La orden busca terminar con quienes se separaron de los auténticos cristianos y a su vez son expulsados de la cátedra de Joshúa (Jesús) que es el Cristo y es porque hacen uso de la violencia que no se debe emplear.

La orden llega a ser una religión en sí misma mezclándose con creencias paganas y realizan el "Hieros gamos" cada primavera. Su corazón se agita y acelera como algo que fuese independiente, y cierra de nuevo. No está aun preparado para continuar leyendo.

-No me importa eso de quien tiene la razón en cuestiones religiosas, es lo de menos…ahora solo interesa saber cómo alcanzar el poder absoluto y ser el papa más poderoso de la, historia. Es posible que…-piensa cavilando como acercarse a los seguidores de la orden sin despertar sospechas y así aniquilarlos.

Pasea por el interior atestado de documentos que jamás verán la luz y de autores que el mundo desconoce por haber sido defenestrados por el poder reinante. El olor le resulta mareante y sale afuera para regresar de nuevo y sentarse en la mesa en que se apilan los pergaminos más viejos que manosea y abre sin mucho cuidado, hasta dar con uno en particular. En él se relata la fundación de la orden en el año ciento veinticinco de la era cristiana, y se pueden leer las estipulaciones que se hicieron en el acta de fundación para que quedasen escritas para siglos posteriores y así hacer constar el objetivo principal de la orden de los "Egregios". Allí se detalla que trece ancianos de doce congregaciones se separan en el año ciento dos de la era cristiana para crear una religión paralela en la que se adorará en contra de lo que prescriben los santos padres, apóstoles de la Iglesia cristiana, a los que se consideren santos y se harán en contra del segundo mandamiento imágenes que les muestren a los fieles. Poco después y ante la terca oposición de los más cultos y refinados, se crea un cisma y sale de ellos la orden de los "Egregios". Estos perseguirán con saña a los recién separados ancianos hasta que ellos mismos casi desaparecen de la historia.

El Papa Juan XXIV ve la realidad abrirse ante sus ojos que no desean sino saber de los dos libros que con anhelo busca. Pero ahora comprende la muerte del padre

Lozinsky, y sabe que corre un gran peligro su vida misma. Sale cerrando con rabia la puerta de la estancia más secreta del vaticano, y abandona el lugar con premura a sabiendas de que le quedan pocas oportunidades de salir ileso de aquella locura en que se ha convertido su vida al insistir en hallar los dos libros.

Tendrá que nombrar a un secretario nuevo, que sea de su entera confianza y eso no le resultará nada fácil pues se podría infiltrar un miembro de la orden de los "Egregios". Piensa en nombres y más nombres hasta que da con uno que le había pasado desapercibido hasta ahora. El padre Patrick a quién envió a Irlanda para alejarlo de la intrigante curia romana le serviría fielmente si le diera la oportunidad…manda llamarlo a uno de los secretarios que es el cardenal Mantieri, y éste que ignora la razón de su interés, contacta con el padre que ministra en Irlanda y que no supone a primer vista un peligro inminente. Acto seguid el cardenal Mantieri llama a su coordinador de la orden y le pone al día de lo que el papa trama sin saber de qué se trata. El maestre de la orden le da instrucciones al respecto y una sonrisa se dibuja en la faz del cardenal Mantieri.

Julián de Arión se reúne con los miembros de la orden en el palacio ducal en que tuvieron lugar las celebraciones del "Hieros Gamos" y ataviados con las capas negras y las máscaras que les ocultan de los que son sus compañeros nuevos, proceden a ordenar a lo que han pasado las pruebas que se prescriben en los estatutos de la orden, procurando que los que se unen demuestren antes sus dotes y sus habilidades, además de su lealtad a la orden por encima de cualquier otra cosa. Julián uno de los últimos en pertenecer a ella se sienta junto a uno de los novicios que tiembla bajo su túnica blanca y negra. Él le tranquiliza apretándole el brazo con su mano y sin inmutarse, se levanta para proceder a al ritual de iniciación.

El gran maestre de la orden alza los brazos hacia el cielo y despliega a modo de alas su túnica negra con un símbolo rojo que recuerda a un árbol. Su voz que retumba entre las gruesas paredes del recinto de vieja pero sólida piedra, llegan a los oídos de los presentes con grandilocuencia y poder.

-Hijos de la luz, vosotros que creéis que el Señor nos dejó la norma a seguir, sin que se permita a cristiano alguno apartarse de ella…levantaos y pronunciad conmigo las palabras que os convertirán en testigos fieles del paso de los tiempos…de la permanencia de la norma en la tierra…

Dos acólitos encienden velones todo en derredor de la estancia y una penumbra hace que la luz juegue con las sombras en un baile de máscaras en que los cinco iniciados en pie escuchan y observan bajo la máscara lo que allí acaece. Julián de Arión tras el muchacho que se ha puesto en pie, ve como las piernas le tiemblan no sabe si de emoción o miedo a lo desconocido. Los presentes con máscaras de color escarlata y capuchas echadas a la cabeza, componen una imagen de tenebroso pasado digno de una ópera de Wagner.

El oficiante prosigue con su letanía recitando versículos del libro del pentateuco hebreo y como palabras de gran poder son escuchadas por los asistentes. Los cinco varones son invitados con un gesto evidente a acercarse al maestre que los descubre ante sus compañeros, echando hacia atrás las enromes capucha negras y blancas que escondían sus rostros hasta el momento. Moja sus cabezas con un líquido rojo que huele a vino dulzón y les coloca las máscaras escarlata que habrán de llevar sobre sus caras en las siguientes reuniones.

-Hijos de Dios de ahora en adelante os debéis a El en cuerpo y alma de manera que la orden mantendrá la pureza de la doctrina inicial que se nos entregó por medio de los elegidos del Señor para que se la devolviésemos con fruto abundante. Pronunciad conmigo los votos que serán públicos ante vuestros ya hermanos."Yo deshecho de mi la tentación que mata el alma y hago voto de ser humilde en el actuar según la norma de la orden sagrada"

Los cinco varones repiten en letanía con voces emocionadas las palabras finales que dan por terminada la iniciación a la que sucede el ritual de la cena. Se fueron situando en dos filas que se sentaron según el orden previamente prescrito por el maestre a una mesa en la que se reclinaron como era costumbre en tiempos de la antigua Roma. En ella sobre un mantel negro y blanco unas copas de vino tinto y distintos tipos de cereales rodeaban un cordero asado con hierbas amargas. El maestre oró y cuando hubo concluido se sentó en la cabecera y dio comienzo el banquete en pro de los cinco nuevos miembros de la orden de "Los Egregios".

La oscuridad que la noche les prestaba por unas breves horas, y sus mantos negros les escondían de miradas indiscretas. La noche iba avanzando conforme ellos terminaban su celebración, y se iban marchando de uno en uno, para no alarmar a los carabinieri que hacían su ronda cerca del palacio ducal. Los coches fueron deslizándose como serpientes viscosas con sus tripas llenas de miembros de la orden en diferentes direcciones que les llevó lejos de Roma a unos y a las afueras a otros. Las casas residenciales de los extrarradios recibieron a sus señores con las luces apagadas y sus mayordomos en las puertas. La soledad del palacio ducal hizo que se olvidase la reunión de la noche anterior al alba, que ya calentaba a Roma con sus rayos solares. Las arañas de los salones de lujosos y refinados artesonados les iluminaron dejando al descubierto una vez más sus delicadas figuras y sus adornos recargados y barrocos.

EL PODER DE RAMAJ

Ramaj veía como la expresión de Kemohankamón cambiaba y en ella se dibujaba una sonrisa bobalicona, que decía de cómo se hallaba de confuso y atolondrado el faraón, que visionaba cosas negadas a los mortales por medio de las drogas que le administraba él. Se movía torpemente por toda la cámara y a punto estuvo de caer y de derribar al propio Ramaj que esperaba paciente, que se disipase el efecto de la pócima que ardía como fuego en las entrañas de su señor.

Kemohankamón veía su futuro en el aire mismo, en unas líneas que se desmarcaban de toda posibilidad real de que estuviesen en el plano en que él vivía. Poco a poco el potente efecto de las drogas fue dando paso a la lucidez acompañado de un fuerte dolor de cabeza que resultaba ser precio ineludible por la información recibida.

Kemoh se echó las manos a la cabeza y torció el gesto aturdido. Se sentó sobre un cofre dorado que tenía en sus costados representaciones de los dioses de Egipto y de él mismo, preparado para contener sus pertenencias algún día cuando tuviese que realizar el viaje por el submundo de Apofis.

-¿Qué me ha pasado Ramaj? Me siento como si me hubiera arrollado un carro de guerra…¡uf…! Que dolor tan grande…

-Son los residuos que deja la droga sucede que causa dolor de cabeza hasta que lo elimina el torrente sanguíneo mi señor. Aguanta y verás como deja de dolerte…es el precio de la sabiduría y de conocer los secretos de los dioses.

Los minutos pasaron lentos y Kemoh sintió que se le aliviaba el intenso dolor que en un principio o laceraba. Se colocó la corona nemes que llevaba puesta como recuperando la dignidad real, y se puso en pie altivo y seguro de sí mismo.

-Salgamos de aquí has de decirme que significan mis sueños que he soñado por el efecto de tus artes mágicas. Los dos hombres abandonaron la tumba real creada paras un dios egipcio que se convertiría a su muerte en un viajero en el mundo en que reinaba Osiris en contraposición a Apofis. Los cofres de oro llenos de piedras preciosas y coronas y objetos religiosos esperarían para servir a las necesidades del faraón en el mundo de los muertos acumulando en sí todos los tesoros que en vida adquiría él. En la superficie el sol brillaba tímido y las nubes que regularmente visitaban a los recién instalados egipcios en el noroeste de Persia, amenazaban descargar una generosa cantidad de agua que daría vida a sus cereales y hortalizas alas que tan aficionados eran.

La luz solar como agradecida de calentar de nuevo la sangre de las venas reales de faraón Kemoh, le resultó cálida y lo reconfortó cuando miró al cielo para sentirla. Ramaj era en aquel momento el hombre más poderoso de

Egipto, de aquel Egipto que sobrevivía en las más duras condiciones para que las páginas de la historia no se lo tragase para siempre y erradicase de la faz de la tierra su nombre. Los que con él llegaron, comerciaban rastrillaban las tierras y vendían y compraban ya plenamente integrados en el nuevo sistema que para ellos había creado el rey de reyes señor de la todopoderosa Peris, capaz de derrotar a la mismísima Roma.

Ramaj abandonó la grata compañía de su monarca, para tratar de temas esotéricos y religiosos con sus acólitos que eran enseñados en las artes de los poderes de los sacerdotes egipcios, milenarios y místicos. En el templo, las antorchas crepitaban como seres vivos y los sacerdotes menores recorrían los pasillos flanqueados por gruesas columnas bellamente pintadas con escenas de dioses olvidados y de Isis que extendía sus alas dando nueva vida a quien se colocaba bajo su amparo. Los pebeteros ardían consumiendo grandes cantidades de incienso y especias secretas que costaban tan caras como el oro de ofir o el lapislázuli de Afganistán…

Caravanas enteras serpenteaban por rutas de alto peligro, para desembocar en el Egipto de los faraones y cambiar sus ricas mercancías por piedra y artículos de manufactura que eran sumamente apreciados en las lejanas tierras de los nómadas. Ahora era el señor de Persia quien enviaba regularmente caravanas de preciosos objetos para que el faraón, considerado un dios incluso por él, intercediese por sus campañas militares y así ganase favor a los ojos de los dioses que desconocía en su limitada sabiduría. No escaseaban el incienso, la mirra el olíbano, y las piedras semipreciosas con las que se incrustaba n figuras exquisitas en los sarcófagos reales a fin de que los ritos sagrados de los sacerdotes prosiguiesen sin estorbo.

Los pináculos de las pirámides que se yerguen en los campos que nada tienen que ver con los arenales del Egipto de ayer, brillan nuevos dorados por el metal en que están acabados, oro puro. Tres son las que se levantan como principales y diez más pequeñas para los sacerdotes de Ramaj. Trece más se arremolinan como un racimo de uvas blancas alrededor de la de faraón Kemoh en un cuadrado perfecto enfilando sus respiraderos a la estrella Sirio donde sus ancestros esperan las almas de los suyos tras pasar por el reino del submundo donde Apofis mata el alma d quienes no llegan puros hasta él. Allí Maat observa el miedo de quien teme por su vida eterna y cuando libran de aquel lugar su eternidad ven la luz de las pirámides con su Kaa que vuela en torno a su casa funeraria.

Es una explanada ancha y larga que se lleva la mayor parte de los recursos de los egipcios que le dan más importancia a la muerte que a la vida. Vendrán en tiempos posteriores gentes que no conocen a los dioses y expoliarán sus secretos sin temor al castigo que de ello se derive…hombres poderosos que no serán detenidos por el ya difunto rey de reyes, que yacerá con sus antepasados en tumba real. Más uno de ellos será elegido para proteger el lugar de descanso de los huesos del señor de Egipto Kemohankamón, faraón último de una estirpe que reinó en el mundo sin estorbo durante miles de años. Él será quien distinga lo sagrado de lo profano, y él y solo él ha de ver en su mente la realidad de un lugar que descansará hasta que él llegue con su `poder destructor para aquellos que osen desentrañar lo más sagrado de lo que guardan los sacerdotes de Amón.

La profecía se hará efectiva cuando uno que no debe pose su pie en tierra sagrada y ya no pueda escapar de la maldición que caerá sobre su cabeza sin remedio, sufriendo el justo castigo de los profanos.

Así reza en los muros de la gran pirámide de Kemosis que se le ha cambiado el nombre a fin de preservarlo de la avaricia de los ladrones de tumbas que aun los hay. No se sabrá de su nombre sagrado si no se conocen los otros nombres y no se retendrá de este mundo sin o su kaa mismo, a fin de mantener oculto el lugar en que se ubica la ciudad del faraón.

En los jeroglíficos que se dibujaron en torno a los muros de cada una de ellas de narran los hechos de mayor relevancia acaecidos durante el reinado de Kemosis, el faraón que llevó a través del mar y las montañas al pueblo egipcio, sin descanso, hasta darle una tierra que les permitió desarrollar sus artes y sus ciencias de modo que no tuvieron estorbo durante cinco décadas más. Faraón envejeció entre los sacerdotes de Amón, y de Isis que llegaron a ser más de doscientos, en medio de un pueblo, que nunca olvidó a la Candace Amanikende señora de la sabiduría y del imperio Meroíta.

CARRERA CONTRA EL TIEMPO

Los servicios secretos iraníes abrieron un capítulo nuevo para seguir al cardenal católico y sus acólitos, a fin de aprehender cualesquiera documentos o piezas de interés histórico que pudieran hallar en su búsqueda de momento absurda y peligrosa para la imagen de la nación persa. Balatti, por su parte, volaba en un helicóptero alquilado a una de las escasas empresas privadas que quedaban en el país, rumbo al noroeste al lago Orumihye, donde las aguas saladas no permitieron al gobierno edificar un balneario para turistas extranjeros que le proporcionase unos ingresos extra que tanto necesitaba. Ahora con la compra de petróleo por parte de la poderosa Rusia, el dinero ya no suponía problema para el gobierno de los ayatolás, que veían como sus planes se desarrollaban a la perfección. Balatti, pensaba quede saber lo que el lago ocultaba bajo sus saladas aguas, hubieran dado la vuelta al asunto, con tal de obtener el poder terrible que podría desatarse en el país derribando a quienes se sentían seguros en los asientos del parlamento iraní. Elk ruido de las aspas del aparato llenaba los pabellones auriculares de los que viajaban en él. Un mil-mi 18 de fabricación rusa en buen estado de conservación llevaba en su vientre a los miembros del equipo del cardenal.

Eloisa consultaba sus mapas sujetando como podía

éstos con los dedos engarfiados en el papel, por sus extremos. Revoloteaba amenazando salir volando de un momento a otro, y apenas lograba ver en sus líneas lo que buscaba, para orientarse. El piloto se di la vuelta sujetándose el caso y le gritó par hacerse oír.

-Estamos llegando señor, ahí abajo-le señaló una extensión grisácea y rugosa que crecía hacia el cielo, apuntando como un misil su afilada punta-. Dentro de unos minutos descenderé en un claro que hay en un extremo de la superficie de la meseta…

Balatti asintió con la cabeza y le hizo un gesto de aquiescencia con el corazón acelerado, saboreando de antemano el éxito de su expedición. Miraba hacia abajo para ver la enorme y azulada extensión acuosa que destacaba entre la piedra desnuda como una masa de agua salada quieta, muerta sin que nada alterase su estado desde que un faraón egipcio se instalase a cubierto de sus muros de escarpados farallones. El ruido aumento al entrar en contacto con un espacio en el que las ondas sonoras chocaban contra la piedra dura de las paredes que se alzaban como titanes guardianes de secretos inconfesables. Los rotores continuaron girando vertiginosamente y Balatti y los suyos desembarcaron con las cabezas bajas sujetándose sombreros y abrigos hasta estar fuera del radio de acción de las palas del aparato.

El piloto se despidió con la orden de regresar en diez días para recogerlos con su preciado tesoro, los dos libros de Amón y Seth respectivamente. El mil.mi 18 se perdió en el horizonte y el ruido dio paso a un silencio pesado y ominoso que les impresionó a todos los que acostumbrados como estaban, no conocían el valor de no escuchar sino a quien reina en la nada, el silencio absoluto.

-Tenemos que montar el campamento y

organizarnos cuanto antes para distribuir el trabajo y sacar de su escondite los dos libros.-Anunció Balatti con autoridad en su voz-. Eloisa usted tiene a su cargo las comunicaciones vía satélite, vea si se pueden establecer desde aquí, y dígamelo. Usted Delan y usted Olaza deben controlar el perímetro del campamento, no me fío de que no aparezcan de pronto competidores iraníes o nuestros estimados-ironizó al decirlo-Alex Craxell y su bella esposa la astuta Krastiva...¿entendido?-miró a los que le escuchaban con los ojos clavados en los de ellos.

Eloisa sin pronunciar palabra abrió su portátil y se dispuso a obedecer conectando un pequeño aparato en uno de los puertos del ordenador. La señal llegó por unos momentos y se apagó en el acto, sin que el ordenador diese signos de estar ni tan siquiera conectado. Un gesto de desagrado torció el ceño de la monja y le miró a Balatti con la secreta esperanza de que no hubiera detectado su fallo, pues conocía sus reacciones cuando algo no salía como él deseaba.

-Delan acompáñeme hemos de explorar los alrededores de estos muros de piedra a ver qué es lo que encontramos...

Las tiendas de campaña estuvieron preparadas en pocos minutos y unas estacas delimitaron el lugar donde se operaría con los ordenadores de modo que nadie sobrepasase los límites marcados a fin de dejar libre el mayor espacio posible para que funcionasen en lugar tan escondido y de tan difícil acceso para la tecnología occidental. Tras varios intentos de conexión con el satélite que el vaticano tenía alquilado, Eloisa desesperada abandonó su sitio y salió de la tienda paseando como una tigresa enjaulada, que no halla presa que devorar.

Balatti se desentendió de todo lo que no fuese

perderse por los alrededores en busca de pistas que le indicasen donde podrían hallarse los libros, aunque por supuesto, no esperaba que resultase tan fácil de encontrar algo que podría cambiar el mundo tal y como lo conocemos.

Se metió por entre una grieta que separaba en dos un farallón de (Urmía) más de treinta metros de altura, de costado y un brillo le animó a seguir hasta salir por el otro extremo de la abertura natural en la roca, dejando tras de sí a un Delan desconcertado. Unas rocas peladas como a cuchillo relucían ante sus ojos al sol que jugaba a salir y ocultarse entre unas nubes que anunciaban tormenta. La desilusión se pintó en su cara y regresó al campamento para tener desde su `posición una vista de él en general. La actividad era la tónica habitual, cuando se montaba el campamento, dado que cada uno deseaba decidir dónde ubicar su "centro de operaciones" y así hallarse más cómodo en aquella ocasión.

La lluvia apareció como un castigo, y se cebó en el pequeño campamento como si quisiera barrerlo de la meseta. Se refugiaron en las tiendas, y se conectaron con el satélite que les mantenía informados en todo momento del devenir de los acontecimientos. Pero eran comunicaciones intermitentes, que desataban los nervios de Eloísa que se veía impotente ante la tormenta eléctrica que se desarrollaba sobre sus cabezas. Delan curaba con desgana a Olaza que veía como una extraña animadversión nacía en su subordinado, ignorante de sus deseos. Balatti se concentraba en los mapas que traía consigo, y esperaba pacientemente, como ave de presa, para lanzarse sobre su presa con avidez. Duró toda la tarde y parte de la noche, hasta que el cielo mismo semejó vaciarse y el ruido terrible que laceraba sus oídos dejó de sonar. Durmieron unas pocas horas y casi al alba empezaron a hacer preparativos para iniciar la búsqueda. Balatti eligió a Delan Y a Olaza para marchar en avanzadilla exploratoria con él. Se cargaron con sendas mochilas ambos guardias suizos, y con el cardenal delante de ellos caminaron por entre los riscos donde la grieta permitía acceder a la potra parte de la meseta.

La hierba verde daba paso a zonas terrosas en las que la cubierta vegetal había desaparecido, y las piedras se clavaban en ellas como aguijones que quisieran esconderse del mal genio del poco benigno tiempo reinante. El viento regresó a las dos horas de caminata y amenazó con barrerles de la meseta en la que ahora no encontraban asideros viables que les pudiesen permitir aferrarse a ellos sin que el viento huracanado que solía limpiar la meseta, como si fuera un dueño posesivo, les arrancase como a la mala hierba.

A lo lejos divisaron un grupo de rocas peladas que se arracimaban muy juntas en el borde mismo de la meseta, y decidieron acercarse antes de que la fuerza del viento creciese. Una vez pegados a las rocas grises y erosionadas, se quedaron quietos en espera de que el clima les diera su permiso para abandonar su precario refugio, y avanzar así de nuevo.

Dos horas más tarde cuando el sol ya estaba en su cénit, retomaron la marcha y caminaron bajo un sol abrasador que contrastaba con el frío y el agua y el viento que los castigase desde que llegaran a la meseta. Desde el aire el lago semejaba estar en medio de la cortada montaña y muy cerca de los bordes, ahora se daban cuenta de que tan solo era una ilusión óptica que no resultaba real, a la hora de acercarse a pie.

La masa de agua del lago Orumiyeh, se extendía

como una suave tela de seda entre los riscos que la arropaban como a un tesoro. Los farallones de piedra gris se alzaban a más de un kilómetro d distancia de cada borde y entre sus pliegues crecían desafiantes, hierbas y arbustos que resistían los furiosos embates del tiempo. Como gigantes de otra época intimidaban a quienes raramente se llegaban hasta sus laderas.

Balatti, Delan Y Olaza, vieron el azulado espejo que era el lago y se quedaron admirándolo unos minutos antes de proceder a desempaquetar todos los objetos que transportaban en sus pesadas mochilas. Delan curó la pierna de Olaza y lo dejó a la orilla para acercarse a Balatti en espera de ser él quien fuese su mano derecha en esta ocasión. Olaza comprendió cual era el juego de su subordinado y se levantó cojeando aun por el dolor de la cura sufrida. Balatti le explicaba a Delan su plan de acción.

Eloisa en el campamento base, conectaba por fin con el satélite que el Vaticano tenía alquilado y le daba todo tipo de explicaciones a su santidad el papa Juan XXIV, en contra de las estrictas instrucciones del cardenal Balatti. Eloisa que tenía sus propias órdenes al respecto, prefería saberse cerca del temible ex cardenal Scarelli, ahora Papa, pues conocía demasiado bien sus métodos de eliminación de enemigos. Los guardias suizos ajenos a todo lo que no fuese cuidar de la guarda del campamento y los pertrechos dejaban en manos de los cardenales y sus colaboradores más directos todo lo referente a conspiraciones, que en nada les afectaba.

EL ULTIMO PTOLOMEO

Faraón Kemosis, yacía en el diván de palacio jadeante, boqueando para aspirar el escaso aire que sus cansados pulmones le permitían respirar. Se moría y en esos momentos tan críticos le rodeaban sus más directos familiares, entre ellos dos esposas y tres funcionarios de alto rango, además de Ramaj el sumo sacerdote de Amón. Nefermereth, hija de su padre y de una de sus concubinas, la primera esposa y reina de "Egipto" ,acariciaba la frente del faraón como haría la gran Madre Isis. Istharen, la esposa persa hija de un noble persa nombrado recientemente sátrapa de la región oriental del Persia, nunca se había llevado demasiado bien con Nefermereth, que sin embargo ahora le mostraba deferencia, y respeto al comprender que las dos perderían con su muerte la posición que ocupaban. Ignorantes de los designios de Ramaj, planeaban hacerse con el poder para preservar así la memoria de Kemohankamón ahora Kemosis , y conservar sus privilegios.

Ramaj abandonó la cámara en la que el kaa de faraón pugnaba por salir del cuerpo para reunirse con sus antepasados, y se encaminó hacia la entrada que conducía a la cámara funeraria donde descansaría el cuerpo del difunto rey, cuando llegase el momento. Empujó la pesada puerta de piedra y un resplandor dorado le recibió. Las paredes estaban recubiertas de oro puro, tallado con motivos cotidianos, que faraón, nunca fue guerrero que llevase a cabo grandes batallas y solo conducir al pueblo egipcio fue su misión en esta tierra en la que su padre Ra le confiase a sus súbditos humanos.

Cuatro pebeteros uno en cada esquina de hierro recubiertos de oro, brillaban impacientes por ser quienes iluminasen el camino del dios egipcio por el reino de la serpiente Apofis para renacer junto a su padre como hijo del sol, al alba de cada día. Ramaj fue encendiéndolos uno por uno, hasta que el olor fragante de las especias y el incienso llenaron el aire. Las llamas crepitaron alegremente en sus prisiones de hierro dorado, y crearon sombras en las paredes. Se plantó ante las dos hojas aun sin sellar que daban acceso a la estancia que precedía a la cámara del rey, y las separó para comprobar que todo estaba en orden. A cada lado se veían puertas doradas dos a cada lado, que llevaban a trampas mortales y una sola de ellas a la cámara del rey. Se dirigió a la que sabía era la puerta del otro mundo para Kemoh, y abrió para ser recibido por una escalera larga y recta que se bifurcaba al llegar a la mitad de ella. Torció por la derecha y descendió hasta que dos altos faraones con el rostro de su monarca hecho enteramente de ébano y oro, le anunciaron la presencia del rey, en esta caso aun solo la del sarcófago real. En ,medio de la ostentosa cámara real un sarcófago de oro encerraba otros dos uno también de plata y otro de oro bajo el cual estaría la máscara de faraón Kemoh, y lo más importante, su momia. Pasó la mano por el tallado relieve del ataúd real, y acarició el rostro de oro que representaba a la perfección al rey ptolomeo último de su estirpe. Sintió que algo se quebraba dentro de él. Era tanto el tiempo transcurrido junto a su rey...tanto el esfuerzo que le costó que confiase en él como lo hiciera antes en Nebej, que se sentía desorientado.

Tomó una decisión y se dispuso a llevarla a cabo sin permitir que nada ni nadie le estorbase, ni lo convenciese de hacer otra cosa. En las paredes de la cámara unos diminutos agujeros que servían para respirar cuando los trabajadores de la tumba trabajaban en ella, habían sido disimulados entre los dibujos de los dioses y escenas que llenaban las paredes. Accionó varios mecanismos y un click sonó siniestramente haciéndolo sonreír de manera que le satisfizo oírlo.

Nefermereth lloraba sentada en el suelo y sobre su pecho una desconsolada Istharen gemía como un gato apaleado. Las sirvientes les cubrieron con telas de lino y les trajeron infusiones de hierbas calmantes que les tranquilizaron momentáneamente. Afuera se congregaban los curiosos y los partidarios de la dinastía ptolemaica que llegaba su fin con Kemoh, por no haber tenido hijos propios con ninguna de sus dos esposas.

Los funcionarios y los sacerdotes se afanaban en los preparativos del funeral y daban las órdenes pertinentes para que todo estuviese listo cuando Kemohankamón marchase tras de su padre Ra.

El palacio iluminado día y noche se veía como una joya a punto de ser robada por el ladrón máximo que es la muerte. Las luces brillaban sin que s epermitie4se que se apagaran, para así servir de guía a quienes no podían o no se les permitía el acceso a palacio.

El viento al que ya se habían acostumbrado hizo acto de presencia y comenzó a barrer la meseta como un anuncio de mal augurio. La lluvia caía sabe como si fuera su deseo respetar al faraón moribundo, y por las delgadas y elegantes columnas de la entrada a palacio resbalaba el agua erosionando su coloristas dibujos. Se elevaba en medio del lago que lo rodeaba a modo de foso protector. Los cimientos se hundían diez metros por debajo de las aguas y la escalinata principal conectaba con la orilla del lago, permitiendo así una sola entrada al recinto palaciego. Las casas de los nobles se arracimaban en la orilla, compitiendo por hallarse la que más cerca de la casa del faraón. Así era en vida y así seguiría siendo en la muerte, pues cada uno de ellos ansiaba estar cerca del faraón cuando traspasasen la frontera de los vivos, para enfrentar los peligros del reino de las sombras. Los conjuros más poderosos eran los que pronunciaban los sacerdotes de Amón para el rey hijo de Ra, y si ellos viajaban hasta su presencia, cuando les llegase la hora, y eran acogidos en su seno, les resultaría mucho más sencillo superar las pruebas de Osiris.

Las noches se sucedían una tras otra sin que faraón

muriese, y el sol salía cada vez con mayor impaciencia, como si deseara la presencia del rey en su mundo. Kemoh boqueaba, aspiraba, jadeaba, Pero se resistía a morir. Ramaj, que veía como se alargaba la agonía de su señor esperaba para poner en práctica su decisión sin que se lo hubiese comunicado a ninguna persona, ni tan siquiera de su total confianza.

Los murmullos de las gentes que poblaban la ciudad de reducidas dimensiones alrededor del lago, eran como oraciones aun dios extraño que llegara de lejos para apropiarse de lo que no era suyo.

Las estrellas se veían como nunca antes, o quizás era que las circunstancias hacían que se las mirase con especial inquietud esperando conocer lo que en ellas estaba escrito. Pero los egipcios creían ver en ellas todo tipo de buenos y malos augurios, que anunciaban desastres y buenas nuevas, por igual.

Sonó un gong de oro reluciente y afinado, y tras él otro…y otro… y aun otro más. El faraón Kemoahankamón acababa de morir, pasando al reino de Osiris en las alas de Horus que llevaría su Kaa a la morada de los dioses en cuanto se cumpliesen los setenta días del rito de la momificación tras volver a salir la estrella Sirio, por el horizonte. Las más caras de Anubis y Amón estaban listas. El jat debía ser preparado para el gran viaje y el ba ahora liberado abandonaba el cuerpo o jat. Los cuatro hijos de Horus estarían presentes en el rito y protegerían de todo daño los órganos vitales del rey en sus cuerpos a modo de vasos canopes. Los observadores de las estrellas trabajarían ahora sin descanso para decidir el mejor día para efectuar el funeral y dar comienzo a la momificación. Los llantos de aquellos que amaban al faraón como eran sus esposas y amigos personales irían en primer lugar en la comitiva que descendería hasta las entrañas de a la tierra donde descansaría su ba y su kaa, hasta que regresase de entre los muertos ocupando el jat que poseyó en vida.

LA REUNION SECRETA

El cardenal Julián de Arión ,oficiaba en aquella reunión en ausencia del gran maestre, el capítulo extraordinario que congregaba a los miembros de mayor rango de ella. Dos magnates de los medios de comunicación italiana, uno venido de Rusia, poseedor de la mayor parte de los pozos de petróleo descubiertos recientemente, cinco de los políticos de más reconocido prestigio en Europa, y dos cardenales de la curia romana, se daban cita en el caserón de uno de los miembros de menor rango que venido a menos económicamente veía ahora como sus arcas se llenaban de nuevo. Con las ganancias obtenidas en la orden de "Los Egregios", había remozado el palacio casa solariega de la familia, de estilo renacentista. En el gran salón abovedado recubierto de pinturas recién restauradas, que representaban el fin del mundo visto por una mente del siglo XVI, Julián de Arión se levantaba y daba la bienvenida a los que ocupaban el total de los asientos alrededor del suyo.

-Señores, estamos reunidos en esta ocasión para tomar drásticas decisiones respecto del tema que mayor preocupación levanta entre nosotros. Los dos libros de Amón y Seth respectivamente, que el papa Juan XXIV ha mandado buscar en el Irán. Debemos adelantarnos, si deseamos conservar la ventaja que le llevamos dentro del palacio vaticano, donde vive apenas recluido en sus habitaciones con un par de sirvientes fieles. De no ser de esta forma, se descubrirá lo que a sus ojos sería una grave traición y se desharía de los hombres de confianza que tenemos cerca de él.

La reunión, en nada semejante a los rituales que se desarrollaban en las ceremonias en las que presidía el gran maestre, más parecía de negocios que de secta secreta. Allí se dilucidaban los mayores y más rentables negocios que más tarde salían a descubierto sin que ningún otro pudiese competir con aquella especie de Logia secreta, que cada día crecía como lo hiciera la hidra de tres cabezas de la mitología griega.

Transcurrieron seis largas horas llenas de planes y sugerencias, que quedaron impresas en papel dentro de una carpeta de tapas rojas que fue guardada en la caja fuerte del palacio. Del contenido de ella, solo se enteraría el gran maestre de la orden, tras pasar a solas un rato de charla con Julián de Arión. El español era conocedor de los secretos de aquello barones de las finanzas, la religión y la política, que reinaban en la sombra.

Tras dar por concluida la reunión los coches de los

asistentes fueron deslizándose por el asfalto como serpientes astutas que se echan sobre sus presas sin que estas se aperciban del peligro que se cierne sobre ellas.

El caserón quedó vacío como una cáscara e huevo, y Julián de Arión fue el último en desaparecer de escena. Como un fantasma recorrió el pasillo central del vestíbulo y se volvió al escuchar un ruido. No debería de quedar nadie en el palacio…dio media vuelta y abrió tres de las numerosas puertas que flanqueaban el corredor, sin que oyese nada sospechoso, por lo que se encaminó a la salida sin más.

Debería haber sido más estricto con la seguridad, pues una sombra s deslizaba por entre las columnas como si se pegase virtualmente al suelo mismo. Su calzado flexible no producía ningún ruido y su figura pequeña y negra, se colaba por una puerta que aparecía cerrada con una vieja cerradura, que no opuso resistencia suficiente como para frenar su avance. Tras ella una estancia de reducidas proporciones, mostraba un solo cuadro que cubría prácticamente todo el paño de la pared frontal. Pero este cuadro de Caravaggio no le interesaba al visitante nocturno. Se encaramó a una escalera que le facilitó el poder descolgarlo y lo dejó a un lado. Tras él una enorme caja fuerte guardaba e objeto de su interés. Pegó la cabeza a la puerta de acero y calibró con los dedos una y otra vez hasta que se escuchó un click dentro. Giró la rueda externa y la puerta cedió entregando su contenido. Tan solo un montón de papeles eran lo que allí se guardaba. Todos los capítulos de la orden de " Los Egregios". La mano delicada y maestra del intruso, escogió una carpeta de tapas rojas y se la guardó en la bolsa negra que llevaba en bandolera. Cerró la caja y un click le indicó que de nuevo estaba como la encontrara. Colocó el gran lienzo de

Caravaggio y descendió de la silla para tras asegurarse de que se hallaba solo, salir y perderse entre las sombras que la escasa luz que se filtraba de afuera. Las altas pilastras que sujetaban la bóveda de medio cañón que recorría el crucero central del palacete, revelaba sus pinturas de vivos colores al recorrerlas con su linterna el intruso, y éste se deslizó sobe el suelo embaldosado de mármol blanco y negro, hasta llegar a la altura de una de las ventanas de la que colgaba una cuerda de nylon negra.

Trepó por la cuerda con la agilidad de un gato, y pasó al otro lado cerrando tras de sí cuidadosamente la ventana para no dejar rastro de su paso. La soledad habitual dominó el interior del palacete renacentista y el intruso se esfumó en medio de la noche. Solo unos faros al encenderse dejaron constancia de su huida.

El papa Juan XXIV se reunía con sus más allegados colaboradores, escasos por cierto, en sus habitaciones privadas. Era conocedor de que una secta secreta y poderosa en todos los campos, influía en el entorno que creía dominar el clero vaticano. Algo que no podía permitirse. Esperaba ansioso la llegada de su agente para demostrarles a sus partidarios que existían en verdad aquella secta y que le situaría en una posición peligrosamente delicada de continuar con sus captaciones. Ante él tenía a tres cardenales, y cinco políticos que dominaban tres de los países de mayor relevancia en Europa.

-¿Para qué se nos ha mandado llamar con tanta premura?-inició el turno de preguntas el cardenal Franchesco-tenemos cosas que hacer para estar perdiendo el tiempo en…

-¿Me está diciendo monseñor Franccesco, que pierde el tiempo cuando se reúne con nosotros sus hermanos de fe y de negocios?-se levantó Scarelli ahora el papa Juan XXIV-de ser así quizás desee su eminencia abandonar nuestra lucrativa sociedad...

-Oh, no...no...yo no quería decir eso, sin duda me he explicado mal...

-Entonces será mejor que su eminencia permanezca en silencio y haga acopio de toda su paciencia, dado que esta reunión se ha convocado para recibir a uno de nuestros agentes, que nos aportará las pruebas que necesitamos para actuar contra esa secta que ha surgido de entre nuestros hermanos sin respetar la jerarquía establecida.

El papa ganaba tiempo, esperando en lo más interno de su ser, que su agente llegase a tiempo de portar los datos necesarios para dar comienzo a la purga dentro del Vaticano. Sus dedos tamborileaban sobre la pulida superficie de la mesa, ante la que se acomodaban los miembros de la sociedad Scarelli. Pasaron aun unos intensos y largos minutos, hasta que unos golpes secos quebraron el silencio pesado y ominoso, que reinaba en la estancia. Un guardia suizo abrió de par en par las dos hojas blancas ribeteadas en oro, y una mujer elegantemente vestida con un traje de falda y chaqueta tipo Chanel, en blanco y negro penetró con aire de suficiencia.

Se quedó en pie ante el extremo opuesto al que ocupaba el papa y esperó para hablar.

-Se bienvenida hija mía, estamos impacientes por conocer qué nos traes. Siéntate con nosotros y expón tus argumentos...

-Señores-comenzó su disertación sin sentarse-ayer noche entré en el palacio en el que se reúnen los miembros de la secta de "Los Egregios" y les arrebaté la carpeta correspondiente a su último capítulo desarrollado allí mismo horas antes. Los Egregios se preparan para conseguir arrebatarnos los libros de Amón y Seth de cuya existencia solo sabe el propio Papa.-añadió dejando ante cada uno de los asistentes una carpeta con una copia de los documentos robados a la orden.

Les corresponde a ustedes tomar las medidas que les parezcan pertinentes y así conjurar el peligro de que ellos intercepten al cardenal Balatti que se halla a punto de conseguir su objetivo en el irán.

LA GRUTA DE ANUBIS

Alex conducía uno d los dos todoterrenos en los que se acercaban a la costa del mar rojo. Una delgada línea azulada que iba ensanchándose le indicaba que el mar estaba tras las últimas colinas de hierba y arena que les separaban de él. Despertó a sus compañeros que dormitaban apoyados como podían en los asientos traseros. En el otro todoterreno Salah hacía otro tanto mientras frenaban al borde de un escarpado desde el que se divisaba la masa de agua que era el mar que separa la península de Sinaí del continente africano.

Descendieron de los coches y desperezándose contemplaron el paisaje.

-Hemos de encontrar la ubicación de esa gruta si es que existe…-dijo Alex escéptico.

-Pongámonos a ello, de lo contrario no lo sabremos nunca…-apoyó Krastiva.

En los alrededores parecía no haber ningún rastro de entrada a gruta alguna, ni de ningún lugar en el que se viera nada que tan siquiera indicase la posibilidad real de que existiese. Se distribuyeron en dos grupos, uno con Klug ,Salah y Krastiva, y el segundo con Alex y Abul como componentes del mismo.

Las hierbas resistentes tanto a bajas como a altas temperaturas, abundaban y crecían entre matojos y arbustos de escaso tamaño. Krastiva se descolgó haciendo rappel por la pared del acantilado sin que obtuviese resultados positivos. Alex por su parte se alejó hasta un promontorio del que sobresalían unas rocas peladas que llamaron su atención. Abul my él escarbaron en torno a ellas, y un signo animo a los dos a seguir, era una cabeza del dios Anubis el dios de los muertos de los egipcios.

-¡¡Aquí!!, ¡¡aquí…!!les gritó Alex para que se acercasen los demás.

Una vez que se hallaron juntos de nuevo, todos se pusieron a liberar de arena y tierra los contornos d las rocas, que resultaron ser de mucho mayor tamaño que lo que esperaban en principio. Una grieta entre las dos rocas más grandes fue el primer indicio de que se hallaban en el buen camino. Una ráfaga de aire les dio en la cara y Alex le pidió a Abul, que era el más delgado que intentase pasar a través de la hendidura.

Metiéndose entre las dos enormes piedras desapareció en el interior, donde encendió una linterna que le proporcionó la luz suficiente como para ver qué había allí. La visión le dejó helado. Una gruta de dimensiones colosales con el mar entrando a lo lejos,, en un arco de piedra de dimensiones gigantescas por donde penetraba la luz del exterior, les invitaba a entrar en un mundo donde moraron por un tiempo los egipcios huidos de la garra poderosa del césar de la Roma oriental de Justiniano.

Buscó algo con lo que hacer palanca y acrecentar el hueco para que permitiese entrar a sus compañeros, pero no lo encontró.

-Aquí no hay nada con lo que agrandar la grieta, tenéis que hacerlo dese afuera.

-Tranquilo algo podremos usar quédate ahí y ve mirando explora lo que puedas.-le aconsejó Alex.

Se acercó a su bolsa y sacó una coca.-cola fría que le quedaba en la nevera portátil que llevaba en el portaequipajes del todoterreno. Después calentó agua en una improvisada hoguera y la echó sobre las piedras para luego derramar la coca-cola. Esperó y un leve sonido le dijo que estaba surtiendo efecto su truco. Un crack anunció que las dos rocas se quebraban, abriendo el acceso a los que esperaban afuera.

Al entrar retirando los restos de las esquirlas que habían saltado de las rocas, vieron lo que ya conocía Abul. Una exclamación de admiración y sorpresa salió de sus bocas.

Bajaron por la resbaladiza pendiente cubierta de diminutas piedrecillas que caían y saltaban al ser pisadas, como quejándose de ser despertadas tras tantos siglos de plácida estancia. La orilla era bañada por un oleaje suave que más acariciaba que golpeaba. La superficie aparecía oscura y de un azul casi negro, que intimidaba.

-Aquí hay algo…-dijo Salah tomando del suelo un objeto brillante, que resultó ser una cabeza del dios Anubis tallada en oro por algún hábil orfebre del tiempo de Kemohankamón.

Klug se la quitó de las manos y tembló ante ella

como un niño.

-Sí, es juna cabeza del dios Anubis, el dios de los muertos…quizás lo único que quedó…

Todos se reunieron en torno a KLug para verla. Salah p`ropuso hacer fuego y comer algo, estaban sin probar bocado desde ya ni se acordaban. El llevaba en su mochila algunas galletas y pan árabe.

Alex rechazó la idea de hacer fuego, pero aceptó comer algo para al menos engañar al estómago hasta una mejor ocasión. Sentados en el suelo de la playa de piedras, miraron en torno suyo, y dieron comienzo a disquisiciones sobre el faraón y sus posibles destinos.

-Creo que lo más probable es que se dirigiesen a Persia, quizás esa sea la razón por la que se hallaron restos de piezas egipcias en la costa de Irán.

-Entonces hemos de hallar la manera de llegar y de conseguir esos dos libros…-casi se lamentó Krastiva.

Se echaron en unas esterillas para descansar y Alex soñó una vez más. En esta ocasión vio a una mujer que viajaba en un dorado palanquín sostenido por varios hombres de fornido aspecto. La sacaban de la ciudad para acercarla a un lago enorme que se extendía todo lo que la vista era capaz de abarcar. Iban dejando una huella en el césped exquisitamente cuidado, y tras ella doce guardia ataviados al estilo de los egipcios ptolemaicos, cerraban la comitiva. Unos dedos delicados y blancos apartaron los cortinajes de seda dorada que cerraban el palanquín, y un rostro de óvalo perfecto, adornado con un tocado hecho de oro representando la diosa Nejbet, le sonrió indicándole que se acercase con un gesto de su mano.

Como si esto le fuera posible, su presencia se acercó hasta ella, y le escuchó decir :

-Sé que te hallas confuso, y que buscas el poder que

descansa en los dos libros. Solo tú podrás encontrarlos, y sin embargo no los podrás usar. De hacerlo, se sucederían hechos terribles y cambiarían la faz del orbe…ven te mostraré donde está preso del olvido el libro de Seth, el de mayor peligro para las manos que lo abran.

La señora de Egipto, pasó la mano sobre las aguas y éstas vibraron como si obedecieran su ligero contacto energético. Bajo el agua un resplandor dorado le cegó y se tapó instintivamente los ojos. Todo comenzó entonces a volverse borroso y desaparecer de su vista.

Despertó en medio de un sudor frío y se frotó para que la sangre circulase de nuevo por sus brazos y piernas. Nunca había sentido tanto frío. Sus compañeros dormían plácidamente.

Ahora estaba decidido a resolver la incógnita que le planteaba aquel extraño e inquietante sueño. Estaba seguro de que una dama del antiguo Egipto se comunicaba con él por aquel medio que le revelaba su secreto y le guiaba por el camino a seguir para hallar el libro de Amón, y quizás también el libro de Seth. Se incorporó de un salto y miró alrededor suyo, con una seguridad que jamás había sentido. Co el aplomo que da el saberse respaldado por alguien en quien se puede confiar y su cuerpo pareció crecer dentro de sí, como si se agigantase. Un mapa de aquellos libros se le revelaba en su mente preclara y era consciente de que todo marcharía según lo previsto¿ por quién?.

Paseo por la playa de piedrecillas blancas y se metió unas en el bolsillo de su pantalón, como si de un fetiche se tratase. En su mano le recordaron lo melifluo del ser humano, lo rasposo que se es en vida, para desaparecer en el olvido de la historia sin ser ya recordado sino por la obra que se deje en manos de quien desee cuidarla si es que así es. Un poder más allá de lo normal, se cernía sobre ellos y debía conjurarlo para hallar los dos libros.

Fue despertando con la suavidad de una brisa suave a sus compañeros que dormitaban plácidamente en sus esterillas, como hacen los niños en su siesta diaria. Le parecieron pequeños guijarros como los que se había guardado en el pantalón, y sonrió paternalmente a cada uno de ellos, que le miraron con extrañeza.

Una hora más tarde todos estaban en pie y Alex les explicaba lo que había soñado, esperando que se riesen de él, pero tal reacción no se produjo. Muy por el contrario se tomaron su sueño muy en serio, y le preguntaron qué debían de hacer.

-Lo mejor es que marchemos cuanto antes de aquí, el sueño mostraba un lago en una meseta de una montaña que no conozco. Desde luego una cosa sí que sé y es que tiene que hallarse en Irán. Salieron a la luz del sol que les bañó sus cuerpos reconfortándolos. Cerraron la hendidura de manera que resultase difícil de encontrar y de penetrar en el santuario de Kemoh y Nebej, una vez que ellos lo abandonasen.

Caminaron hasta los todoterrenos y los pusieron en marcha. Ronronearon como gatos melosos y se alejaron del lugar del que partieran las naves egipcias siglos ha. Alex sintió que se le desgarraba algo dentro de sí, y miró con nostalgia como se empequeñecía el sitio a medida que se distanciaban de él. Trazaron una línea recta y traqueteando sobre un suelo pedregoso y en el que varias veces estuvieron a punto de embarra el auto, por la lluvia que de manera insospechada caía como un chaparrón sin previo aviso, llegaron horas más tarde a un puerto en el que las mercancías se acumulaban en su muelle en espera de ser transportadas a barcos de bordas oxidadas y aspectos fantasmales. Un bullicio ruidoso llenaba el aire atormentando les los oídos. El gris era el color dominante y chalupas a vela llevaban las mercancías a los navíos observadas desde el muelle por sus dueños. Los contenedores metálicos escaseaban, y los pocos que se veían eran de un desconchado oxidado, que clamaba por un poco de pintura. En un recodo del malecón de piedras amontonadas una taberna se tenía en pie milagrosamente sostenida por roídas columnas de madera y contrachapado que más se asemejaba a una chabola que a un lugar de asueto, en el que beber un buen trago. Penetraron en ella y un olor acre a suciedad y alcohol, les llenó las fosas nasales. Krastiva más sensible a los olores se tapó la nariz e hizo un esfuerzo por no vomitar lo poco que tenía en el estómago. Alex echó una,mirada por el interior y descubrió a dos enormes negros sentados frente a sendas botellas de licor vacías y cantando sus hazañas sin cuento. Una barra extrañamente limpia y brillante protegía a un camarero mulato de pelo ensortijado y aspecto agradable que les mitraba fijamente.

Se acercaron y solicitaron cervezas que les fueron servidas en una de las destartaladas mesas redondas que se pegaban a la pared como si fueran apéndices de ella. Krastiva se entretuvo en limpiar concienzudamente el exterior de la botella, a pesar de que recién salidas del congelador se veían nítidas.

-Hemos de parar lo menos posible en este infecto lugar, Jartum es el objetivo ahora, si queremos tomar un avión para llegar cuanto antes a Irán.

-Sí por favor vayámonos cuanto antes de este lugar que me pone los pelos de punta solo con ver la suciedad acumulada.-empezó a quejarse Krastiva mientras buscaba con la mirada a Klug que entre Salah y Abul casi desaparecía. Abul estaba seriamente preocupado, pues creía que al marcharse de Sudán le devolverían a la comunidad copta y así concluiría su periplo de aventuras junto a Alex Craxell. Salah sin embargo, deseaba recuperar el día a día y sentarse tranquilamente en su taxi para recoger a clientes menos movidos. Ya había tenido su tasa de aventuras y no deseaba permanecer al lado de aquellos occidentales locos.

Así las cosas Abul sonsacó a Alex y descubrió que pensaba llevarle con él a partir de entonces. Una luz se encendió en su rostro casi infantil, y se envaró en el asiento orgulloso de haber sido elegido para ser ayudante de tan gran aventurero. Salah preocupado reveló su intención de regresar a casa en El Cairo y tanto Alex como Krastiva estuvieron de acuerdo en su decisión, aconsejándole que se quedase con ambos todoterrenos para tras devolver a su primo el suyo, tener uno propio con el que llevar a los turistas por El Cairo en excursiones más rentables que el deambular en taxi cada día. Salah afirmó que elegir s ele daba mal, así que tomó la decisión de hacer ambas cosas.

Rieron de buena gana y celebraron su éxito en aquella larga carrera que aun habría de darles sustos y satisfacciones en el futuro. Alzaron las jarras de cerveza y las entrechocaron en un gesto de camaradería. Era la última vez que estarían todos juntos y una tristeza se entremezclaba con la alegría del momento en la despedida.

JARTUM LA GRANDE

El ruido y el bullicio esperado no llegaron, y Jartum denominada la Grande, por ser la mayor de las ciudades de Sudán, resultó tranquila a pesar de la marea de gentes de las ladeas que llegaban sin cesar desde los más recónditos lugares. En sus enormes mercados se veían cajas amontonadas llenas de frutas y hortalizas que los aldeanos traían de sus huertas para venderlas o cambiarlas por lo que necesitaban. El perfume del sándalo y de inciensos con los que atraían a sus clientes a sus tenderetes cubiertos de telas multicolores, les llamaron la atención.

Salah se despidió para tomar la carretera que une la frontera egipcia con Jartum en una línea que se corta en medio del desierto donde se bifurca para dirigirse a la abigarrada capital cairota. Krastiva, lo abrazó y lo besó en contra de lo que es prudente hacer en países de leyes musulmanas estrictas y al darse cuenta se separó de él como si le quemasen con un cigarro la piel. Unos apretones de manos dejaron ver el afecto que le habían tomado sus improvisados compañeros.

El todoterreno llevaba a remolque al segundo en una caravana que avanzaba lenta como una comitiva de dos enormes hormigas que supieran a donde ir y como. El asfalto que amenazaba con derretir la carretera dejó que se deslizase sobre él como si dependiese su vida de ello. Krastiva se preguntaba si no hubiese sido mejor contratar a un segundo conductor pero Salah había insistido en que iría solo hasta la frontera y allí su primo acudiría a buscar su todoterreno.

Ellos continuaron caminando casi nadando entre la gente agarrados de las manos para no perderse en aquella masa de carne sudorosa. Llegaron hasta una caseta en la que unos cristales opacos tenían pegados a ellos unos carteles amarillentos y a medio rasgar. Anunciaban el autobús que llevaba a los nativos al aeropuerto.

Esperaron pacientemente y cuando un renqueante autobús de chapa desconchada y a medio pintar llegó hasta el embarrado aparcamiento, se llenaron de pavor al contemplar lo lleno de gente que venía, pues algunos asomaban las cabezas por los inexistentes cristales de las ventanillas. Subieron abriéndose paso como pudieron a codazos y se quedaron muy quietos uno junto a potro los cuatro. El atiborrado bus arrancó quejándose del peso excesivo que transportaba y salió de la ciudad dejando una estela en el barro con sus desgastados neumáticos.

El aeropuerto les pareció algo mejor, pues un edificio de grandes proporciones en comparación con lo visto en Jartum, les recibió y en el pudieron caminar sin estorbo hasta la puerta embarque en la que también se compraban los billetes. Sonreían al pensar en que más se asemejaba a la parada de un autobús en Londres que a un aeropuerto en medio del continente africano. En el mostrador que eran tan solo una barra de madera acristalada tras la que un par de hombres de sucios uniformes ajados y que habían conocido tiempos mejores, les sonrieron mintiendo sus ojos que demostraban una profunda tristeza.

-Aquí tienen señores sus tarjetas de embarque, su vuelo saldrá del hangar número nueve embarquen por la puerta doce, gracias. –fue la escueta respuesta de cortesía obligada que le dio el dependiente de la compañía Air Compte.

-Bueno ya estamos en camino, no se sabe muy bien con que destino, salvo que será Irán donde se desarrolle lo que tenga que ser-dijo resignado Alex Craxell.

El avión en contra de lo que esperaba, resultó relativamente cómodo y los asientos parecieron abrazarles al sentarse en ellos. Salir de Sudán les produjo una mezcla de sensaciones, por una parte pena de dejar allí aquella gruta secreta en el mar rojo, y la ciudad de la candase que ya no se recordaría y por cuyas calles no caminaría nadie quizás nunca ya. Por otra una liberación de un peligro que se cernía sobre sus cabezas como espada de Damocles.

Teherán tampoco les daría esa tregua que anhelaban, pues en ella les esperaba su comisario de malas pulgas, deseoso de encerarlos en una cárcel iraní donde saciar su sed de venganza sin razón. Pero allí el pasaporte diplomático que cubriría a la persona de Abul, como ayudante suyo, le ofrecía garantías de no ser acorralado como en el Sudán revuelto y guerrillero donde la vida no valía nada se fuera quien se fuera.

Un campo de nubes como sembrado celeste cubría el "suelo" por el que se deslizaba el fuselaje del jet. Su níveo aspecto tranquilizaba su espíritu inquieto y le daba momentáneamente esa paz que precisaba para pensar con claridad. El trayecto de un par de horas, le sirvió a Klug que retornaba a su callado comportamiento, para dormir mientras que Abul sometía a un tercer grado a Krastiva que gustosa le contestaba a todas sus preguntas satisfecha de poder serle útil a aquel muchacho recién salido de su reducido mundo copto. Necesitaba saber tantas cosas que l se atragantaba con la información que la rusa le proporcionaba, sabedora como era de que las plantas no se deben regar con aguaceros sino con lluvia fina.

Amablemente el auxiliar de vuelo, les preguntó si deseaban carne o pescado en su menú, y es que ya que habían pasado penurias sin cuento, ahora viajaban en Bussines, para compensarse a si mismos el sufrimiento y el hambre pasados. Alex vio ante si un plato de porcelana y cubiertos y se sintió como en casa. Se ajustó la servilleta en el cuello y devoró la ración de carne de cordero. A su lado Krastiva y Abul se metían la carne en la boca como si alguien s la fuese a quitar. Eran tanta el hambre pasada que en pocos minutos nada quedó. Klug despacio, cosa rara en él cortó y separó las espinas de una dorada para meterse en la boca cada bocado como si fuese sagrada la comida.

Los asientos de cuero desprendían ese olor característico que llena la nariz y se dejaron dominar por un sopor que los invadió tras la comida copiosa y que aun paladeaban en su mente.

Teherán era una ciudad moderna y cosmopolita en la

que los viajeros que llegaban de países económicamente inferiores veían un reflejo de la civilización occidental salvo por los sadores que desconciertan a quienes vienen de occidente, y saben de las libertades que gozan las mujeres allí. Los edificios la tecnología y los luminosos que abundan en ella animan al cansado europeo que ve la posibilidad de realizar compras imposibles en otros lugares.

Alex, Krastiva Abul y Klug , salieron en un taxi del aeropuerto y tomaron una habitación en el hotel Nuevo Islam, que de cuatro estrellas les ofrecía las comodidades por tanto tiempo negadas en Sudán. Alex tiró la bolsa sobre la cama y se dejó caer sobre ella después. El blando colchón le amenazó con llevarle al mundo de Morfeo en pocos segundos. Krastiva exploró el baño y se comenzó apreparar un baño caliente con espuma. Klug que compartía habitación con el joven Abul se abandonó bajo la ducha para quitarse el olor a desierto y arena que s ele metía por hasta los dientes. Abul abrió un cajón y descubrió un lapicero y papel, en el que escribió sus impresiones y lo guardó en un bolsillo de su pantalón. Esperó pacientemente a que saliese Klug y llenó la bañera de agua caliente con abundante gel para sumergirse en ella durante media hora que le arrugó la piel. Era una experiencia nueva que le reconfortó creyó que de ahora en adelante no podría prescindir de aquel instrumento divino que era la bañera.

LA MESETA DEL VIENTO DIVINO

Un satélite militar iraní vigilaba los movimientos que se sucedían en lo alto de la meseta donde se ubicaba el lago Orumiyeh. Los servicios secretos trabajaban en aquel caso con prioridad dos respecto de otros que no aportaban un movimiento de individuos semejante. El cardenal Balatti era controlado cada cierto espacio de tiempo por el satélite a pesar de que en ocasiones éste fallaba en su detección y se producía un espacio en blanco en la información y seguimiento del cardenal.

El tiempo transcurría lento y solo los implicados en el hallazgo de los libros de Amón, deambulaban por la meseta como hormigas hacendosas.

El comisario Mahoud, y su fiel perro de presa Mahad se afanaban en llamar por teléfono a la guardia revolucionaria que se hacía cargo en las inmediaciones de la meseta de la seguridad nacional. Desde el aeropuerto le habían comunicado que había regresado el marchante de arte Alex Craxell su esposa Krastiva "la rusa" y dos acompañantes que no conocía. Inmediatamente se puso en contacto con los servicios secretos iraníes, uno de los mejores servicios de inteligencia de oriente, y solicitó que s ele pusiera al mando d ela operación, con el fin de detener sus actividades una vez hallaran las piezas que sin duda buscaban. Él era quien mejor conocía sus andanzas en Irán dado que estuvo involucrado en dos de los casos en que Aelex Craxell sacó subrepticiamente piezas de la época de Artajerjes de irán para venderlas en el mercado negro. No pudieron atraparle, se les escurrió como una anguila entre los dedos, cuando estaban a punto de conseguir detenerlo. Alguien en la embajada de España le proporcionó un pasaporte diplomático y tuvieron, a regañadientes, que dejarlo marchar. Ese era el m ismo pasaporte, que había impedido que lo retuviesen dentro del país cuando regresó para supuestamente investigar la muerte del arqueólogo que encontró piezas de Egipto en la costa persa.

Pero, pensó para sí el comisario harto de ser burlado por la burocracia, que un muerto es igual que tenga pasaporte diplomático que no, no le sirve para nada. Sonrió para sus adentros y miró al fiel y rastrero Mahad. Él sería el instrumento de su venganza y de la justicia también cuando le encontrasen en la meseta del lago Urmía. A fin de cuentas ¿para que sirve alguien como Mahad, que se arrastra tras el para servirle en todo si no es para ponerle en bandeja a su más escurridizo enemigo?. La patria se lo agradecerá con un pomposo funeral, pensó.

El aire estaba cargado de humo y apenas se podía respirar en aquel cuartucho de mala muerte que llamaban despacho. El timbre del teléfono no dejaba de sonar y cada encargado de la seguridad de la zona en la que se hallaba el lago Orumihye, así como las comisarías de las cercanías querían su parte en la gloria de aquella operación que se preveía sonaría como una gran victoria ante los capitalistas occidentales.

Mahoud, que no pensaba contar, sino con los agentes del servicio secreto a fin de asegurarse el éxito en la empresa que iba a iniciar, Salió a la calle y se quedó con los brazos en jarras ante la entrada mirando afuera arrogantemente.

-Esto no será como tú crees Alex Craxell…esta vez tengo en mi mano todos los ases y te atrapará –fingió cazarlo en el aire con la mano-y cuando estés en mi poder te hará pasar pos los tormentos del averno, infiel maldito.

Un coche de la policía secreta aparcó justo delante de él y un árabe de rasgos duros vestido a la europea salió de él. A Mahoud le desagradó que un alto funcionario del estado vistiese de esta manera y no con la túnica que debería llevar. Él que siempre que salía del trabajo se enfundaba en una de sus cuidadas túnicas veía aquello como un signo de la influencia occidental, y de la decadente moda que en Europa se llevaba entonces. El alto funcionario le saludó inclinándose para tocarse el pecho y la frente como es costumbre entre musulmanes deseando al otro que Alá esté con él, y Mahoud le devolvió el saludo.

-Estoy aquí porque mi superior el comandante de la guardia revolucionaria de la república islámica de irán Suleimán Ben Fahdoud, me ha ordenado colaborar con usted en este caso que trae de cabeza al departamento de antigüedades de la nación. Me llamo Salim Ben Fahdoud.- Se presentó con el firme deseo de intimidar al comisario, sin saber que solo los seres que ostentan un grado alto de inteligencia deducen de las palabras que se le dicen lo que debe tener siempre presente.

-Me elargra tenerle entre nosotros señor, es

necesario detener las actividades de Alex Craxell y su grupo de ladrones de antigüedades antes de que proceda a salir de irán de nuevo, con ese pasaporte que…

-En esta ocasión no se respetará el pasaporte diplomático que lleva ese hombre venga de la embajada que venga, se le detendrá en el momento en que se le tenga enfrente y punto. Son las órdenes que tengo de arriba, ¿comprende comisario?

Mahoud comprendió que la gloria por la detención de aquel buscado marchante de obras de arte se la llevaría el servicio secreto y frunció el gesto sin darse cuenta de que el funcionario le miraba con atención.

-No se preocupe comisario Mahoud los méritos por la detención de ese hombre se los llevará usted, el servicio de inteligencia de la república solo le hará el trabajo sucio, como siempre hace.

Desde aquel momento el comisario supo que ambos se llevarían mal, los dos ansiaban ganar en ascendente sobre los demás que tenían bajo su mando y subir en el escalafón ante el consejo de los ayatolas y eso solo lo haría uno de ellos dijese lo que dijese el hermano de ben Fahdoud, el comandante de la guardia revolucionaria.

Entraron los dos a la comisaría que presentaba un aspecto lamentable, y Salim se fijó en las paredes desconchadas y con humedades que afloraban por su desgastada pintura ya vieja. Aquel abandono debía dar paso a una renovación estructural y de personal, de manera inmediata en cuanto terminase con el caso que les ocupaba. Su hermano le había advertido encarecidamente que no provocase al comisario, que bien sabido era su mal genio y que colaborase con él en todo. Si bien también era cierto que debería conducir el caso para que no sucediese lo que en anteriores ocasiones, dado que el comisario

Mahoud había resultado incapaz de resolver aquel endiablado caso de robo de piezas antiguas descubiertas en los yacimientos de Persépolis. Un relieve de considerables dimensiones había volado del lugar y aparecido en una subasta de Cristhie´s para ser vendido por una cifra escandalosa. A pesar de las reclamaciones del servicio diplomático iraní el relieve fue vendido a un rico coleccionista y llevado a lugar desconocido de manera que hubieron de desistir de hallarlo para recuperarlo para el museo iraní. Eso jamás podría volver a pasar y de eso se iba a encargar Salim.

Se sentaron en torno a una destartalada mesa de despacho, que había conocido tiempos mejores, y sobre la que descansaba un ordenador antediluviano. La pantalla reverberaba una luz azulada que le daba un aspecto siniestro al comisario, y Salim se preguntaba si no sería mejor reconvertir a aquella plantilla de desharrapados en algo, lo más parecido a una comisaría de corte occidental. Por el precinto deambulaban, más como seres desorientados que como eficientes policías cinco agentes con sus uniformes desgastados que semejaban tornar de una guerra con el Irak.

-Comisario es prioritario que encontremos a ese traficante de obras de arte con las manos en una pieza, para poder condenarle y tratar de recuperar al menos la mayor parte de lo robado al estado. De no ser así corremos el riesgo de resultar burlados como en anteriores ocasiones.

-No se preocupe, en esta ocasión tengo el cebo perfecto para ese pez escurridizo, que tanto desea el estado cazar. Yo mismo dirigiré la operación de captura y se lo entregaré atadito como una salchicha.

Salim le miró dudando si creerle o si por el contrario la lectura de noveluchas policiacas americanas le estaría dañando el cerebro. Movió la cabeza de un lado a otro con resignación, y accedió a que se hiciese como el comisario tenía previsto, siempre y cuando él mismo pudiese supervisar las distintas fases de la operación. Carecía de los efectivos necesarios para llevar a cabo aquella caza, de proporciones demasiado grandes para no necesitar de los hombres del comisario.

-Un solo fallo en este tema le llevaría a la degradación comisario…téngalo en cuenta si desea seguir al cargo de esta comisaría no podemos en este departamento continuar siendo el hazmerreír de la policía estatal. Por otra parte la detención de tan importante individuo, le daría la oportunidad de rehabilitarse a ojos de los mandos y recuperar algo de su perdido prestigio. Incluso-pensó en suavizar sus duras palabras con algo de inmerecido encomio-podría tratar de que lo condecorasen, con el ascenso que conllevaría tal acto…-dejó caer las palabras como sin darle mucha importancia.

-Haré lo que se espera de mí, y sin pretender ninguna condecoración, ni acto de clase alguna, señor, soy un agente de la policía y solo he de cumplir con lo que es sin duda mi deber como tal-se arrancó en un arrebato de dignidad ofendida el comisario.

-Bien, está bien, es mejor así, no esperaba tanto de usted, lo reconozco comisario. Desde este preciso instante queda usted al mando de la operación "Cóndor negro" que es como se denominará de ahora en adelante a la caza de Alex Craxell y su acompañante "La rusa".

La marcha de Salim del edificio de la policía le resultó reconfortante a Mahoud y su perro de presa Mahad apareció de nuevo como una sombra huidiza que le siguiese a todas partes solo cuando el peligro no fuese demasiado para su adaptable mente de rastrero.

-¿Cree que hará algo para obstaculizar la detención de ese occidental?-le preguntó mirándolo con esa falsa admiración, que solo los que se arrastran ante sus superiores son capaces de mostrar-tenemos que adelantarnos a ellos y conseguir que se le reconozca a usted este mérito señor…-la sonrisa de Mahad le asqueó al propio comisario que no supo disimular el gesto de repulsión, que por otra parte no acertó a comprender el simple de su ayudante.

Lo cierto era que el comisario no estaba dispuesto a permitir que se le adelantasen y le quitasen la presa que tanto tiempo había estado persiguiendo, y que ahora por fin se hallaba tan cerca de su mano, tanto como para poder apretar y sentir en ella su cuerpo preso. Disponía de medios a su alcance, razón por la que Salim le había tenido que dar su visto bueno, a pesar de que no deseaba que fuese él quien dirigiese la operación. Dos helicópteros mil-mi 18 de procedencia rusa esperaban al comisario su ayudante el inseparable Mahad, y cinco de sus mejores agentes, que aspiraban a ascender en el difícil escalafón de la policía estatal de la república islámica.

Los rotores de los aparatos rugían como caballos nerviosos y el viento era desplazado con fuerza por sus palas. Bajaron las cabezas y se acercaron a ellos para abordarlos y así volar con rumbo a la meseta del viento divino. Era así como la llamaban, pues un ayatolá dijo una vez que los dioses de los paganos habían sido confinados a su encierro en ella y de allí no podrían escapar sin el consentimiento de Alá. Esto lo había dicho el ayatolá jambaní, para dar aliento a los más supersticiosos que creían que en ella moraban los dioses de una nación pagana y que castigaban a quienes se atrevían a acercarse a la meseta para robar sus tesoros. Se decía que bajo sus nobles y erosionadas piedras, se hallaban los cofres del tesoro de un Faraón que huyó de la persecución del César de la Roma oriental, y que las trampas diezmaban a quienes hoyaban el territorio de Osiris como le llamaban antes de que el ayatolá le cambiase el nombre.

Los dos helicópteros volaron a seiscientos kilómetros por hora forzando al máximo sus posibilidades, con el fin último de llegar cuanto antes a la meseta. Bajo ellos la tierra era como una hermosa y diminuta maqueta que iba pasando a sus ojos como si nadie pudiese vivir en su superficie. Mahoud miraba constantemente al suelo con el miedo pintado en su mirada y el corazón latiéndole a mil por hora. No quería que su rastrero ayudante le viese temblar de terror ante la altura que tomaba el aparato, y que le hacía sentirse impotente ante los que le rodeaban.

La orografía desértica y llana pronto dio paso a la región montañosa que se volvía gris a cada decena de kilómetros que el helicóptero avanzaba en dirección a la meseta del viento divino. Mahad, hacía planes para adquirir parte de lo que creía que hallarían en aquel lugar en el que moró un rey egipcio y que yacía enterrado entre las rocas grises que le daban aquel color siniestro a los farallones de piedra que se alzaban orgullosos en medio de las montañas que la rodeaban. Su sonrisa bobalicona y simple no evidenciaba nada fuera de lugar para el comisario, que estaba harto de verle en aquel estado de meditación intranscendente, en que caía cada vez que algo le provocaba de manera que se sentía transportado a un nirvana en el que parecían morar solo los rastreros y atontados, que sin embargo tan útiles eran para los que como el precisaban de fieles en quienes confiar mientras no hubiera otro con más que ofrecerles.

Poco a poco se fue tranquilizando, quizás porque pensar en otro asunto le separaba de su miedo para situarle en un lugar en el que toda la energía le sería necesaria para desenvolverse en un ambiente hostil, en el que no se le iba a dar tregua. El piloto con los controles fuertemente apretados entre sus férreos dedos dirigía el aparato con firmeza y erguido en su asiento tan solo hablaba con el copiloto que a veces miraba hacia atrás para ver el estado del comisario.

La meseta apareció en el horizonte como el titán mítico Atlas que sobrevivió a la guerra con los dioses y fue condenado a llevar sobre sus hombros el orbe del mundo. La meseta cortada por la mano del viento y el agua, semejaba ser una superficie lisa sin arrugas ni poca alguna, hasta que ya más cerca se divisaban los farallones que se elevaban a los costados como murallas naturales, y los cráteres inundados de agua que azuleaban como espejos celestes reflejando el color del cielo, que pocas veces aparecía como ahora tan intensamente azul. Era un amasa acuosa alargada y estrecha que ocupaba una pequeña parte de la meseta a cuyo costado oeste se extendía una llanura verde esmeralda de césped alto, que le daba un extraño aspecto.

-Piloto, ¿Dónde aterrizará con el helicóptero?-le preguntó más que nada por romper a hablar y así obtener información.

-Ignoro donde podré hacerlo, tenemos que ver un lugar donde el viento no sople con tanta fuerza como aquí donde desestabilizaría el aparato y nos derribaría. Es posible que encontremos un espacio lo suficientemente grande como para aterrizar y elevarnos después sin dificultades. En otras ocasiones hemos hecho de esta manera y ha salido bien, veremos. ¿Cómo se encuentra?.

-Bien, estoy bien es la falta de costumbre, no suelo despegarme del suelo si no es para colgar un cuadro…-trató de quitarle hierro al asunto, y desviar la conversación.

-¡Mire! Allí podremos aterrizar, parece hecho para nosotros, es un espacio grande y con los muros de piedra que nos protegerán del viento a cada lado.

El helicóptero giró dando la cola a l viento y fue bajando lentamente hasta que tocó la hierba y se asentó en el suelo firme. El comisario se sintió nacer de nuevo dentro de sí, y salió dando tumbos a causa del mareo, seguido del incombustible Mahad que le tomaba del brazo a sabiendas de que de no hacerlo el comisario acabaría en el suelo desmayado.

-Les dejamos aquí, volveremos dentro de una semana a lo sumo, si necesitan salir antes comuníquense por radio y vendremos a sacarlos de este lugar helado. Les dejo tiendas de campaña alimentos y agua suficientes como para el doble de tiempo…-les aseguró el piloto para darles ánimos a aquellos locos que osaban provocar a los dioses del antiguo Egipto.

-Váyase tranquilo estaremos bien, tenemos demasiadas cosas que hacer como para que nos entre el miedo. Tíreme ese fardo es lo más importante que traeos con nosotros.-Señaló un envoltorio de tela gris y arena que contenía las armas con las que defenderse de los posibles enemigos que poblasen ya el lugar.

LAS ALMAS DE LOS MUERTOS

Las almas de los muertos en tiempos de Kemohankamón, se removían en sus tumbas al ser profanado su descanso eterno y sin embargo estaban a punto de utilizar sus cuerpos para obtener el ansiado final. Precisaban de un proceso que no se pudo llevar a cabo durante los días siguientes a su muerte y solo si ahora se desarrollaba podrían al fin viajar con su faraón al reino de Apofis y superar ante Maat la señora de la justicia las pruebas de Osiris, y pasar al Duat, donde serían felices por el tiempo prescrito para ellos antes de tornar a sus cuerpos carnales conservados en los sarcófagos y vasos canopes resucitando así al mundo donde reina Ra. Una vez más solo una vez más guiarían a los vivos en el camino de la muerte para que sus Ba, pudiesen viajar por fin a las estrellas reuniéndose de esta manera con sus ancestros.

En lo más profundo de las tumbas reales, las paredes mismas semejaban latir con fuerza inusitada y percibir el final de su larga espera. La oscuridad más absoluta reinaba dentro, y el silencio imperaba de modo que el descanso del faraón no fuese turbado por los molestos ruidos de los vivos. Inmensas salas hipóstilas con paredes recubiertas de oro de Nubia,y turquesas traídas por los servidores del rey de reyes desde las lejanas tierras en que se extraían de las entrañas del planeta, adornaban regiamente la necrópolis real en la que docenas de hombres y mujeres descansaban.

Alex y Krastiva junto con Abul y el silencioso Klug, salieron del hotel, y se dirigieron a un grupo de edificios construidos en tiempos del Sha de Persia y que a duras penas sostenían su aspecto cosmopolita y moderno entre las casuchas que ya lo rodeaban. Penetraron en el ascensor y apretaron el botón de la planta veinte. En las oficinas de la empresa en la que trabajaban un par de docenas de personas, que iban y venían en ajetreado y estresante paseo en una y otra dirección, les recibió una mujer de ojos grandes y expresivos ataviada con el preceptivo sador, que tan solo dejaba aquellos enormes ojos libres de su negra prisión. Pocas eran las ocasiones en que unos occidentales entraban en las instalaciones de la Helip Air empresa destinada a alquilar aparatos de todo tipo, entre ellos helicópteros para los empresarios árabes en su mayoría que venían de l.osm distintos emiratos y países de mayoría musulmana.

-¿En qué puedo serles de ayuda?-sonrió a Alex mientras Krastiva le lanzaba una mirada agresiva a la hermosa secretaria.

-Necesitamos alquilar un helicóptero para dirigirnos a la meseta en la que se halla enclavado el lago Orumeyeh creo que se llama.

-Sí, aquí lo llamamós el lago Urmía es más fácil-le guió sin prestarle demasiada atención a las constantes miradas de Krastiva. Abul y Klug les siguieron dócilmente y esperaron a que no hubiese problemas para salir de Teherán, ya que en un país de leyes tan rígidas nunca se sabía.

-¿Necesitan que se quede allí esperándolos? la tarifa en s menor sui no es así desde luego…

-No, no será necesario, con que vuelva pasados unos días será más que suficiente. Vamos a hacer unas perforaciones en busca de metales poco corrientes para una investigación, y…

-¡Oh!, no se preocupen, aquí nadie les pedirá que expliquen a qué van, eso es solo asunto suyo, mientras no sea nada ilegal, por supuesto. –Las sonrisas de la secretaria comenzaban a causarle escozor a la rusa que cada vez tenía más el entrecejo fruncido en un gesto de evidente desagrado.

Sura, que así se llamaba la secretaria en honor a los capítulos del libro sagrado, le llevó hasta la azotea donde dos helicópteros de factura rusa esperaban ser empleados. La rusa sintió ese orgullo patrio que le hacía olvidar todo lo demás y se acercó hasta el primero de ellos, explicando sus virtudes militares, con el deseo de restarle importancia a la atrevida persa que llevaba del brazo a su marido.

-Este aparato, ha estado en todas las guerras libradas por el ejército rojo, y por otros treinta más, es un monstruo sagrado para nosotros los rusos…-acarició el aparato con la ternura que emplearía para masajear la espalda de Alex cuando se hallaban a solas.

-Vaya veo que le ha tocado la fibra sensible, lo comprendo es un aparato de prestaciones extraordinarias, lo tenemos desde hace cinco años y se encuentra en perfectas condiciones de uso. Y teniendo en cuenta que se alquilan cada dos o tres días eso supone un elogio para él.

-¿Cuánto hace dice que se lo alquilaron?-le lanzó la pregunta de manera inesperada Alex.

-hace cinco días, y precisamente para el mismo destino que tienen ustedes, quizás tengan competencia en su trabajo, pues dijeron algo similar cuando firmaron el contrato.

Alex miró a Krastiva y Klug con el temor reflejado en sus ojos, y esto no le pasó desapercibido a Sura.

El piloto llegó con puntualidad inglesa y pronto estuvieron en el aire. Entonces Sura llamó a la central del servicio de inteligencia y les comunicó que los pasajeros que esperaban alquilasen un helicóptero, habían llegado e iban con rumbo a la meseta. Por la descripción tan detallada de los cuatro clientes, Sura no tuvo la menor duda de que se trataba de ellos.

Volar era algo que siempre le agradaba a Krastiva, que había sido coronel del ejército a una temprana edad en el ejército rojo, cuando este ya no era lo que fue en tiempos, pero que conservaba ese aire de superioridad que da el saberse en posesión de armas capaces de devorar el m un do más de dos veces entre llamas nucleares. Abrió una de las ventanas que chirrió a l ser bajada, y dejó que el viento le rozase la cara y le revolviese el pelo, como cuando ella iba de misión con su regimiento y les daba las órdenes oportunas para desplegarse. ¡Ah! Qué tiempos aquellos, en que era obedecida sin rechistar, y se podía sentir la reina del aire. Ahora tenía que ceder anyte estúpidos y pusilánimes para no dañar las operaciones en que se veía envuelta y perjudicar a los que con ella iban. Los rotores apenas se oían dentro si las ventillas estaban bajadas, pero si esto no era sí, el ruido atronaba dentro del aparato a quien no estuviese familiarizado con él.

El cielo azul y despejado ayudó en que el

helicóptero llegase con más de media hora de adelanto, y tras dejarlos en tierra quedaron en que les recogerían pasados cuatro días. El piloto ya se estaba acostumbrando a aquella petición de todo el que era depositado sobre la meseta.

-Tenemos que acampar en un lugar discreto que no sea de fácil localización y nos permita movernos con agilidad-ordenó más que sugirió Krastiva sin darse cuenta de su tono autoritario.

-Vale, vale señora coronela…-bromeó Alex Craxell con su actitud.

-Perdonadme, es que a veces me sale el militar que llevo dentro, y me invade…-hizo un mohín gracioso a modo de disculpa.

Hallaron un lugar entre tres enormes rocas a resguardo del viento que comenzaba a soplar con fuerza, y levantaron una tienda de campaña lo suficientemente grande como para caber los cuatro sin apreturas. Krastiva experta en el arte del camuflaje, cubrió con ramas la tienda todo en derredor, y dejó tramados sobre ellas arbustos con brotes verdes. Visto desde arriba solo resultarían ser unos matojos que crecían silvestres en medio de rocas peladas.

-Nos distribuiremos en dos grupos para abarcar mayor cantidad de terreno y así encontrar antes los libros de Amón y Seth. Yo iré con Abul-dijo Alex- y tú con Klug. Necesitamos tener a alguien que sepa qué buscamos en cada uno de los dos grupos, y nos comunicaremos con señales cada hora. ¿Tenéis espejos?

-Todos asintieron sin decir palabra y se lanzaron a la búsqueda tras sincronizar sus relojes y escabullirse entre las rocas y matojos que crecían desmesuradamente. Desde el aire habían visto la magnitud del lago en que deberían buscar y algo dentro de sí les decía que es allí donde hallarían lo que buscaban, pero tenían que neutralizar a sus rivales si deseaban poder hacerlo con cierto grado de tranquilidad.

-En este lugar descansan los que sobrevivieron a la dura experiencia del éxodo y construyeron en esta meseta cortada a ras de suelo por la mano del hombre con las rudimentarias herramientas de que disponían entonces. Algo flota en el aire-continuó Klug Isengard-como si…no se…es algo que atrae.

-Más bien creo que ese algo pudiera ser las armas de los acólitos del papa de Roma que de seguro están por aquí cerca…-cambió el curso de la conversación Krastiva que también había detectado aquella sensación tan especial, que les conducía sin ellos saberlo hasta uno de los secretos mejor guardados por los egipcios de la época Ptolomea.

Transcurrieron al menos veinte minutos y el aire les pareció que se densificaba como niebla que les ocultase a los ojos de alguien a propósito. Los dos se frotaron los brazos simultáneamente y se miraron en un gesto de mutua comprensión. Jirones de una bruma que cada vez resultaba más artificial y espesa les rodeaba y comenzaban a sentirse aprehensivos con lo que les estaba sucediendo.

-Esto no me parece normal, y yo no soy de las que se asustan por nada tú lo sabes Klug…-se justificó Krastiva en un intento de romper aquel silencio ominoso y pesado que caía sobre sus testas como losa de granito. Era plenamente consciente de que de no salir de aquella trampa de neblina húmeda y maloliente no darían con nada de interés para su investigación.

-No, esto no es algo natural, pero por el contrario que tu, yo sí creo que nos lleva a alguna parte, a algún sitio en el que ese "guía" desea que lleguemos y conozcamos…-aventuró Klug que veía más allá de lo que la asustada Krastiva podía divisar entre la niebla.

Caminaron a tientas palpando el aire como invidentes temporales, que son guiados por una invisible presencia que sin embargo sabe donde los conduce. En un momento determinado, la niebla comenzó a disiparse y el azul celeste reinó una vez más en el cielo de Persia sobre la montaña que acunaba en su seno al lago Urmía. Ante ellos un agujero rodeado de musgos y arbustos negro como boca de lobo, se les presentó como una puerta a…¿A dónde? Se preguntó Krastiva, ¿al averno de Apofis? Tras la experiencia sufrida en las arenas de Egipto al hallar la ciudad de Amón, había dejado de dudar de la existencia de mundos más allá de los que en la tierra se conocen como "la realidad".

-¿Tenemos que meternos ahí adentro? Eso está oscuro como la muerte misma –se lamentó la rusa que ya se veía bajo tierra una vez más. ¡Qué manía con edificarlo todo bajo tierra tenían aquellos egipcios en tiempos de Kemohankamón…!

-Sí, pero primero hemos de advertir a los otros de a dónde vamos, no sea que piensen que nos han tomado presos o que nos hemos perdido…saca el espejo, les diré que vamos a sumergirnos en esa densa negrura que nos parece lleva algún lugar de interés…-procuró asustar más a la rusa que a veces se reía de su timidez con cierto grado de sarcasmo.

Movió el espejo para captar la luz del sol tan escasa al ser ocultada por numerosas nubes, y emitió varios destellos previamente prefijados para saber la ubicación y que habían hallado algo que se asemejaba a un indicio. Después desaparecieron en el agujero que se ensanchó a penas entraron en él, dejando ver al encender sus linternas unas paredes terrosas con asideros de hierro oxidados y por las que resbalaban hilillos de agua humedeciendo el interior. Los escalones de piedra toscamente tallados descendían en una peligrosa pendiente que les obligaba a agarrarse a los asideros con fuerza. Metro tras metro dejaron de ver la luz del sol y se fueron acostumbrando a la penumbra que reinaba en aquel túnel que parecía bajar al interior de la tierra misma.

Alex y Abul caminaban escondiéndose tras las escasas rocas que veían, pues habían visto a Balatti con Delan que cerca, muy cerca hablaban de sus planes para cuando consiguiesen los dos libros de Amón y Seth. A la orilla del lago entretanto, el resto de los hombres del cardenal cavaban una zanja que ignoraban que propósito tendría una vez acabada. El ruido de los rotores de un helicóptero les obligó a esconderse y taparse los oídos mientras los hombres del cardenal juraban al ver que tendrían a partir de aquel momento rivales, competidores por los libros, y que poco o nada podrían hacer para apartarlos de la búsqueda, de no ser…

El ruido les había alertado y miraron asustados al aparato que se posaba no demasiado lejos de su posición. Era el momento más inconveniente para que llegasen personas ajenas a su expedición, el instante de mayor vulnerabilidad.

SECTAS DE MUERTE

10:53 horas, Palaccio Condotti.

La orden de "Los Egregios" se reúne bajo la presencia de su maestre en la cripta del palacio. Ataviados con túnicas negras y con las enormes capuchas echadas sobre sus cabezas, se situaban en dos hileras pegados a las columnas bajas y anchas de la pétrea estancia en cuya pared frontal destacaba un altar de granito rojo y sobre éste tres copas de oro.

Más de treinta miembros esperaban que el gran maestre de la orden hablase y les expusiera la razón de aquella reunión secreta y fuera de todo orden prescrito, quebrando así las medidas de seguridad. Con las cabezas bajas y tapándose la cara para no ser reconocidos por los que a diestra y siniestra les flanqueaban, tensaban sus nervios, como cuerdas de arcos.

10 :55 horas Palacio Vaticano

En la cripta que se abre debajo del baldaquino de columnas barrocas de bronce que se eleva bajo la enorme cúpula de Miguel Angel, donde descansa según la tradición el cuerpo del apóstol Pedro, se reúnen el Papa y sus más cercanos colaboradores bajo la estricta vigilancia de la guardia suiza que le es aun leal al Papa.

El propio pontífice en medio de ellos vestido con una túnica blanca ribeteada en flecos dorados, hechos de oro puro, bordada por las monjas de san Clemente, les habla con gesto adusto y ceño fruncido. Se trata de saber cómo va la expedición vaticana que se encargará de traer al archivo vatio cano los dos libros de Amón y Seth, para fortalecer el poder papal y así gobernar con comodidad de nuevo, en un mundo hedonista y violento, que amenaza destruir la santa madre iglesia de Roma.

-Hijos de la santa madre iglesia-comienza su alocución papal- el cardenal Balatti, miembro de nuestro grupo, y de nuestra total con fianza, se encuentras a apunto de poseer los dos libros de los sacerdotes de Amón y Seth respectivamente, para colocar en el lugar privilegiado que la santa madre iglesia merece, y dar al mundo el patrón moral y la guía que éste necesita antes de que su descontrolado deseo de placeres destruya a esta iglesia representante de Cristo en la tierra.

Los asistentes ataviados con túnicas blancas y mitras de color verde claro, le miraban con los ojos vidriosos y las m anos jugueteando con diferentes objetos. Eran veinte miembros y tres de ellos eran los ojos, manos y oídos del Papa Juan XXIV. El resto eran tan solo iniciados que conocían lo mínimo sobre asuntos de relevancia en cuanto se refiere a los intereses de la orden. Dos hombre s vestidos de traje a la europea con rostros curtidos y de aspecto altivo y duro, observaban desde el fondo de la reducida estancia la reunión, sin poder participar en ella. Se trataba de Lucio Benedetti y Marco di Mario, ricos comerciantes de armas que apoyaban financieramente al Vaticano, en sus luchas secretas contra las religiones que se oponían a sus deseos de expansión mientras fingían un ecumenismo del que estaban tan alejados como un polo del otro de la tierra.

Julián de Arión, junto al gran maestre le servía el líquido rojo que resbalaba de una botella de cristal tallado viscoso y húmedo desprendiendo un hilillo de débil vapor que se elevaba como si de una ofrenda se tratase, y así era.

-"Tomad y bebed de la sangre que mana del cordero y que quita el pecado del mundo-dio inicio el ritual de la reunión secreta- sed bienvenidos a este capítulo extraordinario en el que se decidirá el destino del mundo tras la posesión de los secretos de los sacerdotes de Amón y Seth".

Los allí presentes fueron pasando y bebiendo de los tres tazones de oro el líquido que se iba espesando lentamente a medida que el aire lo densificaba. Con los labios manchados de la sangre que bebiesen, se colocaron de nuevo en su lugar, y escucharon lo que el gran maestre tenía que decirles.

-Tenemos un infiltrado en el grupo que busca para el papa los dos libros sagrados y me ha comunicado que se encuentran cerca de tenerlos en sus manos. Cuando esto suceda él se encargará personalmente de robarlos para nosotros y eliminar el peligro que suponen los hombres del cardenal Balatti.

Al oír el nombre del cardenal Balatti uno de los

asistentes tembló imperceptiblemente, aquel hombre…no podía ser, pensó en silencio alzando levemente la cabeza, en contra de lo que se estipulaba para los novicios. Nadie advirtió su atrevido gesto, pero ella pues de una mujer se trataba pudo ver el rostro del maestre y de su colaborador más fiel, Julián de Arión. Bajó la cabeza de nuevo lentamente para no hacer ruido alguno con la tela de la capucha, y se quedó muy atenta a esperando que sucediese algo. El vaticano también tenía una infiltrada en la orden de "Los Egregios". Daba principio la guerra entre dos organizaciones milenarias que competían por el poder de controlar el mundo.

Una mujer cubierta por una amplia capa escarlata y con la capucha echada hacia atrás se adelantó y fue descubriendo a su vez a cada uno de los miembros de la orden. Fue besando en la mano que se le ofrecía como saludo secreto, y al llegar a la altura de la mujer que viese los rostros de los oficiantes, la miró con ojos crueles y sacando un estilete de plata de entre sus ropas, se lo clavó en el corazón con tal rapidez, que la víctima no se dio cuenta de que estaba muerta mientras miraba, ya sin ver, la cara de la duquesa de Condotti. No, no la había matado por ver las caras de los dos grandes maestres, sino por haber sido detectada y desenmascarada como agente del vaticano entre los suyos. Llevaba tres años con ellos en la por orden, y en ese tiempo, varios asuntos de la orden había sido necesario suspenderlos a causa de que alguien filtraba la información a elementos pertenecientes a la curia romana y éstos impedían a la orden llevar a cabo sus propósitos. Habían perdido nueve agentes por causa de la traidora. La duquesa avanzó y dos de sus acólitos llevaron ante el gran maestre el cuerpo sin vida de Mirella Micotti, hija del magnate de la televisión privada italiana, `para que se efectuase el ritual de expulsión de su seno.

El maestre le abrió una herida en el cuello y dejó que se derramase la sangre tibia en los recipientes de oro. Después derramó el líquido en la piedra del suelo maldiciendo en latín su alma. Todos a una maldijeron su sangre y tomaron la decisión de exterminar a su familia en un ajuste de cuentas digno de la mafia siciliana, más que de una secta secreta que llevaba mil cien años manejando en la sombra los asuntos de la alta política.

-Este desagradable asunto debe llevarse a cabo con la mayor premura posible, y sin dilación. No debe quedar cabo suelto alguno, y ha de ser cuanto antes, sin que parezca sino lo que es, una ejecución. No nos será difícil, la mafia cargará con el "crimen" o de lo contrario pensarán en un ajuste de cuentas entre traficantes de armas, drogas, o similar…-dejó caer la duquesa con fría cavilación. El ritual debe proseguir…-ordenó autoritaria-las familias de los nueve clanes que gobiernan desde tiempos inmemoriales, ha de permanecer en el anonimato y si para ellos es necesario ejecutar sentencias de este tipo se hará.

-Hemos detectado u ,¡movimiento en la orden de "Los Egregios" y hemos colocado a uno de nuestros mejores tops que lleva dentro más de tres años para que nos vaya informando de sus avances. —El Papa se felicitaba por su sabia elección ignorante de que su agente había sido detectado y eliminado casi en el preciso instante en que pronunciaba aquellas palabras. En pocos días tendremos en nuestras manos los dos libros de Amón y Seth, y podremos ponernos a descifrarlos para sí acceder a sus secretos.

-Esos malditos vienen a fastidiarnos la búsqueda,

¿Quién les habrá advertido de nuestra presencia en la meseta? Delan ve a ver con un par de hombres si es necesario ya sabes lo que tienes que hacer...-le sugirió dejando la frase inconclusa.

Delan y dos de sus hombres se adelantaron y tirados sobre el suelo casi raso a penas cubiertos por unas acumulaciones de piedras, observaron a los recién llegados. Sus caras resultaron un poema al reconocer en los recién llegados a miembros de la policía por sus inconfundibles uniformes negros con galones plateados en sus hombreras. ¿Qué hacía allí la policía, y sobre todo quien podía haberles involucrado en aquella operación?.

-¿Qué hacemos les eliminamos?

-No, sería un error delatar nuestra posición primero trataremos de despistarlos pueden venir más y complicar las cosas...-añadió Delan que no quería que en su primera misión saliesc algo mal y así pudiese recuperar el mando Olaza.

Los dos policías fueron oteando en varias direcciones y se decidieron por la opuesta a la que ellos ocupaban. Se perdieron entre unos ralos arbustos y un roquedal de peladas rocas en el que ples pareció estaban dispuestos a montar su precario campamento.

-Vámonos dejémoslos ahí, les tenemos localizados y es mejor no armar ruido en este momento en el que estamos a punto de dar con nuestro objetivo-habló a modo de militar Delan.

Se retiraron dando a conocer la novedad al cardenal Balatti que aprobó su decisión. Olaza miró con odio contenido al rival que le arrebataba su influencia y su ascendencia sobe el cardenal Balatti. No estaba dispuesto a cedérselo sin más ni más y se lo iba a demostrar. Se apretó la venda que le oprimía la herida ya casi cicatrizada y se puso en pie de un salto, sorprendiendo a Delan. Se acercó a Balatti y le preguntó cómo iba todo. El cardenal le miró admirado por su pronta recuperación, y por no haberse quejado en ningún momento, y le sonrió para después informarle de sus avances.

-Tenemos la certeza de que ahí debajo, existe un emplazamiento que contiene los dos libros, pero no será tarea fácil desenterrarlos. Estamos cavando y llevamos más de dos metros sin obtener resultados positivos pero es demasiado pronto.

Los tres hombres que realizaban el agujero se pasaban los dorsos de las manos por las frentes completamente sudados y agotados. Miraron al cardenal y le solicitaron hacer un descanso para proseguir más tarde, a lo que éste accedió de mala gana.

-Abul tu eres más pequeño, arrástrate y ve si tienen algo que sea de interés para nosotros, una pieza egipcia, un libro o pergamino, algo que te llame la tención…¡ve!

El muchacho comiéndose literalmente el polvo del suelo, se deslizó como solo una serpiente del desierto podría hacerlo, en absoluto silencio, y miró por entre los arbustos que se amontonaban traídos por el viento, para tratar de ver y oír lo que decían. El polvo seco y la tierra húmeda mezcladas entre sí le dieron un camuflaje perfecto que le permitió escuchar sin ser visto.

-¿Y ahora qué haremos? —inquirió Mahad que se veía inmerso en una aventura que no deseaba y que era consciente de que les acarrearía consecuencias no previstas por el torpe comisario.

-Ahora a planificar el próximo paso a dar Mahad, necesitamos saber cuántos enemigos tenemos en la meseta, y cuáles son sus objetivos.

-A Mahad se le antojó una jerga demasiado militarizada la que empleaba el comisario, que creía estar en medio de la jungla combatiendo a enemigos imaginarios.

Mahoud extendió un mapa de la zona y señaló con círculos rojos el lugar en que se encontraban y el lago. En azul el sitio en el que el helicóptero le había dejado y trazó un círculo más grande y otro más concéntricos ambos, para determinar el radio de acción que deseaba explorar. Había visto en las películas americanas ya obsoletas que quedaban en el mercado negro de Teherán como lo hacían los policías de New York y era su oportunidad de imitarlos. Miró a lo lejos con un gesto que pretendía saber más de lo que en realidad conocía de aquella región olvidada de los dioses de antaño.

-Quienes busquen esas piezas deben hallarse en las inmediaciones del lago aquí-señaló en el mapa-el mejor sitio para edificar una construcción desde tiempos inmemoriales es la ribera de un lago río o similar. Mahad que solo pensaba cuando se le obligaba a hacerlo, le miraba con bobalicona admiración, digna de un descerebrado incapaz de realizar la más pequeña conexión entre sus células grises. Y esa era precisamente la razón por la que resultaba tan peligroso, solo quién no piensa sabe matar sin remordimientos.

-Entonces vayamos y cuando los tengamos cerca…-dejó en el aire la frase inconclusa-

-Sí, pero de momento dejaremos que nos hagan el trabajo duro descubriendo esas piezas por las que tanto se arriesgan. Estoy convencido de que las intentarán sacar del país por el mismo canal que lo han hecho antes, y tengo que descubrir cómo lo hacen. Solo de esta manera me ascenderán y podré marcharme lejos…

-Señor entonces ¿qué haré yo si se va usted?

-No te preocupes mi fiel Mahad siempre necesitaré de tus inestimables servicios, vendrás conmigo, me encargaré de que sepan que tú fuiste parte relevante de la operación en que estamos inmersos.

La sonrisa devolvió la luz al rostro endurecido de Mahad que se veía lejos de Teherán quizás en otro país con mayores oportunidades de ser reconocido como el gran policía que él creía ser. De roca en roca y arrastrándose cuando el espacio a cruzar era demasiado liso o se hallaba al descubierto sin posibilidad de esconderse de ser detectados, fueron cubriendo la distancia que les separaba de sus perseguidos que ignoraban lo eran también por fuerzas de mayor orden que ellos. El lago comenzaba a estar demasiado frecuentado y ellos dos eran en realidad los últimos en llegar.

Mahoud se metió dos pistolas cruzadas en la parte trasera del pantalón y empuñó otra automática pegado a una pared de roca que se inclinaba sobre el abismo que era la montaña. Mahad metió en su funda sobaquera la pistola reglamentaria y empuñó una metralleta de reducido tamaño, y tras mirarle al comisario avanzó en zig-zag, hasta que divisó al grupo de Balatti que se había distribuido en tres secciones para detectar y neutralizar a los intrusos que llegaban con intenciones de interrumpir el trabajo, que llegaba a cotas en las que ya se podía vislumbrar el logro que perseguía el cardenal. El astuto cardenal había dado órdenes de que todo pareciese estar en completa calma para permitir que se acercasen los recién llegados y así cazarlos sin dilación. El m ismo y Olaza estaban aparentemente charlando a la orilla del lago, mientras Delan, Bettino y Juliano junto a Eloisa permanecían en la tienda más retirada del improvisado campamento. Otros dos guardias suizos les esperaban tras unos arbustos junto a los cuales habían amontonado las pocas rocas halladas en los alrededores.

En cuanto les vieron aparecer alertaron al resto, pues si en verdad eran policías del país, ¿porque razón se escondían de ellos?, ¿qué temían?.

Mahoud y Mahad sintieron el frío del acero en sus nucas y supieron que les habían visto demasiado tarde. Les encañonaban con sendas automáticas y sin emitir palabra, les indicaron que caminasen delante de ellos. El cardenal Balatti les esperaba con una sonrisa de triunfo dibujada en su faz astuta.

-Sean bienvenidos señores, -les habló en árabe que ellos entendieron perfectamente-. Veo que han decidido hacernos una visita...pero no teman, son bienvenidos estén tranquilos cuando terminemos podrán marcharse sin problemas. A menos que nos los den ustedes, y entonces tendríamos, sintiéndolo mucho, que eliminarlos-le amenazó directamente-.Pero qué veo, ustedes no venían por nosotros...se han sorprendido al vernos cosa que no sucedería de ser su objetivo, claro está. Díganme ¿a quién persiguen en realidad?, no, no me lo digan...a Alex Craxell y la rusa, ¿me equivoco?

Las caras de los dos policías iban pasando por el blanco de una palidez extrema al rojo de un vergüenza inimaginable por haberse dejado pillar en aquel tonto renuncio a causa de su falta de autocontrol. Estaban en manos no sabían de quién, y para colmo de males los que eran su prioridad estaban fuera de su alcance por lo visto, pues ni tan siquiera aquellos extranjeros, sin duda competidores de Alex y la rusa, les habían cogido...

-Somos Mahoud teniente de policía de Teherán y él

es el sargento Mahad si nos retiene contra nuestra voluntad acabarán en una oscura celda de dos por dos olvidados hasta de su madre…

-Pero qué modales tan rudos son esos amigos míos…aquí nadie les retiene contra su voluntad, de hecho iba a proponerles que se unieran a nosotros en la caza de Alex y la rusa y compartir los beneficios, que les aseguro serán cuantiosos…¿qué me dicen?, ¿eh?.

Los dos policías se miraron atónitos y con gesto brusco y en un tono de voz autoritario le respondieron.

-Nosotros no somos corruptos como la mayoría de ustedes los extranjeros suponen. Suéltennos y hablaremos, pero olvídese de compartir nada las piezas que saquen de este lugar pertenecen a la república islámica de Irán.

-Verán no podemos hacer lo que nos pide de momento, pero negociaremos créame, cuando sepa realmente de qué se trata ya lo creo que sí…-se alejó riéndose a carcajadas con Olaza que ya no se separaba de su superior.

Eloísa llegó a la carrera para jadeando intentar decirle algo que Balatti no podía entender a causa de la tartamudez de la mujer. Trató de calmarla y esperó a que su respiración se regulase antes de proseguir.

-¿Se encuentra ya más calmada sor Eloísa? De no ser así será mejor esperar, no puedo comprender nada de lo que me dice de esta manera entre jadeos e interrupciones…

-Sí, ya estoy mejor, verá eminencia, se trata de los…-se calló al ver al lado a los dos policías.

-Continúe no comprenden nuestro idioma ¿verdad amigos?-les preguntó obteniendo como sola respuesta una bobalicona sonrisa-¿ve lo que le digo? Adelante.

-Cada libro está en un lugar diferente, son incompatibles entre sí…si sacamos de su escondite a ambos no podremos llevarlos juntos sería imposible, de hacho sucederían cosas terribles según lo que he podido averiguar.

-Vaya, vaya esto supone un contratiempo inesperado. De todas formas los sacaremos a ambos y nos dividiremos en dos grupos, uno se encargará del de Amón y yo mismo me llevaré el de Seth. Sacad los instrumentos que hemos traído con nosotros y comenzad a extraer cada objeto que encontréis con sumo cuidado. Eloísa-se dirigió a la monja que le miraba sin saber cómo actuar-usted debe continuar con la investigación y que le ayuden Bettino y Juliano el resto será necesario en la excavación.

Eloísa que no sabía qué partido tomar a estas alturas, se debatía entre llamar a su santidad el papa Juan XXIV o permanecer al lado del cardenal para así tomar parte del botín, que le daría un inmenso poder a aquel ambicioso cardenal dueño de la voluntad de todo el que colaboraba con él.

Los trabajos dieron comienzo bajo una lluvia fina y desagradable que los fue calando hasta los huesos en cuestión de pocos minutos. Una zanja de tres por tres metros, fue abierta como si fuesen a meter en ella un cubo de dimensiones similares. Balatti observaba desde su peculiar atalaya, una roca que se elevaba solitaria a la orilla del lago entre hierbas y helechos. Dos guardias con detectores de metales pasaban sus aparatos para localizar la ubicación de cualquier posible objeto que estuviese enterrado en el suelo de la ribera. Mahoud y Mahad estaban atados espalda contra espalda a falta de un árbol o roca que ofreciese seguridad para sujetarlos a ellos. Mahoud forzaba sus correas en un vano intento de desatarse y escapar de aquella temprana captura que les había arrebatado la posibilidad de ser quienes interviniesen en el momento adecuado.

NOCHE DE SANGRE

Los fríos corredores palatinos del Vaticano recibían la visita inesperada de dos miembros de la orden de "Los Egregios" que como inquilinos que residían en él tenían acceso a gran parte de las cámaras de la residencia papal. Se deslizaron por el pavimentado suelo de mármol blanco con mosaicos de rico colorido al más puro estilo romano, hasta llegar a dar ante una puerta de ostentosa apariencia y llamaron a ella con dos golpes suaves y tres más fuertes, a lo que desde dentro una voz grave les respondió concediendo su permiso.

Entraron y tras cerrar las dos hojas de madera blanca con dorados barrocos, se arrodillaron y besaron la mano del Papa pues de sus habitaciones privadas se trataba. El anillo del pescador de treinta y cinco gramos de oro le pesaba en la mano al papa actual, como si su conciencia le acusase de haberlo conseguido de manera poco lícita.

-Decidme hijos, ¿Qué noticias me traéis de la orden?, es preciso actuar cuanto antes si queremos ganarles la partida a esos herejes…

-Santidad, la orden ha ordenado asesinar a la familia de Mirella Micotti de suceder tal cosa toda Italia se enteraría de nuestras maniobras y debemos evitarlo a toda costa. Su familia es la dueña de varios canales de televisión y de empresas del sector en otros países.

-Os veo muy preocupados, doy por hecho que vosotros mismos tenéis invertido vuestro capital en algunas de esas empresas de las que hacéis mención, y que os veríais en dificultades para continuar con el tren de vida que lleváis, a pesar de pertenecer a la curia…

Los dos cardenales se miraron entre sí, sin saber si asentir o negar, pues el papa acababa de dar en el clavo. De no ser de tal manera nunca hubieran traicionado a su orden a sabiendas de cual era el destino de quienes lo hacían.

-No puedo ayudaros eminencias, es necesario que la orden emerja de la oscuridad y ese puede ser el medio para, lograrlo. Tendréis que hacer autocrítica y volver al seno de la santa Madre iglesia con la humildad que se necesita para hacer tal cosa. Hace más de dos meses que sabemos que pertenecéis a la orden de "Los egregios" y os tenemos controlados solo esperábamos que os delataseis vosotros mismos, y mira por donde ahora sin provocarlo nosotros venía a Nos para entregaros en bandeja y entregarnos a la vez la carta que estábamos necesitando para derrotar definitivamente a la orden.

Los dos cardenales palidecieron y tras ellos aparecieron sendos guardias suizos que les condujeron por una salida privada de las habitaciones del papa para llevarlos afuera, donde cumplirían las órdenes del Santo Padre. Una vez a solas Juan XXIV sonrió esta vez tenía en sus manos la carta que le daría la victoria sobre aquel grupo secreto que controlaba los destinos de la industria y la comunicación y que tanto le incordiaba. Llamó al capitán de la guardia suiza y le dio órdenes estrictas que debía cumplir antes de que amaneciese. Se marcharon con las ideas claras y el rostro serio, con un brillo asesino en sus ojos seguros de estar cumpliendo una misión de importancia vital para el Papa de Roma.

Los periódicos de la mañana como Corriere de la Sera, se hacían eco del intento de asesinato de dos miembros de la familia Micotti que se encontraban en un famoso balneario descansando antes de la boda de su hija que aun ignoraban había sido asesinada la noche anterior. No tardaban mucho los noticieros en hacerse cargo de la noticia del hallazgo del cadáver de la muchacha que había sido hallada en la orilla del Tíber con una sola herida en el corazón letal de necesidad y completamente embarrado el cuerpo, por lo que la policía científica estaba convencida había sido tirado al río la noche anterior justo después de morir a manos de sus asesinos.

La duquesa Condotti, echada sobre su cheslón contemplaba al presentador del canal "Tutto il canale" dar la noticia y entre sus manos estalló el vaso de fino cristal de Bohemia que contenía su Martini bianco. No daba crédito a tanta ineptitud…¿Cómo era posible un fallo como aquel? Sin duda eran más los infiltrados y no solo aquella muchacha que pretendía jugar a las sectas por puro aburrimiento. La había admitido por causa de que su padre era el mayor potentado en cuanto se refiere a medios de comunicación y sus brazos se extendían por toda Europa. Ahora lamentaba profundamente haber tomado aquella decisión todo se complicaba por culpa de aquella mocosa. Se levantó y se miró la mano, ni siquiera había sentido como se hundían los cristales del vaso roto en su carne. Se dirigió al botiquín que tenía en el baño y se vendó la mano mientras pensaba como si fuese su cerebro una locomotora a vapor alanzada a toda marcha.

El sonido del teléfono le sacó de su abstracción y al escuchar la voz que le hablaba del otro lado no mejoró su estado de ánimo. Los cuerpos de los dos cardenales miembros de la orden encargados de asesinar discretamente al Papa habían sido encontrados envueltos en sábanas blancas en un automóvil cerca del palacio Condotti. Las sábanas indicaban que habían sido ejecutados por el santo oficio y al explorar sus cuerpos hallaron una sola herida de bala en la sien, como si se hubiesen suicidado, cosa que ella sabía era del todo imposible. No le interesaba que se hiciese pública aquella noticia y con eso contaba el Papa. Pero aun le quedaban cartas por jugar, y no le iba a gustar la respuesta a sus provocaciones. Ella también tenía infiltrados en el vaticano, y actuaría sin dilación para contrarrestar aquella escalada de muertes. Descolgó el teléfono uy marcó un número que desde hacía tiempo no empleaba. Una voz ronca le respondió del otro lado y la duquesa le espetó:

-Necesito de tus "servicios" -enfatizó la palabra dándole un tono sarcástico-son dos y tiene que hacerse antes de mañana.

Al otro lado del auricular solo se oyó un click al colgar. El encargo estaba hecho. Buscó en su mesilla auxiliar frente a la chimenea, y sacó un talonario en el que escribió una cifra de siete números. Le salía caro el hacer lo que deberían haber hecho sus sicarios pero era del todo eficaz.

Una sombra se deslizaba por los corredores del palacio vaticano siguiendo un plan previamente trazado. Sus pasos eran tan silenciosos que e incluso pasando a centímetros de algún guardia suizo que hacía guardia en su puesto nocturno, era imposible que fuese detectado. Su calzado flexible le permitía deambular sin estorbo de un lado a otro por aquel palacio inmenso en el que se desarrollaban las intrigas más astutas del mundo occidental. Calculó los pasos que el guardia que hacia la ronda daba cada vez que le tocaba y tras el último cruzó el amplio espacio que se abría como un corredor flanqueado de columnas gruesas de mármol blanco veteado en negro. Se perdió entre las sombras y tras un leve forcejeo con una cerradura penetró en las habitaciones papales sin que nada ni nadie pudiese evitarlo.

Pero la sorpresa fue grande al ver que el papa no se hallaba en ella como era su costumbre cada día tras efectuar sus rezos. Salió de nuevo al corredor y otra vez hubo de calcular los veinte `pasos del guardia hasta poder cruzar al otro lado del pasillo.

Una vez en su coche un Alfa Romeo de último modelo, fumó un cigarrillo y se deleitó con sumiéndolo. Arrancó y condujo hasta salir de Roma para enfilar el auto en dirección a la finca que la familia Micotti poseía en las afueras. Una docena de guardaespaldas rondaba por los alrededores metralleta en mano. Fue burlando con suma facilidad a cada uno de ellos y se introdujo en la casa trepando por uno de los muros traseros, dejando el cadáver del único guarda que custodiaba la alta tapia, oculto tras un árbol y cubierto de hojarasca. Las luces brillaban como luciérnagas en la oscuridad, dando la impresión de que se festejaba algo importante. Dio por hecho que era a causa de haber salido ilesos del atentado del día anterior en el balneario. Sonrió fríamente, y extrajo un rifle con mira telescópica que llevaba en una bolsa negra. Se apoyó en la tapia con una pierna en un lado y la otra en el de afuera, y apuntó. Cuando tuvo el objetivo en el punto de mira acarició el gatillo con suavidad y el individua cayó fulminado al salir del baño. Nadie se dio cuenta hasta que el segundo caía enfrente de los que celebraban su aparente salvación.

Todos comenzaron a salir atropelladamente y las mujeres gritaban como poseídas por un terror que les obligaba a empujarse unas a otras. Los collares de perlas se rompían dejando caer las peligrosas esferas que hacían caer a algunos de los que trataban de calmar la situación pistola en mano. Las luces se apagaron, y todos se tiraron al suelo sin atreverse a salir fuera. Entretanto Frida Hëber, saltaba de la tapia desde la que había disparado y se introducía en un bosquecillo cercano donde había dejado su Alfa romeo para arrancar con premura y salir sin dilación del lugar del atentado, ahora exitoso.

Los periódicos de la mañana daban fe de la matanza en el palacio que la familia poseía en las afueras y se preguntaban si no tendrían un topo, dado que le había resultado tan fácil al asesino acceder a la casa sin ser detectado en ningún momento por los numerosos guardaespaldas que la familia había contratado.

La duquesa se felicitaba por el éxito de la operación y esperaba que Frida Hëber, le llamase para comunicarle la muerte del Papa de Roma. Ella ignoraba como todos sus clientes que ella fuese en efecto una mujer, y es que en el mundo en el que se desarrollaba su profesión los hombres eran los más solicitados, cosa que ella no compartía y se preguntaba siempre la razón de tal proceder. Sacó una botella de cristal tallado y se sirvió un generoso trago en el vaso. Lo engulló de una sola vez y agitó la cabeza con los ojos enrojecidos. Era su manera de celebrar el éxito cuando éste era tan evidente como el que tenía entre manos.

EL MUNDO DE LOS MUERTOS

Alex y Abul que habían asistido a toda la escena que había tenido lugar enfrente de ellos, no se atrevieron a salir de su escondrijo, hasta que se alejaron Balatti y Olaza para respirar hondo y escurrirse retrocediendo hasta su posición anterior. En ese momento vieron el brillo artificial de un espejo y comprendieron que eran Krastiva y Klug que se comunicaban con ellos. Solo rogaban a Dios que no fuesen captados por el cardenal y sus acólitos.

-Algo han encontrado de no ser así no se hubiesen arriesgado a comunicarse con el espejo. Vamos a ver si llegamos hasta donde están y les ayudamos.

Tardaron más de lo que creyeron y al llegar ambos

habían desaparecido en las profundidades dejando una sutil pista para que supiesen que habían descendido. Metieron los pies en el agujero y Abul que se veía solo de no seguirle a Alex no tuvo más remedio que bajar tras él sumergiéndose en la total oscuridad. Al fondo divisaron lo que parecía una débil luz y supusieron que la habría dejado Krastiva y Klug para que les sirviese de guía. Bajaron lentamente, con miedo de dar jun resbalón y caer como una piedra. Una vez que lograron pisar suelo firme respiraron tranquilos y continuaron hasta que en un recodo se encontraron con Krastiva y Klug.

-Así que habéis encontrado el acceso a…

-Eso, tratamos de saber a dónde conduce este acceso.-le respondió Klug, que descifraba los jeroglíficos pintados primorosamente en la pared cubriéndola toda ella. Con un lápiz iba apuntando en una libreta de tapas negras cada símbolo y luego lo repetía en voz alta. Era su manera de memorizarlos. Como un libro el muro les hablaba de la vida y de la muerte de los que vivieron y murieron dentro de aquellas paredes cálidas de aquella jaula de oro.

-En cuanto Klug concluya el análisis de los jeroglíficos del muro continuaremos adelante para penetrar en este micromundo que es donde deben estar los libros que buscamos. Hbremos d etener cuidado, mucho cuidado con cada paso que demos, estará lleno de trampas para impedir que alguien como nosotros se los lleve. Son de hecho muy peligrosos por, lo que he podido saber.

-En el mundo egipcio todo es realmente peligroso de hecho la vida pende de un hilo cuando uno se adentra en sus mundos secretos, y tenemos evidencias suficientes al respecto.-Afirmó Alex que recordaba perfectamente los sufrimientos acaecidos en la ciudad de Amón.

-Este signo…es el agua pero no hace mención del

lago sino de un mar…no comprendo la razón de un símbolo como este en un lugar tan apartado de él…-se debatió pensando en alto Klug que de esta manera solicitaba la ayuda de Krastiva sin pedirla directamente.

-Puede que se refiera al lago pero de otra forma…como dándole mayor importancia…-arguyó ella.

-Puede ser, pero entonces ellos que conocían muy bien la diferencia entre el mar y un lago, debieron pensar en uj suceso especial, muy especial…

Abul, que escuchaba a sus amigos eruditos en egiptología miraba aquellos hermosos dibujos como solo un inexperto haría y sin embargo algo dentro de sí le decía que él iba a ser la clave de aquella aventura subterránea. Paseó por el largo y ancho pasillo recubierto de signos y pasó la mano por un trozo como acariciando el pasado. Sintió que se le aceleraba el pulso, cuando Alex le advirtió sobre hacer aquello.

-No hagas eso más los antiguos egipcios usaban una pintura especial mezclada con una especia y un veneno que al contacto con las manos impregnaba la piel penetrando y causando la muerte instantánea. Es de esta manera que hacían creer al pueblo en maldiciones de los dioses.

Abul se miró la mano y se la frotó contra los pantalones en un intento de deshacerse del peligro de manera instintiva.

-Tranquilo estás vivo esa es la mejor prueba de que no es el caso, pero no podemos saber si hay partes impregnadas de veneno y otras que no…ven te enseñaré a leer estos símbolos así no te aburrirás-le pasó el brazo por sus hombros acercándole a la pared y comenzando a señalarle los que comprendería mejor.

-Creo que podemos avanzar sin miedo, aquí dice que los muertos están vivos y que anhelan la visita de quienes puedan servirles de ayuda en su búsqueda de la paz…un galimatías inentendible que nada tiene que ver con el mundo de los muertos si exceptuamos que habla de una ceremonia inconclusa de momificación, y que parece ser de relevancia capital pero ignoro para quien.

Avanzaron con sumo cuidado, mirando al suelo paredes y techo a cada paso dado, y llegaron al final del túnel que aparecía cegado por un grueso muro sin signo alguno. Klug y Alex palparon la pared sin hallar resquicio que les indujera a pensar que un mecanismo pudiera abrirlo.

-Parece un final de trayecto…pero carece de sentido que acabe de esta manera con lo que las pinturas dicen…-argumentó Alex.

-Cierto, pero…quizás y solo quizás…

No le dio tiempo a decir más porque la tierra se abrió bajo sus pies y cayeron hacia abajo como piedras a un río. En la oscuridad todos pensaron que había llegado su final y el terror a morir allí abajo les embargó. Pero la caída resultó frenada por un montón de jergones apolillados y fardos de cereales que se derramaron al reventar por el impacto de sus cuerpos al chocar contra ellos. Una polvareda llenó el aire obligándoles a toser de manera compulsiva. Se sacudieron el polvo con las manos y se levantaron cubiertos de cereales y polvo de cientos de años.

-Esto parece un enorme almacén de cereales…vaya hambre non pasaremos…-bromeó Aelx.

-Sí, debió serlo en tiempos de Kemohankamón, pero también debe de cumplir una función de mayor importancia, para que esa trampa se abra en dirección a este almacén…inspeccionémoslo para ver que encontramos.

Al echar una ojeada al espacio que era el almacén vieron que se trataba de una cámara de gigantescas proporciones y justo en medio se cerraba el lugar estrecho y cilíndrico en el que habían caído ellos, por el hueco de la trampa. Era como si hubiesen hecho aquel cubo cilíndrico a modo de conducto para quien cayese dentro que no se dañase. De hecho no cumplía otra función, ya que los sacos de cereales se apilaban de modo que creaban una especie de colchón artificial, en medio de un orden estricto en el que los demás sacos se apilaban de seis en seis en filas perfectamente alineadas.

-Esto está aquí puesto desde hace siglos con la intención de que se pueda caer sin dañarse y con un fin concreto…-dedujo Krastiva.

-Sí resulta evidente, pero ¿con qué fin?, me preocupa.-dijo Klug que no las tenía todas consigo.

Salieron del cubo en el que habían caído y atravesaron el almacén para salir a un espacio muy diferente. Ante ellos se presentaba una escalera que ascendía un par de metros hasta una puerta de aspecto sólido de piedra que sin embargo se levantó ante ellos sin tocar nada. Estuvieron seguros de que al pisar alguna de las baldosas que conformaban los escalones activaron el mecanismo que hacía que se abriese la pesada puerta de granito.

-No me extraña que los egipcios que formaban parte del pueblo creyesen en espíritus y dioses con esta tecnología tan avanzada para la época…ver cosas como esta que ahora son común es en nuestra civilización les debieron parecer poco menos que brujería.

-Cierto. –fue la seca respuesta de Klug que se concentraba en lo que tenía delante como un zorro que acecha a su presa.

Entraron a un espacio que a las claras identificaron como el palacio del faraón hecho para morar tras su muerte. Cuatro estatuas e ébano y oro custodiaban las cuatro esquinas de la cámara, y otras tantas puertas aparecían selladas con el nombre del faraón difunto. Cartuchos con cuerdas y el sello de faraón en el barro cocido señalaban que no habían sido violados en momento alguno por ladrones.

-Hemos de decidir qué camino tomar, y esto sí que es peligroso, -añadió Klug tres son puertas que sin duda conducen a la muerte por trampas seguras y mortales y la otra no sabemos a donde va… -les miró aprehensivo.

-Veamos –se atrevió Krastiva-son cuatro y este es símbolo de perfección la simetría. Deben estar orientados s los cuatro puntos cardinales. ¿Tenemos una brújula?.

-Yo tengo una ofreció Abul entregándole la suya regalo de su maestro.

-El norte era de donde les llegaban las invasiones del mar…el sur era Nubia desde donde les llegaba el oro, esta podría ser…el oeste era libia y el este era por donde aparecía el sol su dios principal. Es la del este ¡esa! Apuntó señalándola con el dedo índice.

Abul, se acercó a la puerta que señalaba Krastiva y quebró el sello a una indicación de esta. Trozos de barro cayeron al suelo y un chasquido sordo se oyó a lo lejos. Abul se pegó a ella y pasó la mano por el relieve si recordar la advertencia que le hiciera Alex. La losa de granito giró sobre sus goznes y Abul desapareció tras ella como si nunca hubiese estado en la estancia. Krastiva y Alex se lanzaron ahacia él pero ya era tarde. Ni tan siquiera podían escuchar los gritos lastimeros de terror que emitía el asustado Abul, emparedado en un espacio en el que apenas cabía de metro y medio por metro y medio.

Palpó las paredes en busca de un resorte que le ayudase a salir de aquella trampa mortal, peo los nervios le traicionaban y solo acertaba a llorar con la idea en su mente de que la muerte le había llegado en aquella celda terrible en la que no había salida. Cuando el aire se le terminase moriría sin remedio.

Al otro lado Krastiva lloraba abrazada a Alex y Klug pálido no acertaba a reaccionar. No habían apenas penetrado en el mundo del faraón cuando ya tenían la primera baja. Pero lo peor estaba por llegar, por debajo de la losa un hilillo rojo comenzó a escapar. Y los tres supieron que Abul había muerto. Alguna trampa en el interior de la celda prisión le habría herido de muerte.

-Tenemos que continuar, ya no podemos hacer nada por el pobre Abul…no sé como se lo explicaré a su maestro me lo confió a mi custodia y le he fallado.

-Tu no le has fallado es el destino de cada persona que está escrito y…-dijo Klug.

-No creo en destino que no sea el que se marca el propio ser humano, era mi…era mi responsabilidad.-lloró cubriéndose la cara con las manos.

-Tendríamos que haber contado con que no estamos en Egipto y que las orientaciones deben hacerse según el iugar en el que nos encontramos-dedujo Klug que se recuperaba del suceso mejor al no tener uj vínculo afectivo con Abul.

Los tres miraron de nuevo a las puertas que quedaban y pensaron en cual sería la buena. Alex se orientó según de donde les vendría el peligro y creyó que éste les amenazaría desde el oeste. Del este les venía el alimento pero también residía su enemigo tradicional y no debía fiarse del sucesor de Cosrroes…ya hemos visto. Así que creo que quedan dos del norte, les venía el viento y ya hemos visto lo que pasa si uno no se aferra a algo en el momento que llega…así que queda la del sur. Es la del sur seguro.

Alex se acercó a la puerta del sur y rompió con saña el sello del faraón. La puerta hizo un leve click y se deslizó con suavidad, como si se acabase de engrasar cada uno de ellos. Del otro lado un haz de luz les llegó y Alex instintivamente se apartó. La losa ascendió escondiéndose, y les dejó ver una cámara de lujoso aspecto. En medio cuatro sarcófagos reales impresionaron a los inesperados visitantes. Penetraron en la cámara y la losa que la sellaba, descendió sin hacer ruido alguno dejándoles encerrados en ella. Cuando Krastiva se volvió al cabo de unos minutos su tez cambió de color y con un toque en el hombro, pues no le salían las palabras de la garganta, le indicó a Alex que se diese la vuelta para ver. El terror apareció en los músculos faciales del antiguo traficante de obras de arte. Estaban presos en la cámara mortuoria del faraón Kemohankamón.

LA ENTRADA AL SUBMUNDO

Juliano y Bettino que cavaban junto a otros dos guardias en la zanja gritaron de júbilo al ver el resultado de su esfuerzo y Bettino corrió para avisarle al cardenal Balatti del mismo. Una plancha de metal les cerraba el paso. Era lo que el cardenal Balatti les había dicho que encontrarían.

-¡Eminencia!, ¡eminencia!, tal y como dijo hemos llegado a la placa de metal que precede a la entrada. Nos dijo que le advirtiésemos y así lo hacemos.

-¡Al fin! Ahora podremos penetrar en las profundidades de un mundo cuyos secretos no han sido jamás desvelados a ningún otro que no sea sacerdote de Amón. Llevadme hasta esa placa de metal.

La faz del cardenal se iluminaba con la luz del triunfo a medida que iba consiguiendo dar los pasos adecuados en la dirección correcta. Cuando asomó la cabeza a la zanja cuadrangular que habían abierto en la orilla del lago, vio la importancia del hallazgo y bajó para tocar con sus pies la plancha de plata que debería tener al menos calculó, un par de centímetros de grosor.

-Es la placa que protege de los elementos la entrada a l mundo de los muertos. La puerta se le abre a quien como yo llama ante ella sin profanar su santidad ni su poder sempiterno. Extraed de los extremos la tierra con sumo cuidado y ved como sacarla sin dañarla habremos de colocarla de nuevo tras sacar los dos libros de ahí debajo.

Balatti se quedó mirando absorto en el borde mismo de la zanja y cuando entre todos intentaron subir la placa hubieron de emplear el total de los brazos de que disponían para desencajarla de sus asideros. El propio cardenal tuvo que usar de sus escasas fuerzas para apoyarles. Una vez que la dejaron levantada y lista para dejarla caer al marcharse como era deseo del cardenal, vieron ante sí una losa de piedra a modo de lápida que tenía grabados en ella los símbolos de Amón y de Ra.

-Estamos en el camino correcto es la entrada a las cámaras funerarias de faraón. Del último faraón egipcio.

Presionó en dos de los ángulos y un chirrido de piedra rozando piedra sonó mientras la laja se desplazaba de su lugar. En siglos no se había molestado el descanso de quien allí reposaba. Una rampa bajaba en pronunciada pendiente con hachones en los costados hincados en la misma piedra para colocar en ellos las antorchas que portasen. Balatti ordenó encender cuatro y olvidarse de las linternas, que no obstante llevarían en las bolsas por si las necesitaban. Las antorchas les indicarían si escaseaba el oxígeno.

Al llegar al fondo se encontraron en un espacio a

modo de vestíbulo. Cuatro estatuas de ébano guardaban las cuatro esquinas junto a pebeteros, que cuyo contenido se encendió al contactar con ellos el oxígeno que penetraba del exterior. Era uno de los trucos que empleaban para impresionar a los supersticiosos y así mantener el poder en sus manos.

-Una de las cuatro es la que permite la entrada se aseguraron de que a pesar de estar dentro, no s fuese un neófito en el saber de los sacerdotes. Veamos son cuatro puntos desde los que les llegaban cosas diferentes a los egipcios. Del norte el viento que les barría de la meseta. Del este, del este un rey cambiante…no tampoco. Del oeste, del oeste el enemigo del cual huían. Solo queda el sur. Es el sur, buscad un resorte en esa estatua de ébano del faraón.

Olaza y Delan se acercaron y palparon cada parte de la estatua sin obtener resultados positivos hasta que tocaron la vara que aferraba en su diestra el faraón. Un chasquido les anunció que la losa ascendía franqueándoles el paso. El sello de barro se quebró bajo la presión de la losa, y saltó en mil pedazos. Balatti se acercó y metió la antorcha en el agujero negro que era la entrada de la siguiente cámara. Un relumbre le cegó las paredes eran de oro puro, y en medio solo había un cesto con pergaminos unos cien. Alrededor había todo tipo de objetos y estaban cubiertos de una gruesa capa de polvo. Polvo secular.

-Tendremos que hacer un poco de limpieza, a ver si aquí está lo que buscamos o no. De no ser así tendremos que seguir y pasar a otra cámara. Aunque no hay indicios de que la haya —miró en derredor sin observar nada que le indicase un paso o puerta a lugar alguno.

-Más bien parece una especie de basurero donde echaban lo que no querían-dijo Eloísa al mirar hacia arriba y ver un agujero cilíndrico por el que caía polvo y desde el que parecía haber caído todo aquello.

-Más a mi favor, quizás el sacerdote de turno tuvo reparos en utilizar los libros y los tiró a lo más profundo de la tierra deshaciéndose de ellos por este medio.

-Eso quizás indique que tenía miedo de que cayesen en manos peligrosas, y se deshizo de ellos. Busquemos entre los escombros y veamos qué encontramos-apremió Balatti, que prácticamente nadaba entre el polvo que se levantaba tan solo con moverse de un lado a otro.

Hallaron trozos de papiros rotos que se desintegraban al tocarlos, restos de cuencos inservibles, de varas de madera, y bastones con cabezas de halcón, ruedas rotas en mil pedazos…pero ni rastro de libro alguno. Cubiertos de polvo, y desilusionados. Se quedaron quietos con las cabezas bajas y sin saber qué hacer. Balatti, que no estaba dispuesto a permitir el desánimo, y menos aun la derrota, tan cerca de su objetivo, salió sacudiéndose las ropas y comenzó a darle vueltas a la idea de donde podría alguien esconder un libro sagrado de tan gran valor para que nadie sino…¡eso era! Para que no lo hallase nadie sino quien debía hacerlo.

Asomó la cabeza por el agujero y llamó a sus hombres.

-Ya sé como podemos encontrarlos…salid, aquí no hay nada. Tiene que haber un resorte secreto que abra un paño de pared, una entrada disimulada en estos muros aparentemente lisos-palpó las lisas superficies de la roca pulida hasta la extenuación. Como poseídos por una fuerza externa, todos iniciaron el reconocimiento de cada palmo de pared, con ansias renovadas. Hasta que Olaza para desesperación de Delan, dio con algo al escuchar un sonido lejano y un chasquido que le daba a entender que un mecanismo oculto estaba funcionando. Por un momento, temieron que se tratase de una trampa, y retrocedieron al ver el rostro de Delan pálido como la cera. Lentamente se abrió un trozo de pared que ascendió perdiéndose en el dintel y dejando una puerta cuyo espacio aparecía negro como noche sin luna.

-¡Vamos, vamos!, sin miedo hemos llegado demasiado lejos para rendirnos ahora…-les arengó empujándolos adentro sin miramientos. Las linternas iluminaron el interior y unos muros recubiertos de dibujos jeroglíficos la escritura sagrada de los egipcios llenó sus retinas. El corredor era realmente estrecho y debían caminar en fila de a uno. Balatti se hizo acompañar justo detrás de él por Eloisa, Delan y tres guardias, y delante por Bettinoy Olaza, a fin de que le fuesen traduciendo la escritura de las paredes. Eloísa admirada por lo bien conservados que estaban los jeroglíficos fue traduciéndolos a medida que avanzaban con creciente temor.

En ellos se proferían las maldiciones más poderosas que los sacerdotes egipcios eran capaces de pronunciar contra los profanadores de tumbas. Balatti escéptico en todo lo referente a credos propios o ajenos le quitaba importancia a las palabras de Eloísa y calmaba como podía a sus guardias suizos.

LA MOMIFICACION

Klug metió la mano en una de las estatuas que guardaban el sarcófago real y una abertura apareció en la pared enfrente del mismo.

-¿Qué has hecho?, parece como si conociese el funcionamiento de esta cámara a la perfección-le acusó Alex que nunca se había fiado demasiado de aquel descendiente de sacerdotes egipcios astutos y reservados como lo era él.

-Solo he recordado que cuando se realizaba una momificación en un lugar en el que se carecía de espacio para llevarlo a cabo, se abría una estancia contigua en la que se desarrollaba todo el proceso a seguir para preparar el cuerpo de Faraón para su viaje al mundo de los muertos.

Todos se volvieron para ver como un resplandor dorado les llegaba desde el otro lado de la cámara real. Penetraron en ella llenos de temor y vieron un estanque que prácticamente ocupaba el total de la cámara y en su centro una especie de altar de piedra roja, veteada que sin duda era Porfirio rojo. En las paredes, como si de un taller se tratara colgaban extrañas herramientas y máscaras de dioses egipcios. A los lados de la puerta dos estanterías polvorientas llenas de frascos y vasos canopes les llamaron la atención. Alex se acercó y sopló sobre un par de ellos para ver el contenido tras el vidrio azul de uno de ellos. Para sorpresa de este se hallaba vacío. Destapó uno de los canopes y de nuevo el vacío.

-No sé que se hacía aquí pero da la impresión de que no se utilizó jamás…están todos los vasos limpios y vacíos…

Klug se dispuso a comprobar uno por uno si aquella aseveración era cierta y tras un minucioso examen, tuvo que darle la razón a Alex. Nada había sido usado, al menos esa era la impresión que daba. Demasiado limpio, ni marcas de sangre, ni restos de carne o vísceras en parte alguna…

-Esto es una cámara de momificación, de eso estoy seguro dijo Klug.

-Mirad esto tallaron unas patas de león y a los lados tiene alas es una pobra exquisita desde luego…-adujo Krastiva.

-Creo que no saldremos de aquí si no realizamos el ritual de la momificación. Lo que ignoro es la de quien.

Las palabras de Alex cayeron como una losa sobre sus dos acompañantes. No querían pensar ni de lejos que tuvieran que realizar la momificación de nadie, y menos aun la de alguno de ellos.

No tenemos cuerpo deberemos pensar en que ha de ser la de alguien que acaba de morir…-dedujo Klug acertadamente-

A la mente de los tres vino el recuerdo de Abul muriendo solo en aquella estrecha celda trampa en la que el desgraciado había caído sin que ellos lo pudiesen remediar.

-Yo no seré capaz de sacarle las entrañas a Abul y realizar ese ritual estúpido…-dijo casi llorando Krastiva. Primero me quedo encerrada en este horrible lugar y muero cuando me quede sin aire respirable.

-Eso no sucederá jamás de morir lo haremos de hambre y sed, mirad esos respiraderos. Por ahí penetra el aire libremente.

Alex regresó a la cámara del faraón y les pidió a sus compañeros que le ayudasen a descorrer la tapa del sarcófago real, s ele acababa de ocurrir, que quizás era la momificación del faraón la que tendrían que llevar a cabo, quizás no la pudieron hacer por razones imperativas, y se requería aquel ritual para poder salir de allí. El faraón podía haber estado esperando siglos la llegada de alguien que cumpliese con los preceptos de su religión.

Un sonido de metal al rozar sobre metal con un estridente chirrido a modo de queja, les premió su esfuerzo. Dentro del ataúd un cuerpo reseco, e hinchado apareció como una especie de monstruosidad carnal. Comprendieron que Alex había acertado, aquel cuerpo estaba medio descompuesto y casi momificado por el paso del tiempo, que había dejado la piel pegada a sus vísceras abultadas tras su muerte.

-No comprendo cómo metieron al faraón en este sarcófago sin momificar, eso es impensable…-comentó Klug sorprendido.

-A menos que este no sea el faraón Kemohankamón, y estén cambiados los cuerpos…-dejó caer Krastiva.

-Eso pudiera explicar el estado de este cuerpo. Abramos el otro el que parece ser el de la reina.

Los dos varones ayudados por Krastiva que sujetaba

los pies del ataúd real, lo depositaron en el suelo. Ante ellos apareció otro y aun potro más que dejaron al descubierto el cuerpo de faraón con su máscara de oro funeraria sobre su rostro.

-Has acertado Krastiva, este es faraón Kemosis. Entonces el otro ¿Quién es?

-Debe ser el sumo sacerdote por las marcas de los antebrazos, cuando moría un faraón este tenía prioridad en ser enterrado si coincidía con la defunción de un sumo sacerdote. Este debió morir poco después o poco antes por lo que el faraón ocupó el primer puesto en la ceremonia de la momificación y desplazó al sacerdote que se quedó ignoro la razón sin ser cumplimentado con el ritual prefijado por los sacerdotes de Amón.

-Entonces se supone que hemos de realizar ese ritual nosotros y después y solo después se nos concederá la libertad para salir de esta jaula mortal...llevémoslo a la piedra, en la otra cámara ayudadme.

Entre Klug y Alex trasladaron el cadáver del sacerdote y lo dejaron sobre la piedra con forma de león. Alex se situó a la cabecera del cuerpo y Klug lo cambió a los pies. Él ocupó la cabecera y s colocó la máscara de Anubis, mientras le indicaba a Alex que tomase un bisturí de la estantería que quedaba a su espalda. Le pidió a Krastiva que les acercase los vasos canopes y que se retirase de la cámara mortuoria, pues ninguna mujer debía permanecer en ella bajo pena de muerte, y desconocían los medios por los que podía estar controlado aquel detalle.

-Hemos de extraer primero los órganos internos. El hígado, el estomago, los intestinos y los pulmones a través de un corte en el costado izquierdo, lo harás tu, yo como sacerdote de Amón no puedo es una labor ajena a mi.-Alex le miró taladrándole con la mirada-

Alex tomó una piedra etíope afilada y trazó una línea recta en el costado izquierdo del sacerdote. Para satisfacción suya no salió sangre, pues esta se hallaba ya coagulada desde siglos ha. Entonces Klug con unos ganchos curvos fue extrayendo cada órgano con lentitud enervante, y Alex al recibirlos fue metiéndolos en cada vaso hecho expresamente para contenerlos. En el que representaba al hijo de Horus Amset,con cabeza humana el hígado. En el que representaba al hijo de Horus Hapy, los pulmones que aparecieron como trozos acartonados. En el que representaba al hijo de Horus Kebehsenuf, representado con cabeza de mono, introdujo los intestinos, que se le antojaron cuerdas gruesas y viejas salidas de algún viejo taller. La repugnancia de Alex fue menguando a medida que veía que la sangre era inexistente y que solo trozos de carne a modo de pergamino viejo y maloliente salían de aquel cuerpo muerto desde hacía cientos de años. Y por fin en el que representaba al cuarto hijo de Horus Duamutef con cabeza de chacal ,introdujo el estómago, que fue lo que más le impresionó al tener aquella forma de odre acartonado y reseco con parte de la tráquea colgando y de la que se desprendió un trozo que hubo de recoger del suelo. Klug fue metiéndolos en una caja de madera ricamente decorada y con suma reverencia la precintó con baro que fue formando mezclando el agua que les rodeaba y la tierra seca que vio cerca en un cesto al que se pegaba deshidratada.

-Debemos tener cuidado con cada paso, no sé cómo pero de no hacerlo bien podemos quedarnos a hacer compañía a los que descansan ya en sus sarcófagos.

-Es un proceso muy largo, les llevaba más de setenta días a los egipcios, moriríamos de hambre-atajó Alex preocupado por la duración del ritual, con el ceño fruncido-

-Nosotros lo haremos en menos tiempo, de hecho será en siete días y habremos cumplido.

-¿Siete días?-se alarmó Krastiva-no aguantaré aquí encerrada tanto tiempo.

-Ignoraba que sufriese de claustrofobia…-ironizó Klug que veía la ocasión de vengar las puyas de los dos aventureros.

-Y no tengo claustrofobia pero una cosa en sumergirse en las entrañas de la tierra y otra muy diferente permanecer bajo ella en una cámara subterránea en contra de mi voluntad, y sin saber qué sucederá al día siguiente.

-Pues tenemos que esperar a que salga la estrella Sirio para que todo siga el proceso habitual, y así estar seguros de que se procede adecuadamente.

Las manos de Klug aparecían rojas por el barro que iba pegando a la hendidura que rodeaba la caja de madera pintada. Daba la sensación de que había descuartizado a un animal, y se lavaba las manos con su sangre.

-Dejaremos el corazón que es donde residen los sentimientos, la conciencia y la vida. Y cerraremos la herida del costado asegurándonos de hacerlo bien…-iba relatando con deleite-mañana, continuaremos…

-¿No podemos seguir entonces y terminar cuanto antes?-inquirió Krastiva insistentemente.

-¿Quieres salir de este lugar o no?-respondió con sequedad Klug que se estaba cansando de sus miedos sin sentido para él.

Se acomodaron en un rincón de la cámara en la que los sarcófagos del faraón y el sumo sacerdote además del otro que permanecía cerrado, ocupaban, para pasar las largas horas de tensión que se les venían encima, con resignación. Fue entonces cuando Alex se adormiló y una neblina suave le dejó entrever otro espacio temporal, otro lugar en el tiempo cuando la ciudad de los egipcios estaba llena de vida. Sus pesados párpados se levantaron lentamente para dejar ver con sus ojos a las gentes que poblaron la meseta. Un largo corredor de tenderetes con frutas y verduras con objetos de artesanía y joyas bellamente trabajadas. Oye sus voces cambiando, quejándose de los precios al adquirir lo que les interesaba, llamándose unos a otros, arreando a sus mulas…

Como si su presencia resultase etérea, como si flotase en el aire mismo, se acerca y puede casi palpar sus cuerpos, pero se da cuenta de que no pueden verle ni oírle. Un carro pesado, cargado de fardos atados que amenazan caer de la torre que conforman, se precipita hacia él y los bultos caen sobre su cabeza, se cubre con las manos pero al mirar ve que han traspasado su cuerpo, como si careciese de carnc.

Sin apercibirse de nada, se levanta y avanza hacia la pared opuesta hasta que se da de cara con ella. Se queda pegado a ella ante la mirada atónita de sus dos compañeros.

-¿Qué te pasa? Estas como abducido…-le requiebra Krastiva muy asustada.

-Creo que está sufriendo algún tipo de experiencia fuera de nuestra comprensión-deduce Klug.

La rusa le mira aterrorizada, consciente de que puede estar bajo el poder de algún extraño maleficio egipcio, conocedora como es del poder de los antiguos.

Alex esta absorto en su experiencia y ve el trabajo cotidiano de las gentes que vivían allí y que ahora yacen muertas en la meseta bajo su tierra fría y húmeda. Un personaje se acerca a su persona, se queda mirándole y le toca, ¡siente su mano! ¡le habla incluso!.

-Tienes que ayudarnos a cumplir con el ritual de la momificación del faraón, y después…-la imagen se vuelve borrosa y se desvanece como el humo en el aire.

Alex retorna a su sitio entre sus dos compañeros y se queda profundamente dormido. Krastiva mira a Klug y este le contesta con un displicente movimiento de hombros dando a entender que se desentiende. La noche y el día se funden en uno allí debajo donde no desaparece la penumbra que aportan las antorchas en sus hachones cuidadas con mimo, para no permitir que la oscuridad les cubriese restándoles el ánimo.

Las horas pasan lentas y los pensamientos de los tres derivan hacia sus deseos inconclusos y los proyectos que quedaran sin realizar, si quedan emparedados entre aquellos muros de hermosos colores. Al despertar se desperezan y acuden a la cámara en la que dos respiraderos permiten ver a duras penas un punto de luz. Klug se asoma todo lo que puede y ve que es de noche aun.

-Venid, a ver si acertáis a ver la estrella de sirio este respiradero está enfocado en dirección a esa estrella…

Alex ignorante de lo que le había sucedido la noche anterior intenta ver lo que hay arriba del todo del respiradero, y una luz intensa le indica que Klug está en lo cierto, la estrella de Sirio está allí.

-Está ahí arriba Sirio esta sobe nuestras cabezas…- Alex entre tanto se coloca una vez más la máscara de Anubis y se queda a la cabeza del difunto. Klug pronuncia oraciones olvidadas desde que el último sacerdote egipcio murió…

-"Dígase lo que sigue cuando el supervisor de la casa del supervisor del sello, Un, señor de la palabra, penetre en la sala de la doble Maat de modo que pueda apartarse de todo pecado que haya cometido y contemplar los rostros de los dioses".

Klug pasa a colocarse un máscara que cuelga de la pared entre otras cuatro más y El rostro de Osiris parece ocupar todo su ser al elevar su mirada sobre el muerto. Da comienzo el ungimiento del cadáver, y Klug solicita de Alex que le acerque las dos ánforas que cubiertas de polvo en un rincón deberían contener el vino de palma en su interior. Es necesario lavar interna y externamente el cuerpo. Klug abre un agujero en la tapa de barro esperando que no estén secas, y por él cae al inclinarlas lo que queda, a un cuenco de grandes proporciones que se halla junto a la mesa de piedra tallada. Klug mete en él unos trapos de tela medio apolillada que encuentra rebuscando en una de las estanterías mientras Alex abre el hueco de la herida, para que el sacerdote pueda meter dentro el trapo empapado de vino y limpiarlo.

Como si de un sacerdote resucitado se tratase, Klug cumple con la labor del tal, y lava el cuerpo lentamente sin dejar un solo centímetro de piel, para posteriormente extender la mano pidiendo la mirra para rellenar el cuerpo. El olor saturó las fosas nasales de los dos hombres llegando a la cámara contigua en la que Krastiva se desesperaba ante la tardanza de los dos hombres.

-Debes pronunciar las oraciones a los dioses en voz alta toma-le ofrece una pequeña libreta de tapas negras en la que se hallan todas las que son necesarias para el momento.

-¿Llevas esta libreta siempre contigo?-le pegunta sorprendido Alex.

Por toda respuesta Klug con la mano le insiste en que las reproduzca en voz alta. Y Alex obediente comienza a recitarlas.

-"Te ponemos el perfume del este, para hacer

perfecto tu olor y poder seguir el olfato de dios. Te traemos los líquidos que vienen de Ra, para hacer perfecto tu olor en la Sala del Juicio Final. Saludos Osiris, que el ojo de Horus florezca en ti y en tu corazón siempre".

Klug cose la herida y pone sobre ella un escarabeo que pega con el líquido ambarino de esencias mezcladas.

-Ayúdame a sumergirlo en ese líquido negro del estanque…-se queja con bufidos del peso-,es natrón, en el debe permanecer hasta que pasen los siete días que equivalen a los setenta que tarda Sirio en reaparecer.

El cuerpo es depositado con cuidado en el interior del estanque, gemelo del que contiene el agua, para quedarse dentro como si no hubiese existido jamás.

-Ahora tenemos que esperar y nuestra mayor preocupación será conseguir comida ya que agua tenemos en gran cantidad y parece potable…-se preocupó Alex que miraba de reojo a Krastiva demasiado inquieta para su carácter ruso, acostumbrado a tener arrebatos de cólera que de habitual s ele pasaban rápido, pero en aquellos instantes delicados y críticos ignoraba si podría mantener el temple o por el contrario estallarían sus nervios. Como fieras enjauladas los tres al cabo de las horas pasean en derredor de los sarcófagos reales pensando, meditando en las cosas que se dan por hechas siempre, y que cobran vida en momentos en los que parece que todo ha terminado.

Krastiva más observadora, mira atentamente el suelo embaldosado con grandes losas de mármol entre las cuales no cabría una cuchilla de afeitar. Pero en un cuadrado ve una separación excesiva en comparación con el resto, y se agacha para tocar con las yemas de los dedos el cuadrado.

-Aquí hay algo, no sé qué pero hay algo, acercaros por favor, mirad…-les llama ella con la esperanza de que haya aun una salida a aquella locura que la está volviendo necrofóbica.

-Sí,, es un hueco en el que de seguro hay algo debajo, como si alguien hubiese cavado ahí para meter algo escondido de los ojos de los demás…ayudadme a sacar las losas quitad el mortero que hay en las ranuras…

Rascan las hendiduras y en poco tiempo las losas comienzan a ceder. Alex levanta con cuidado la primera, rogando por que no sea una trampa de las que tanto les gustaban a los egipcios, y se aparta de un salto al sentir un click. Una diminuta saeta sale despedida y roza el brazo de Klug. Un grito d dolor hace que Alex y Krastiva se retiren para atenderle y al volver la cabeza ven el leve resplandor típico del oro.

-Krastiva véndale el brazo afortunadamente solo es un rasguño, pero le dolerá y habrá que desinfectarlo tengo Alcohol en la bolsa. Voy a ver qué es eso…

-Ten cuidado, podría haber más flechitas de estas…

Alex aparta las losas que conforman el cuadrado, y limpió con la mano el polvo acumulado, dejando al aire las tapas doradas de un grueso libro, con exquisitos relieves en sus tapas, y lleno de jeroglíficos egipcios. Lo saca lentamente y lo muestra como un trofeo entre las manos. Krastiva y Klug, que se olvida momentáneamente del dolor de la herida infligida por la saeta, lo miran fascinados.

-¡Al fin lo tenemos! Es nuestro, -exclama sin poderse contener Klug, con los ojos muy abiertos y las manos tendidas hacia el libro-con él seremos los dueños del mundo…

Alex aparta el libro y con él en la mano se aleja de Klug.

-No es para dominar a nadie, que hemos venido a por él, es una pieza que debe permanecer en un museo, o ser escondidas de manos ambiciosas des ser posible…

-Pero es un arma formidable…-se acerca diciéndole Klug con la mirada de un loco reflejada en su faz-es inútil para quien no sepa usarlo, pero para quien conozca su poder es algo que ni de lejos podéis imaginar…

-¡Te repito que no se usará para la guerra! Y sepárate de él o no respondo Klug. Pareces un demente obsesionado con el libro…

-¿Porque crees que he soportado todas las penurias e incomodidades de estos años? Era por este libro, tenía la secreta esperanza de que lo hallaría en alguna de las búsquedas que iniciabais en vuestras descabelladas aventuras…y ahora está delante de mi…a mi alcance…

-¡No! Está delante de ti, pero no a tu alcance. Aparta, o te apartaré yo.-se puso a la defensiva Alex que desconocía a su siempre extraño compañero de forzadas aventuras.

-Tenemos que seguir con la momificación, o morir aquí dentro…te propongo un trato. Tu me entregas el libro y yo termino el ritual. De lo contrario estaremos perdidos todos aquí dentro…

-Tú lo has dicho. ¿Estás dispuesto a morir aquí dentro con nosotros? , ¿de qué te iba a servir el libro muerto?

Klug, que no esperaba aquella respuesta se retiró furioso y contrariado, en espera de una mejor oportunidad.

LOS SIETE DIAS

En la cámara del ritual funerario Alex se embutió de nuevo la máscara de Anubis y Klug retomó de mala gana el proceso de momificación. Habían pasado los siete días equivalentes a los setenta de rigor para que el cuerpo se desecase y se pudiera comenzar a vendar cada parte por separado. Klug hundió las vendas de lino amontonadas en un estante en los líquidos que contenían los perfumes y esencias y tras sacarlas empezó a cubrir un brazo, mientras Alex lo hacía con el otro. Klug le fue entregando los escarabeos y los anks para irlos colocando entre los vendajes, y situó un ank sobre el corazón como símbolo de la vida eterna. Pronunció una oración y continuó como si le resultase ajeno todo lo que no fuese realizar el ritual.

Al finalizar colocando la máscara que ya portaba el difunto en el sarcófago, le cruzaron los brazos en posición osiríaca, y lo cubrieron con una sábana de lino, antes de llevarlo al ataúd real y encerrarlo en él. Luego lo metieron en el siguiente sarcófago y la taparon encajando la tapa de manera que ni un delgado rayo de luz penetrase en él.

Alex miró por la estrecha hendidura que servía d erpiradero y divisó a Shotis (Sirio) reinando en el cielo de Persia.

-Hemos cumplido con el ritual. ¿Queréis decirme de qué servirá? Nadie sabe que lo hemos realizado-dejó como una amenaza en el aire Alex.

-Ja ja ja ja ja ja …-rió a carcajadas que a Alex y Krastiva les sonaron como las de un loco-. No sabéis del poder de los antiguos, pobres infelices-les miró con crueldad en sus ojos-dadme el libro, y os diré como…-no pudo acabar la frase porque un chasquido ronco como el del rozar de la piedra con el metal, les llegó desde el fondo de la estancia.

Una enorme losa que calcularon sobrepasaría las tres toneladas se alzó dejando el paso franco. Los tres se quedaron estupefactos mirando y echaron a correr antes de que descendiese de nuevo, cosa que comenzó a hacer en cuanto llegó a su tope arriba. Pasaron al otro lado y se despidieron mentalmente del faraón Kemosis, que tantos desvelos les había procurado.la losa descendió y encajó con un sonido seco y suave en el granito del suelo. En las manos llevaba Alex el libro de Amón, aferrado con sus dedos como si de garfios se tratase.

Miraron al darse la vuelta para ver donde se encontraban y su sorpresa fu mayúscula al ver dos sarcófagos de plata ante ellos. Se miraron desesperanzados. ¿Deberían realizar las momificaciones de los dos ocupantes de éstos?.

Pero tras examinar el interior apartando las tapas que resbalaron suavemente sin tener que hacer esfuerzo alguno, vieron que estaban vendadas, pues de dos reinas se trataba, y que el ritual se había completado. Al fondo una abertura les indicaba la posible salida y fueron a ella con los nervios tensos como cuerdas de arcos. Salieron a un espacio amplio y rectangular en el que unas escaleras conducían a la superficie.

-Esperad, aquí hay algo que brilla y no parece oro. -les pidió Krastiva que en una hornacina casi completamente cubierta de telarañas había visto un destello negro.

Bajó los cuatro escalones que había subido y quitó de unos manotazos las telarañas dejando al descubierto el libro negro de Seth. Se quedaron quietos como estatuas y Krastiva lo tomó en sus manos abriéndolo por el medio. Una vaharada de mal olor le llegó haciéndole apartar la cara frunciendo el ceño. Klug se apartó alejándose cuanto piudo en contra de lo esperado por Alex que supuso que también querría poseer aquel libro de conjuros malditos que hasta los sacerdotes rechazaron por maligno.

    -Es el libro de Seth, el que la leyenda dice que está maldito…

    -No es leyenda hasta tocarlo contamina…aléjalo de mi…no quiero siquiera verlo-se tapó la cara con el dorso de la mano.

    -Salgamos cuanto antes de aquí y ya veremos qué se hace con estas reliquias sagradas.-Sugirió Alex subiendo los escalones de dos en dos. Una losa pesada les cerró el paso y Alex y Klug hubieron de forzar al máximo sus músculos para despegarla de los bordes y dejar al descubierto el cuadrado que les comunicaba con el exterior. El polvo les cayó en la cara y les obligó a toser, pero reencontrarse con el cielo y el aire puro de afuera, les pareció todo un premio.

    Balatti no veía la hora de salir de aquella ratonera, y cada vez que avanzaban, sentía el terror adentrándose más en su mente. No sabía la razón pero aquello se asemejaba más a una trampa mortal que a un camino hacia los libros de Amón y Seth. De pronto un lamento sordo le llegó de detrás. Un guardia suizo acababa de morir sin darse cuenta. Un dardo envenenado le había penetrado por un ojo al tocar un resorte oculto en la pared. Trás él otro cayó en un pozo que se abrió bajo sus pies y un tercero quedó agarrado al borde y tuvo que ser ayudado por sus compañeros.Los gritos de Eloísa rebotaban en el corredor como si estuviese insonorizado, y se clavaban en la mente d elos que le acompañaban. Prosiguieron hacia adelante y Balatti comprendió que les iban a exterminar lentamente, en el mejor de los casos. No podían regresar atrás y delante les esperaba la muerte. Un olor acre a dulzón y desagradable inundó el estrecho corredor y Balatti sintió que las venas de su cuello amenazaban con estallar. Alguna clase de gas les llegaba dejándolos casi inertes en el suelo. Balatti se echó a la cara un pañuelo que empapó en perfume y avanzó, pero al mirar atrás solo vio a Delan tras él. El resto yacía desmadejado como muñecos rotos amontonados en el túnel contra las paredes. Lamentó la muerte de Eloísa que le era de suma utilidad, por delante Olaza, que se tapaba la boca y la nariz con un pañuelo húmedo, seguía en pie. Le indicó que continuasen, no les quedaban opciones. A trompicones consumieron la distancia que les separaba del final, y llegaron a una cámara de reducidas proporciones en la que vieron varios esqueletos atravesados por flechas. Uno de espaldas daba a entender que trató de huir y lo alcanzaron por la espalda. El terror se apoderó de Balatti que hasta aquel momento había hecho gala de un temple envidiable, controlando sus nervios de acero.

Olaza y Delan con la angustia en sus caras acudieron a calmar al cardenal que sudaba copiosamente y se hallaba a punto del desvanecimiento. Lo sujetaron por las axilas y esperaron a que se repusiera del shock.

-Tranquilícese eminencia, todo va a salir bien, saldremos de esta como lo hemos hecho otras veces.—Olaza le recordaba que estaba allí, que era quien le sacaría del atolladero en que se hallaban y que solo él merecía la confianza plena de su persona.

Delan escrutó las paredes los esqueletos, y su cara se iluminó al reconocer algunos detalles. Uno de los yacentes mostraba un aplastamiento craneal que indicaba claramente que estuvo en contacto con alguna clase de losa que no pudo quitar de sobre él. Miró al techo y clamó.

-¡Estamos en una trampa! El techo bajará en cualquier m omento hemos de salir cuando aún estamos a tiempo de hacerlo. De las esquinas partirán las flechas, cubramos con las bolsas que llevamos los flancos y lograremos salir de este infierno.

Balati y Olaza le miraron el primero con esperanza, y el segundo con un odio candente, que emanaba de sus ojos como carbones encendidos. Hicieron no obstante como indicaba Delan y justo al moverse un ruido de piedra rascando piedra se oyó. Había dado comienzo la bajada del techo que les aplastaría de no salir de allí cuanto antes. Se colgaron en bandolera las bolsas en las que llevaban los portátiles y los instrumentos de espeleología y se dispusieron a salir dela cámara. Tres flechas cortas silbaron en el aire y se clavaron en las bolsas con un zumbido siniestro. Una vez en el corredor de nuevo, vieron como la techumbre se detenía. Era evidente que el peso de sus cuerpos era lo que activaba el mecanismo que se ponía en funcionamiento cada vez que alguien pisaba el suelo de la cámara.

-Ya estamos como antes, ¿y ahora qué?.

-Ha de haber una salida al exterior desde el mismo corredor. De no ser así estaríamos emparedados en vida.- fue la seca sentencia que pronunció Delan.

Avanzaron dispuestos a salir o morir en el intento. Se toparon con los cadáveres de los desgraciados guardias suizos que se apilaban como títeres inservibles contra los muros del estrecho túnel, y los superaron no sin cierto recelo. Delan que parecía comprender algo de aquellos signos milenarios, les devolvió la fe en poder escapar al comunicarles que un paño de muro le pareció que cedía al ser presionado con fuerza.

-Puede ser otra trampa o la salida…

-Adelante, no podemos quedarnos esperando morir de inanición, o por causa de alguna de las trampas que infestan este maldito lugar.-Afirmó Balatti ya dueño de su persona. La oscuridad impenetrable que procedía de dentro fue disipada prontamente por una linterna que mostró una hendidura más que un pasillo por donde cabía a duras penas un hombre esforzándose por deslizarse entre las paredes que casi se pegaban entre sí con una escasa separación de sesenta centímetros.

-Creo que hemos hallado el conducto por el que salieron los constructores para sellar a posteriori el corredor. –Dedujo Delan satisfecho de ser el guía que consiguiese sacarlos de allí, convencido de que el cardenal nunca lo olvidaría.

Mahoud y Mahad, habían aflojado los correajes que les sujetaban, y con las muñecas sangrándoles salieron de la tienda para ver que todos habían abandonado el campamento. Estaban solos y podían moverse a su antojo, sin que nada se lo impidiese. Avanzaron hasta la zanja que permanecía abierta y con la oscuridad que procedía de ella por toda protección, y algo les retuvo de sumergirse en aquella grieta siniestra.

-Tenemos que detener a esos locos, pero no seremos nosotros los que nos dejemos devorar por las entrañas de la tierra en la que esos antiguos dioses moran en su descanso final.-La superstición profunda de la que era esclavo el comisario Mahoud le acababa de salvar el pellejo junto con el de su ayudante, sin él saberlo. Echaron arbustos y ramas secas sobre el agujero y se fueron dando un rodeo para intentar descubrir por donde podrían salir al exterior los hombres del cardenal, y sorprenderlos deteniéndolos.

La suerte estaba de parte de los policías porque precisamente Balatti, Delan y Olaza iban a salir por entre unas rocas disimuladas con la maleza que crecía entre ellas casi a ras de suelo, camuflando la salida del corredor. La tierra se removió y las rocas ascendieron de ella quebrando la quietud del lugar. Trozos de tierra y hierba, mezclados con arbustos que eran virtualmente arrancados de ella, le indicaron a los dos policías que sus presas estaban emergiendo de su búsqueda en las profundidades.

-Mahad dispóngase a arrestar a estos extranjeros si se resisten dispare a herir no a matar. Los quiero vivos para que canten lo que sepan de esta loca escalada de desenterramientos arqueológicos sin el consentimiento de las autoridades pertinentes.

Delan cubierto de tierra y mascando hierba, escupió al sacar medio cuerpo del corredor. Se quedó quieto al ver las dos pistolas que le apuntaban. Desde dentro Balatti le apresuró para que saliese y les permitiese a ellos hacerlo también. Cuando Delan estuvo afuera Balatti le siguió y maldijo entre dientes al ver a los dos policías que habían dejado sin custodia, libres y dueños de la situación. Olaza tras el cardenal trató de sacar el arma que llevaba siempre en el antebrazo, pero Mahoud le avisó de lo peligroso que le resultaría hacer algún intento de sorprenderles.

En la orilla opuesta del lago Alex y Krastiva y Klug

salían también al exterior con sendos libros uno en cada bolsa. Alex se quedó quieto como si acabase de ver al diablo. Krastiva frenó tomándolo del brazo a Klug que iba a zarandearlo, y le pidió silencio llevándose el índice a los labios. Alex veía una ciudad llena de gentes yendo y viniendo, comprando y vendiendo, cargando sus mulas, y a los guardias custodiando la entrada del palacio del faraón. Los tenderetes de alimentos de marfil y artesanías llenaban el espacio anterior al palacio. El bullicio y las voces que se alzaban por entre ellos le mostraba un día cualquiera de los que debieron vivir los egipcios de aquella época oscura en que apartados de su tierra trataban de sobrevivir.

Un hombre ataviado con ropajes sacerdotales se le acercó y le dijo apuntándole con el dedo :

-"Es tu deber terminar lo que no se hizo…llevar la luz a los muertos…"

La imagen desapareció bruscamente y Alex recuperó la consciencia dándose cuenta de que sus compañeros le miraban aturdidos sin saber qué hacer.

-¿Qué te ha pasado? Te has quedado como en trance…-le refirió la asustada Krastiva.

-No lo sé, es…es como si la vida en esta ciudad se desarrollase ante mío de manera virtual…no sé…Creo que nos hallamos sobre la ciudad que en otro tiempo era la morada de miles de personas, de egipcios…

-¿Quieres decir que está cubierta por las aguas?- miró a la pulida superficie acuosa que apenas tenía movimiento, semejando un espejo brillante y limpio.

En medio acertaron a ver un punto que se fue agrandando a medida que se acercaba y comprobaron que se trataba de un hombre aferrado a un trozo de madera, posiblemente la tapa de un sarcófago. En la orilla esperaron a que estuviese cerca y Alex se zambulló en las aguas frías del lago para bracear hasta el náufrago y rescatarlo. Cuando se halló a su altura vio que era Abul que se agarraba a la tapa de un sarcófago para no dejarse caer pues él no sabía nadar y el miedo lo atenazaba. Al llegar a la rivera del lago Krastiva se abrazó a Abul al reconocerlo mientras Klug se quedaba en un segundo plano.

Cuando Abul se hubo recuperado mínimamente, les refirió como una cuchilla le hizo una herida que sangró abundantemente, y eso es lo que ellos vieron escapar por la rendija de la losa dándole por muerto. Pero en el techo la bóveda cedió al forcejeo del muchacho y éste se vio en una sala de enormes proporciones a modo de palacio real, en la que todo estaba en perfecto estado, salvo por la capa de polvo que recubría los numerosos objetos que allí se encontraban. El agujero estaba en medio justo de la sala y al salir se quedó echado para recuperar el aliento. Después se quitó la camisa y la rasgó en tiras con las que se hizo primero un torniquete y más tarde se vendó la herida hasta que halló una especie de agujas de hueso con las que se la cosió. El perfume de una vasija le sirvió para limpiar un poco la pierna y se felicitó de estar vivo.

Los andrajos que le cubrían el cuerpo daban fe de la angustia pasada y de lo pensó de su travesía por el submundo que un día fue la residencia de uno de los faraones de Egipto.

-Hay algo que debéis saber…-miró a Alex con ansiedad-la ciudad que yace ahí abajo espera que se cumpla con su destino…está medio inundada, y es porque algo falló en el mecanismo que tenía que cubrirla de agua…

-No, no es eso, es que no se había realizado el ritual de la momificación del faraón Kemohankamón, y solo entonces se debía inundar la zona donde reposaba el cuerpo del rey. Ignoro donde se halla el mecanismo…

-Yo sí lo sé…es en la sala de la que yo vengo. Tenemos que bajar otra vez.

Los tres se miraron con el terror pintado en sus caras y las extremidades temblando de frío y miedo. Bajar significaba enfrentarse de nuevo a os demonios que dominaban en aquel peculiar averno. Marcharse era dejar en manos de los hombres dl cardenal algo que sería destrozado para tratar de hallar los libros de Amón…

-Está bien descenderemos una segunda vez y haremos como desean los que moraron en este lugar una vez. Y espero francamente que nos aporten un poco de ayuda adicional, si quieren que tengamos éxito en esta empresa de locos. Dinos como bajar ahí…-señaló la masa de agua que reverberaba luz cada vez que el sol la hería.

-Hay un conducto estrecho que serpentea hasta la sala en la que aparecí al salir de la trampa. Lo vi al acercarme a ver lo que se asemejaba a un respiradero, Es como un gusano de tierra y piedra excavado desde el salón del trono hasta la superficie. No me atreví a penetrar solo en él…

-No te culpo, resulta sobrecogedor introducirse en un agujero estrecho sin saber si encontrarás la muerte o la salida. Ahora iremos los cuatro. Volvió la cabeza hacia Klug para recibir su respuesta. El austríaco meneó la cabeza como resignándose y con un gesto de sus brazos les indicó que les seguiría.

Abul les llevó hasta la superficie y calculó la distancia entre el agujero en que se halló en el salón y el sitio en que se hallaba el túnel, y añadió tres metros para compensar el desfase.

-Creo que tiene que dar a la superficie por este

lado…miremos bien.

-Será difícil la hierba habrá crecido abundantemente con el paso del tiempo…-sugirió Krastiva.

-Alguna señal indicativa debe de haber…

Al cabo de media hora, un trozo de tierra batida y lisa sobre el que apenas crecían hierbas les llamó a atención. Despejaron el lugar y una losa de piedra apareció pulida y cuadrada ante sus ojos.

-Bueno no ha sido tan difícil…o quizás los dioses te hayan oído…-ironizó Krastiva.

-El caso es que tenemos la boca de ese túnel al que hacía referencia Abul ante nosotros. Esto va ser una experiencia claustrofóbica…

Los cuatro, primero Alex seguido de Abul, Krastiva y por fin Klug, se introdujeron en el gusano que les llevaría hasta el salón del trono de faraón. Se ayudaron con los hombros para frenar el descenso que en algunos tramos se hacía resbaladizo, y en potros aun se estrechaba más, y cuando las piernas de Alex quedaron colgando este supo que había llegado a su objetivo. Se dejó caer esperando que la altura no fuese demasiada, y con un sonido sordo se vio en medio de un enorme salón. Tal y como describiese Abul, se trataba de un espacio cuadrado y en el que un hombre era tan solo una diminuta figura. Al fondo una silla con patas de león sobre un escalón le recordó a los tronos usados por los faraones en el antiguo Egipto, y de los que se hallaron varios ejemplares en la tumba de Tutankamón. Se acercó lentamente, temiendo trampas dispuestas para impedir la intrusión de quien no fuera invitado por el rey, pero nada sucedió.

El polvo escondía los tesoros olvidados de una era ya pasada en la que el último de los Ptolomeos reinó sobre los hijos de Horus. Manoteó sobre algunos objetos y sus ojos se alimentaron de aquellos trabajos de exquisita factura en los que el arte de los orfebres dejaba su impronta.

Abul primero Krastiva y por fin Klug fueron "cayendo" del gusano de tierra y piedra para seguir su estela dejada en el suelo al avanzar.

-Mirad esto estamos en el corazón del palacio del faraón. –Alex miró a Krastiva que llevaba los libros en una pesada bolsa de la que se negaba a desprenderse- alcánzame el libro de Amón, quizás encontremos algo que nos dé una pista de la función que desempeñaba este lugar…es más que posible que la llave que permite la inundación de la ciudad esté camuflada en este salón.

Se distribuyeron por la cámara y buscaron infructuosamente una pista mientras Alex pasaba las hojas del libro de oro de Amón que resultaban ser láminas delgadas y rígidas, probablemente mezcladas con plata para darle algo de consistencia. En él se detallaban los conjuros de los sacerdotes de Amón y Alex se quedó parado, completamente sumergido en sus jeroglíficos, sumido en una especie de trance hipnótico.

Klug llegó a su altura y con un gesto brusco cerró ante él el libro. La cara de Alex al mirarle le recordó a un hombre con el cerebro abducido por una mente superior.

-¿Qué…?balbuceó, indeciso.

-Ese libro es muy poderoso, no debes abrirlo sin realizar el ritual correspondiente. ¿Porque crees que los sacerdotes se iniciaban en las artes de la comunicación con los dioses? No era por sentirse más importantes, sino porque es como se debe de hacer si no se desea quedar preso de sus poderes espirituales.

Krastiva le dio unas suaves bofetadas para devolverlo a la realidad que parecía haber abandonado, y

Abul pálido recogió del suelo un extraño objeto dorado.

-¿Qué es esto? Nunca vi nada igual…

Klug se lo arrancó de las manos y lo miró con un brillo especial asomando en sus pupilas. Dos discos conectados por una delgada barrita dentada, con sendos triángulos, uno en cada disco por fuera, dio vueltas en la mano del austríaco.

-Es la llave…¡la tenemos!

-¿Dónde estaba? –inquirió Alex.

-En esta vasija, al darle la vuelta para que cayera su contenido, la llave quedó atravesada, sacudí el cuello de la vasija, y cayó al suelo. –Explicó Abul orgulloso de haber sido quien la encontrase y así resultar de utilidad.

-Ahora hemos de hallar…-se quedó con la frase a medio acabar, pues en ese preciso instante de nuevo comenzaba a ver la vida cotidiana del palacio como si lo hubiesen limpiado y estuviese recibiendo el faraón a sus funcionarios en alguna clase de reunión.

Kemohankamón en su trono sentado con los brazos cruzados y los símbolos de poder en sus manos, hierático, presidía la escena. Ante çél se inclinaba un anciano sacerdote y hablaban algo que no pudo escuchar. Se acercó temeroso de quebrar el hechizo, pero en contra de lo esperado por él, faraón volvió la cabeza por un m omento y le miró penetrándole el alma. Un escalofrío le recorrió la columna vertebral, y se retiró unos pasos.

Había unas veinte personas en el salón, y todas esperaban ser atendidas por el rey egipcio. Un sacerdote que había permanecido encorvado en un rincón, se puso en pie y caminó renqueando hasta llegar ante Alex. Alzó la cabeza para intentar mirarlo a la cara, y le sonrió en una mueca rota que simuló un gesto de aprobación.

-"No dejes que se lleven el libro de la muerte, déjalo

seguro en el fondo de las aguas. Su maldad corroerá a quien lo posea y corromperá a quien lo toque con sus manos…no permitas que estén juntos jamás…ayudanossssss……..”-se difuminaba una vez más la imagen de lo que parecía tan real. La neblina dio paso a una escena que les sorprendió más si cabe. Los tres compañeros le miraban atónitos.

-¿Qué pasa? , ¿porque me miráis así?.

-Decías unas cosas terribles, mientras estabas en trance, `porque estabas en trance eso seguro, -afirmó rotunda Krastiva que no tenía dudas de que algo estaba sucediendo en aquella cámara y que ese algo que la mantenía “viva” se comunicaba con Alex y le guiaba.

-No sé que he podido decir, lo siento.

La cara de Klug era un poema y su cerúlea palidez lo decía todo de su estado de ánimo, sin que necesitase pronunciar apalabra. El terror estaba perfectamente definido en su mirada y temblabas de pies a cabeza.

-Separad el libro de Amón del de Seth y cubridlos con telas ropa o lo que sea que tengáis a mano, no deben estar juntos nunca. No se os ocurra abrirlo en ningún momento, es sumamente peligroso.

En medio de la cámara real el libro de Amón dejó brillar sus áureas páginas, como un sol artificial, mientras que se mantenía a buen recaudo encerrado en la oscuridad de lo oculto al libro de Seth. Krastiva fue pasando cada página con la reverencia que s ele debe a una reliquia de tal valor, y se aprendió de memoria sus signos y algunos de los jeroglíficos que más le llamaron la atención. Alex se acercó y lo cerró de golpe reprobando la actitud de Krastiva que no obstante comprendía perfectamente. La curiosidad de un arqueólogo es superior a la prudencia que se sabe se necesita tener cuando se tiene entre manos algo tan importante.

EL REENCUENTRO D EDOS PODERES

Mahoud y Mahad, habían esposado a los sobrevivientes del exiguo grupo expedicionario de Balatti, y un helicóptero les recogía en el lado opuesto del lago. Las aspas del rotor creaban círculos concéntricos en las aguas heladas. Abajo Alex y Klug ante un extraño mecanismo de ruedas y barras oculto por una hornacina con una imagen de Horus, trataban de encajar la llave en su sitio. Un abertura con forma de delgada lámina con un diminuto círculo en medio apareció tras limpiar el interior del mecanismo.

-No tiene la forma de la llave…-se lamentó Alex.

-Quizás si…pensó en alto Klug, que se negaba a

rendirse tan pronto.

-¿Qué es lo que crees que se puede hacer? Toma-le ofreció la llave.

Pero al tomar de manos de Alex la llave esta le dio uj tremendo calambre y hubo de devolvérsela en el acto.

-Vaya parece que la llave tiene vida propia- ironizó la rusa.

-Mira si uno de los discos tiene articulación y se repliega sobre sí mismo…-le sugirió el descendiente de sacerdotes egipcios.

Alex Craxell hizo como Klug le pedía y vio con satisfacción que era tal y como le había dicho el austríaco, el disco se plegaba y ahora si tenía la forma de la hendidura en la piedra. Introdujo la llave y no necesitó girarla en el instante de penetrar, se oyó un sonido débil y metálico y tras este un ruido como de aguas tumultuosas.

-¡Hemos de salir de esta cámara o moriremos ahogados!, ¡vamos, no os detengáis por nada del mundo…!

Se metieron en el gusano y ascendieron apoyándose en sus hombros y pies con toda la rapidez de que eran capaces. El rugido del agua inundando la cámara les llegaba cada vez más cerca y el miedo les hacía sudar copiosamente. Una vez estuvieron en la superficie, con los hombros raspados y heridas en los pies y manos, se sintieron a salvo.

Alex miró delante de sí y vio como las gentes que viese en anteriores visiones, se difuminaban y en sus rostros se reflejaba la paz que da el descanso final. La neblina se fue disipando y el lago bajó imperceptiblemente un par de centímetros.

-El libro de Amón, ¿Dónde está?-buscó sin hallarlo Alex que cargaba con la bolsa que contenía el libro de

Seth.

Klug corría campo a través con el libro sagrado entre sus brazos, la mirada perdida, y pronunciando olvidados conjuros que de nada le servían. Lo llamaron a gritos pero él no dejó de correr hasta que una grieta se lo tragó, como si la tierra misma deseara que el libro, permaneciese en sus entrañas a salvo de posibles mentes ambiciosas. Por el cerebro de Klug pasaron las imágenes de toda su vida mientras la conciencia le abandonaba y su miedo se traducía en terror. Las paredes rocosas de afilados riscos no eran demasiado profundas, pero si cortantes y resbaladizas y él se había golpeado contra una de las paredes de piedra, y se hallaba semiinconsciente. A ocho metros del suelo, su mano diestra se aferraba a un saliente a sabiendas de que la vida le iba en ello. Sus dedos se iban soltando de uno en uno, y sus gritos escapaban de su garganta con desesperación, sufriendo una atroz agonía que solo concluyó cuando su mano soltó la afilada piedra sangrando y el suelo lo llamó para que descansase sobre su fría mortaja.

Tras oír un grito desesperado acudieron a rescatarlo, pero ya era tarde. Klug yacía muerto, aferrado al libro de Amón con los ojos desorbitados.

Alex ayudado por Abul descendió por las peladas rocas de aristas cortantes que amenazaban segar la cuerda de nylon en cualquier momento, y recuperó el libro. Tras echar un montón de piedras sobre el cuerpo del malogrado Klug.

-Lo siento por Klug pero no podemos quedarnos con él, ni llevarlo con nosotros harían demasiadas preguntas y nos acusarían de su muerte, aquí se quedará es una tumba digna para quien desciende de sacerdotes como Nebej…

Con caras de circunstancias, y de mala gana, dejaron

el cuerpo semienterrado de Klug a los pies de la grieta que se abría de manera abrupta en el suelo de la meseta y se dirigieron al punto en el que les debía recoger el helicóptero.

LUCHA A MUERTE

Julian de Arión esperaba pacientemente que el Papa saliese de sus habitaciones para que le informase dl cariz que iban tomando los asuntos de mayor importancia. Era el encargado de terminar lo que Frida Hërber no había rematado. Llevaba un estilete entre sus ropas y era consciente de que la muerte era el final de toda aquella aventura en la que solo sus compañeros saldrían vencedores, indemnes. La duquesa de Condotti reunía al resto de los miembros de la orden de "Los Egregios" en una casona a las afueras de Roma, con la intención de apoderarse del papado al más puro estilo Borgia, y colocar a un papa títere en el trono de Pedro. Julián de Arión sería el elegido de salir victorioso en su "misión" en el palacio Vaticano.

Juan XXIV tardaba en salir de su Habitación y antes lo hizo el recién nombrado secretario padre Ogolo, cardenal de Zambia. De rostro circunspecto y alterado, se perdió en los corredores palatinos como alma que persigue el diablo. Ogolo que disfrutaba de fama de temperamental había sido uno de los pilares que sostuvieron al anterior Papa y era solo cuestión de tiempo que le destituyera el actual Papa dada la enemistad que les separaba desde tiempo atrás.

Scarelli, salió risueño y altivo y miró a su consejero de máxima confianza y le pidió que entrase a sus habitaciones privadas.

-Eminencia, -le concedió la dignidad adecuada a su cargo a Julian de Arión- pase y cuénteme como van los asuntos que nos preocupan-utilizó el plural como era costumbre en el pontífice máximo de la iglesia Católica romana.

El de Arión se sintió sucio y rastrero por primera vez en su vida, iba a asesinar al papa de Roma que confiaba en él como en un hermano. Palpó su estilete, el arma que usaría en cuanto le diese la espalda para clavárselo en el corazón, y sintió un escalofrío que le recorrió el espinazo.

-Dígame eminencia, ¿tenemos en nuestro poder los libros de Amón y Seth?-su faz se iluminó como la de un niño al visionar el escaparate de una pastelería.

-Traigo malas noticias Su santidad...han apresado a

monseñor Balatti y a dos de los guardias d su total confianza, el resto ha perecido en la operación…

Un ataque de ira enrojeció el rostro de rasgos duros de Scarelli ahora el Papa Juan XXIV , y de un manotazo apartó un jarrón de porcelana que se fue a estrellar contra la pared opuesta. Julián de Arión supo que no resultaría nada fácil acabar con aquel hombre astuto y ruin, que sin embargo poseía un carácter terrible cuando s enfadaba, aspecto que lo convertía en un enemigo a tener en cuenta.

-Esto no puede estar pasándome a mí, es inconcebible que el cardenal haya sido detenido por esa panada de infieles musulmanes y su inepta policía…-le miró clavándole los ojos de manera que el de Arión sintió que le taladraba el alma misma-.¿y los libros…?

-No han sido hallados lo siento Santidad, estas noticias son las peores que podíamos esperar, y sin embargo algo me dice que es mejor así…

-¿Mejor así dice su eminencia?-le respondió en tono sarcástico acercándose a su cara hasta que casi pudo oler su aliento.

Julián, bajó la cabeza sumiso y de nuevo palpó su arma bajo su túnica cardenalicia. Scarelli se volvió como solía hacer cuando se disponía a tomar una decisión importante y en ese preciso instante el estilete del de Arión brilló al ser herido por la luz. Scarelli apenas notó un leve pinchazo en el costado izquierdo y la vida se le escapó como agua entre los dedos. Cayó a plomo y Julián se apresuró a sentarlo en uno de los sillones de madera dorada de estilo francés ladeándole la cabeza para simular que dormitaba.

Julián de Arión salió de los aposentos papales con aire altanero y se topó con el cardenal Ogolo que retornaba tras rumiar la destitución. Julián no pudo frenar su ímpetu y éste atravesó las dos hojas que le separaban de su enemigo el Papa Juan XXIV, ignorante de que yacía muerto y ya jamás tendría la posibilidad de revocar su destitución al mando d la curia del palacio Vaticano. Zarandeó al Papa y este cayó como un fardo a sus pies. El cardenal comprendió al ver la sangre que manchaba sus ropas que el Papa acababa de ser asesinado. Salió y miró al cardenal español con la indecisión reflejada en su cara. Era un momento a aprovechar si quería alcanzar la dignidad papal. El de Arión no podría sino ser su cómplice en aquella secreta muerte que le implicaba de lleno.

-Es un momento muy delicado eminencia…espero que se halle a la altura de lo acaecido en estos aposentos papales…venga conmigo.-le ordenó sin perder el dominio de sí mismo.

Por el corredor que comunicaba los aposentos papales con el despacho privado del papa, ambos caminaron con premura para llegar hasta el cuerpo de guardia y solicitar del capitán en funciones que no molestasen a su santidad bajo ningún concepto. Estaba descansando y era necesario que se le interrumpiese. Ogolo llevó al de Arión hasta la capilla de la santa providencia donde él rezaba cada noche y se volvió hacia él para enfrentarlo. Julián clavó una segunda vez el estilete en el pecho del fornido cardenal y con una expresión mezcla de horror y sorpresa se llevó las manos a la herida mortal que aun no sangraba para caer torpemente apoyándose en una silla que derribó, para finalmente derrumbarse en el suelo de frío mármol con los ojos muy abiertos. Julián de Arión se santiguó y salió cerrando la puerta con llave.

Poco después un coche oficial llegaba al palacio Condotti y penetraba en el patio central en el que una duquesa impaciente esperaba las ansiadas noticias de su más allegado colaborador.

-¿Está realizado eminencia? Está el pájaro en la jaula? Me hace tanta ilusión ese pájaro…-disimuló para que nadie conociese la verdadera naturaleza del asunto que se traían entre manos.

-El pájaro está en la jaula y le gustará mucho su plumaje, aunque debo decir que son dos los que se hallan en nuestro poder en la jaula…

La duquesa de Condotti quedó sorprendida sin saber que decir como respuesta y se limitó a pedirle que le siguiera para tomar el té.

Situados en medio del gran salón que otrora sirviese para dar elegantes bailes de etiqueta, con sendas tazas de té humeantes servidos por un estirado mayordomo, iniciaron la conversación. La duquesa quería saber la razón por la que se había dado muerte a una segunda persona, cosa que complicaba la trama y eliminaba parte de la coartada creada para Julián de Arión.

-Si descubren demasiado pronto el cadáver de Ogolo estaremos en dificultades, es posible que vayan atando cabos y den con…

-No,-le cortó Julián-tardarán pero además podrán creer que se suicidó. El papa le había destituido de su cargo al mando de la curia del palacio Vaticano.

-Sí…eso es posible…sí. Mandaré que se corra el rumor de que el malestar producido por la destitución de Ogolo estaba causándole problemas de salud. Mis agentes harán el trabajo, son eficientes y sabrán cómo llevarlo a cabo sin despertar sospechas. Hemos de reunirnos en capítulo extraordinario para trazar las directrices que regirán el papado desde este momento, y como estará ligado a la orden y por medio de qué canales.

-La elección del nuevo papa debe ser controlada por los nuestros.-sugirió el de Arión.

-Tranquilo tengo a tres de nuestros hermanos dentro de la curia romana, y votarán a quien se les diga. Tú serás el cuarto, creo que con eso y con los que en verdad creen en vosotros tendremos el ansiado capelo papal.

-Veo que no se le escapa nada, me quedo más tranquilo tras saber cómo se hará. Iré preparando el discurso que pronunciaré en el balcón del palacio Vaticano cuando sea elegido...-sonrió con gesto sarcástico el cardenal español.

Los periódicos de la mañana no hablaban de la muerte del Papa como de un asesinato, sino como muerte por un ataque cardíaco. Los titulares con enormes letras llamaban a la calma y a la meditación en pro de una nueva elección que se produciría cuando "el espíritu santo" decidiese quien sería el sucesor del trono de Pedro. Los programas d radio y televisión, cambiaban sus parrillas para dar la noticia del efímero papado de monseñor Scarelli que llegó también en extrañas circunstancias al papado. Alex craxell, Krastiva Iganov y Abul Ibn jaled, desayunaban en el hall del hotel Ankisira, cuando el canal local dejó de emitir un documental sobre la presa de Assuán para dar la noticia de la muerte del líder de la cristiandad.

-Vaya parece que monseñor Scarelli ha llegado al final de su complicada vida, espero que el siguiente sea al menos alguien que se preocupe más de la espiritualidad de sus fieles que de las aventuras ...-comentó Alex al que le resultó completamente indiferente la muerte del astuto papa.

-Siempre han sido como son…-dijo con resignación Krastiva-astutos, aferrados al poder, y conspiradores entre sí.

Abul, que era ajeno a todo lo que no sonase a musulmán o a copto, como él era, siguió comiendo una tostada mientras escuchaba la conversación entre los dos aventureros que llevaban ahora en sus respectivas bolsas de cuero marrón, los libros de Amón y Seth, armas capaces de cambiar más cosas de las que ellos podrían comprender. Habían decidido llevarlos a la casa de un rabino judía que era experto en egiptología concretamente en conjuros funerarios de la época y que sabría qué hacer con ellos para mantenerlos a salvo de ambiciosos con intenciones de gobernar por la fuerza a sus congéneres.

El Fiat verde, se integró en el tráfico caótico de El Cairo, y salió al desierto donde las arenas reinaban llevadas por el viento que barre su superficie, cambiando de lugar cada duna. Abandonaron el coche, y caminaron despacio con el sol a sus espaldas y las dunas brillando como el oro al atardecer, a pesar de que era medio día. Un roquedal amparaba una casucha que a duras penas se tenía en pie bajo su sombra. Llamaron con el aldabón que colgaba en la desvencijada puerta y esta se abrió como por ensalmo. Penetraron en la casa y una figura encorvada y enjuta les sonrió desde el fondo, saludándoles con voz cavernosa y jovial.

-Sed bienvenidos, he estado esperando vuestra visita desde ya no sé cuánto tiempo…pero pasad, pasad.

Los tres se miraron y entraron sentándose frente al anciano que les escrutaba con sus ojos, que parecían bailarle en las cuencas demasiado hundidas. Las paredes de la casa presentaban un aspecto lamentable, y ruinoso, y solo se veían tres baldas con frascos llenos de moho y polvo, de tal manera que resultaba imposible adivinar el contenido.

-Traemos algo que queremos que vea-fue a desenvolver el fardo de tela que contenía el libro de Amón.

El anciano con un gesto brusco puso su mano sobre la de Alex impidiéndole abrirlo.

-No, aquí no, es peligroso,-le sonó extraña voz ahora- vayamos abajo, les indicó que le siguiesen.

El anciano levantó tirando de una argolla una trampilla con demasiado vigor para su supuesta edad y descendió con la seguridad de quien conoce el terreno. La estancia inferior sorprendió a los visitantes, por lo diferente de la que habían visto anteriormente. Un salón confortable y bien amueblado con estanterías limpias y ordenadas al fondo, les dejó claro en qué parte de la casa vivía el anciano, y s preguntaron cómo era él solo capaz de mantenerla.

-Ya sé que se estarán haciendo numerosas preguntas, pero en los tiempos que corren ser judío en un país árabe requiere de extremar la prudencia para sobrevivir, -aclaró echándose hacia atrás la careta de látex que recubría su auténtico rostro. Una cara joven de non más de treinta años les mostró unos ojos negros y profundos, que emanaban inteligencia.

La sorpresa fue general, y los ojos de Krastiva amenazaron salírsele de las cuencas. No sabían qué pensar, si podía ser una trampa o si en realidad era tal y como se lo estaba explicando aquel judío demasiado joven para ser el rabino Elinai.

-Sé que esperaban al rabino Elinai un hombre viejo y de encorvada espalda, para confiarle los libros de Seth y Amón, pero estén tranquilos yo soy Elinai, es decir el bisnieto del rabino Elinai, que llevo su nombre y sigo llevando sobre mí su legado de sabiduría.-extendió las manos para recoger en ellas los dos libros.

Los tres retrocedieron hasta que sus espaldas dieron con la pared. Alex cavilaba en su mente la razón por la que todo aquello estaba sucediendo. ¿Les había traicionado alguien? Era casi imposible nadie salvo ellos tres eran conocedores de que ellos poseían los libros…por otra parte, aquel no era el anciano rabino que debía mantener a buen recaudo losas sagradas reliquias.

-Comprendo su extrañeza, dense tiempo para que comprendan que no se trata de trampa alguna, y que yo soy el descendiente de Elinai, que llevo su nombre y que aquí no hay nadie más que yo…-extendió los brazos para demostrar que la estancia, la casa entera se hallaba vacía.

Pasaron unos tensos minutos y Alex se decidió a entregarle no sin cierto grado de reticencia, los libros. Al desenrollar la tela del primero Elinai, vio un pico negro, era el libro de Seth. Lo cubrió con rapidez y lo depositó en una caja de madera negra. Brilló el segundo fardo y la luz al tocar las cubiertas del libro de oro, las hizo brillar. Pasó varias páginas y se asombró del conocimiento que en ellas se revelaba. Les miró y una amplia sonrisa iluminó su joven rostro.

-Habéis conseguido descubrir el lugar donde se ocultaron por mano del sumo sacerdote de Amón-Ra los dos libros, debéis ser especiales para haber sido elegidos por el destino, para tal menester. El libro habla de cómo se creó el mundo, y de cómo se debe vivir en conformidad con la naturaleza, sin cambiar el curso de los ríos y los mares a otro que no sea el suyo, y advierte de cómo las consecuencias resultarían catastróficas. Habla de la muerte y de la vida, de cómo una no existe sin la otra, y del viaje por el más allá dentro de los límites que marca el libro de los muertos.

-¿Y el de Seth?-se atrevió a preguntar Abul-

-Ese es un libro d poder, tan peligroso que de leerlo una sola vez, estarías perdido amigo mío. No se deben conocer Seth. Mata como premio a quien lo desentraña. En esta caja negra de madera de ébano, permanecerá oculto por otros mil años antes e que alguien pueda usarlo como arma de destrucción par dominar al resto de la humanidad. Pero supongo que estaréis deseando conocer algunos de los secretos del libro de Amón. Preguntad y os responderé. Conozco cada símbolo y cada signo secreto, me fueron enseñados por mi padre Elinai, y a ´el se los enseñó el suyo el primer Elinai.

Durante tres largas horas, Elinai, les leyó del libro de Amón sus conocimientos, que solo le son revelados a los elegidos por el destino, y que llegan a formar parte de los guardianes del libro. Ellos son los encargados de que no caiga en otras manos mientras duren sus vidas.

El viento del desierto sopló sobre la casucha de aspecto ruinoso y pobre, y que sin embargo contenía dentro de sí los conocimientos de la vida y de la muerte en láminas de oro, escritas de mano de sacerdotes que dejaron de ser sus guardianes mil años atrás. La luna salió cuando cuatro figuras avanzaban en la noche, caminando por las arenas que comenzaban a enfriarse. Como una hilera de sacerdotes portando una reliquia sagrada, se adentraron en pleno desierto hasta alcanzar un punto en el que depositaron la caja negra y Elinai, con reverencia y temor pronunció un conjuro escrito con letras de sangre en las cuadernas de madera de la caja. Con su propia sangre de sacerdote descendiente de sacerdotes.

-"Señor de la noche eterna, hijo de Seth, poseedor de la vara del conocimiento que permanece en la tierra, te pedimos que encierres tus poderes dentro de la caja que abre los males que pueblan el mundo".

Alex, Krastiva y Abul, expectantes escuchaban atentos cada palabra del rabino judío que echaba sobre la caja negra arena tras cada conjuro. Tres en total. El libro den Amón a una distancia de tres metros esperaba su turno, para ser enterado. Alex miró en torno suyo y se percató de que bajo ellos debía hallarse la ciudad de Amón-Ra, algo que evidentemente ignoraba Elinai, y que debería seguir sin saber. Krastiva le sonrió en un acto cómplice al darse cuenta ella también de donde estaban situados.

-"Horus hijo de Isis,-prosiguió Elinai- conserva dentro de tu mano la vida de quienes desechamos el poder de los dioses y danos el vigor de la consciencia"

Cavaron un hoyo en el que la caja de madera fue introducida y cubierta hasta que no quedó rastro de su ubicación en la inmensidad del desierto. Se apartaron tres metros y se ocuparon del libro de Amón-Ra. Abrieron el libro por la mitad y Elinai, leyó de él uno de los conjuros. Lo cerró y lo cubrió con una tela blanca de lino fino. Ante la sorpresa de Alex Craxell se lo entregó y éste con los ojos muy abiertos lo tomó de sus manos.

-No entiendo, creí que lo enterraríamos junto al libro de Seth, algo más lejos pero…

-No, te pertenece, y eres por lo tanto el guardián de su contenido, y quien debe decidir, quien accede a éste y quién no. El conocimiento que hay dentro de sus láminas de oro no debe perderse, y se irá desarrollándose a medida que tú lo des a conocer al mundo.

-Es una enorme responsabilidad, espero estar a la altura de las circunstancias…

En medio del desierto egipcio, una figura masculina pareció crecer de estatura, y solidificarse uniéndose a las arenas del desierto que ahora se hallaba en completa oscuridad, tan solo alumbrado por la Vía láctea con las estrellas de orión junto a ella. El silencio que denota ascensión en la escala que los dioses entregan a la humanidad, para ascender a la posición celestial donde ellos moran, se apoderó de los cuatro seres que simbolizaban la perfecta simetría con la que Dios creó el mundo en cuarenta y dos mil años.

Lejos de allí en la capital del mundo cristiano una humareda blanca daba la noticia de que un nuevo Papa comenzaba su mandato en Roma, la ciudad eterna. El Papa antes cardenal Julián de Arión daba comienzo a su andadura con el nombre de Pedro Juan I, y según las más antiguas profecías sería el papa que destruiría la Iglesia de Roma. Una mujer elegantemente vestida observaba desde detrás el desarrollo del acto oficial, que le daba el control total de mil millones de fieles a una mujer inteligente y astuta. La segunda Eva gobernaría el mundo occidental. A su lado el cardenal Balatti escoltado por el capitán Olaza y el teniente Delan, sonreía con la secreta esperanza de ser el siguiente en un breve espacio de tiempo.

-Mi señor cuando llegue el elegido para llevar a cabo la ceremonia de partida de este mundo todo estará listo. –Era la voz de Ramaj el sumo sacerdote que informaba a Kemohankamón de la muerte de Egipto entre las montañas que nuca debieron ser su cobijo, ni mantener con vida a quienes estaban destinados a morir a manos del emperador hereje Justiniano. El pueblo trabajaba y se desentendía de los dioses a los que había dejado de adorar. Compraban, vendían, se casaban, y se amaban, sin que los dioses tuviesen parte en sus vidas cotidianas. Y los dioses se airaron, y vino su abandono, su furia subió a su nariz, y las tormentas arrasaron la meseta cada pocos días. Los sembrados desaparecieron, los alimentos escasearon, y las enfermedades se cobraron su tributo. El sumo sacerdote de Amón pronunció un conjuro que de nada sirvió, y se dispuso a llevar a cabo la erradicación de todo ser viviente que alentaba y respiraba en la meseta que les entregase como territorio el rey de reyes, Cosrroes de Persia.

Descendió a las profundidades donde yacía el faraón difunto, le hizo una ofrenda sagrada y puso en funcionamiento los mecanismos que permitían a las aguas inundar la ciudad con sus orgullosos pináculos apuntando al cielo. El agua penetró ligera a borbotones por los agujeros llenando las tuberías y cubriendo las cámaras más bajas primero, y las medias después, para más tarde asomar en el suelo de palacio. Las casa comenzaron a caer al ser tumbadas por los vientos que asolaban la meseta y sus cimientos comidos por las aguas embravecidas no aguantaron el peso de sus propias paredes. Solo las cámaras de faraón y la de las reinas quedo sin inundar. El elegido debería terminar el proceso de momificación ofreciendo a los dioses el cuerpo sagrado de faraón Kemohankamón, a sus antepasados.

La ciudad de los pináculos del cielo quedaba así sumergida en el lago que se conocería como el lago Urmía en las perdidas montañas de la orgullosa Persia. Su historia quedaría en el olvido hasta que el dueño legal del libro de Amón regresase por él y diese a conocer al mundo sus conocimientos. Un sonido tumultuoso, le llegó a los oídos a Ramaj, último de los sacerdotes de A,món_Ra, encargado de dar fin a la dinastía de los Ptolomeos y guardar el secreto de la vida y de la muerte.

El libro de Amón comenzaba a entregar sus

conocimientos con estas primeras palabras: "Este es el conocimiento que lleva a la vida y saca de la muerte a aquellos que confiaron en los dioses…el que yace con los cuerpos de los reyes de Egipto, en la ciudad de Amón-Ra y en la ciudad de los pináculos del Duat…"

FIN

www.ingramcontent.com/pod-product-compliance
Lightning Source LLC
Chambersburg PA
CBHW070918260726